二〇世紀の悪党列伝

社会思想史の窓 第123号

社会評論社

二〇世紀の悪党列伝【社会思想史の窓・第123号】＊目次

【特集・巻頭言】悪党列伝――石塚正英 5

東郷青児 戦後美術界のボス――篠原敏昭 9
はじめに/一 二科会の帝王/二 暴露された悪事
三 終戦直後の迅速な行動/四 老舗を乗っ取る/五 「軟派の不良」の画壇デビュー
六 フランスでの生活と経験/七 帰国後のカネと女/八 戦前の二科会のなかで
九 信州佐久の疎開地で/一〇 夢と野心/一一 ボス東郷の誕生
一二 功なり名を遂げる/おわりに

「佐渡が島のぼんやり」から「富豪革命家」へ――志村正昭 64
――岩崎革也宛北一輝書簡にみられる借金懇願の論理と心理
はじめに/1 「富豪革命家」岩崎革也
2 幻の『社会革命原論』から「支那革命」あるいは佐渡金山へ
3 革命の「火蓋」を切るのは「富豪」か「学者」か?
むすびにかえて

ジョン・フィッツジェラルド・ケネディの神話――益岡 賢 115
はじめに/一 生い立ち/二 直接の政治による犯罪
三 表象の政治による犯罪/四 おわりに

サラザール「偉大さ」に憑かれた独裁者――市之瀬敦 149
一　一九九八年リスボンにて／二　サラザール直前の時代／三　権力への階段
四　サラザリズモの功罪／五　国民の教育者サラザール／六　サラザリズモのレトリックとトリック
七　今もなおサラザールの影が……

【書斎の煌めき】呉人渡来製作説の波紋――室伏志畔 172
藤田友治著『三角縁神獣鏡――その謎を解明する』

【言葉の森散策】クレオールな旅立ち　第二回
海を越えたクレオール　アメリカ東海岸――市之瀬敦 176
はじめに／一　東海岸のカボ・ベルデ人／二　エルネスティーナ号で航海士気分
三　アメリカのクレオール語

【古典の森散策】バイブルの精神分析（その五）――やすいゆたか 188
家族愛のトーラー／ひれ伏す束／七頭の雄牛と七つの穂／ヨセフ、エジプトの実権を握る
エジプトでの兄弟の再会／ヨセフのエジプト統治

【歴史知の小径】イロニーの脅迫――福岡発――鯨岡勝成 196
はじめに／一　博多大日蓮銅像／二　夢野久作『ドグラ・マグラ』の理性批判
三　花田清輝のものぐさ日本論／むすびに

【論争の思想史】好太王碑改竄論争――藤田友治 217

【民俗の森散策】憑依する神々の姿――川野美砂子 236
――ケーララ・クルチェラ・トライブの仮面と憑依儀礼
一　ケーララと「神の踊り」テイヤム／二　クルチェラ／三　クルチェラのテイヤム（導入）
四　テイヤムの神格と構成／五　テイヤムによる祝福／六　クルチェラのテイヤム

【編集後記】―― 263

［巻頭言］

悪党列伝

石塚正英

昨年の暮れ、『毎日新聞』（一九九九年一二月二〇日付夕刊）紙上で、七五歳の吉本隆明氏と五一歳の加藤典洋氏が第二次世界大戦中の日本における「転向」をめぐって対談していました。吉本氏は、戦時中は「戦争肯定青年、天皇制肯定青年だった」とのことです。氏によれば、それは個人的な過去でなく時代現象として普通の民衆に共通の体験でした。でも、その考えはGHQ占領下では誤りとなったのです。善悪は相対的であると観念せよ、というのが時代の要求だったのでしょうか。それを強調するかのように、加藤氏はこう付言します。「一〇〇人のうち九〇人が誤る時には、その『誤り』の方に普遍性がある。そこがものを考える足場になる」。

戦争中のみならず、今でも人々はある種の「転向」を迫られています。例えば「国旗・国歌」をめぐる事態がそうです。戦時中の軍国主義を象徴するものに、日の丸と君が代と万歳の三点セットがあります。これを尊重しない者は非国民でした。そんな悪党にされたくなかったなら三点セットを認めるよう「転向」させられました。けれども、その考えはGHQ占領下では誤り＝悪い考えとなったのです。そして戦後も五〇年以上たった昨年、三点セットのうち、前二者は昨年の法制化でまたぞろ社会の表舞台に出てきました。その動向を認めたくない非「転向」派市民は、日の丸と君が代とを侵略戦争という悪の象徴として断罪します。

ところが、三点セットのうち万歳だけは不思議と「転向」の踏絵から外されてきたのです。万歳の方は、左右諸派入り乱れて無頓着に三唱されてきました。先般、大阪府知事選、京都市長選が行なわれたとき、『朝日新聞』(二〇〇〇年二月八日付朝刊)の投書欄「声」にこういう記事が載りました。「日の丸・君が代・万歳、これは三つ一組で今も私の心に刻印されている。日の丸と君が代は、戦後繰り返し論議されてきたのに、なぜか万歳は問題にされずにきた。戦時中、日の丸と共に戦意高揚に果たした役割を思うと不思議な気がする。……保守系ならともかく、革新系候補が万歳をやるのを見ると本物かと疑いたくなる」(伊藤啓次、七一歳)。

なるほど、獄中一〇数年を耐えて戦後に政治活動を再開した人たちやその流れを汲む党派でも、「万歳」だけはためらいもなくやってきました。いわんや、戦後生まれの者はみな、私も含め、まさか万歳にそんな負の歴史があるとは知らず、祝賀会や歓送迎会の恒例として平気でやっています。そこで、忌まわしい歴史を知っていれば犯罪的で、知らなければ許されるというものでもないでしょう。そこらあたりの判断は、じつにむつかしい。また、戦前は民主主義やマルクス主義の論客だった人が、戦時中は率先して国策に迎合した論陣を張ったとして、それだけではとうてい転向と決めることはできません。自身の生存的——宗教的も含めて——志操を堅持するため自己の政治的志操を時代思潮と妥協させることは、ままあります。人は政治的にのみ生きているのではありません。国策への迎合はある種の戦略――消極的抵抗――であって、転向とは言えない場合があるのです。転向と言い得るには、少なくとも政治的志操を踏み越えた生存的志操との間の葛藤がなければならないのです。

さて、今回の特集は「二〇世紀悪党列伝」です。いま私は「転向」のことを縷々述べてみましたが、意図はむろん、それが今回の特集に関連するからです。例えば、戦時中は東条内閣の閣僚まで経験し戦犯として巣鴨プリズンに収監されたものの戦後は平和憲法のもと首相に就任した岸信介氏は、転向したのでしょうか、しなかったのでしょうか。転向したのなら、彼の本質はどちらにあるのでしょうか。軍国主義ですか、平和主義ですか。転向しなかったのなら、戦後の彼だけが軍国主義のままなのですか、それとも戦後の日本自体が戦中と連続しているのですか。岸氏は二枚舌の悪党でしょうか、それとも民主的な政治家でしょうか。

今回の特集には、アメリカ大統領のＪ・Ｆ・ケネディ、ポルトガル首相のサラザールが登場します。また『日本改造法案大綱』を書いた思想家の北一輝、画家の東郷青児が登場します。読者諸氏の多くは、おそらくケネディや東郷青児の悪口はあまり聞かないでしょう。反対に二・二六事件の首謀者として銃殺された北一輝は危険思想をもった悪党に括っていることでしょう。それに対し、スペインのフランコと並んでイベリアのファシストと称されるサラザールのことは、日本では高校の世界史でもほとんど教わらないようです。

でもしケネディが、ベトナム戦争でアメリカに軍事協力すれば独立国家を保障するとしてタイの少数民族モン人を戦闘に動員して虐殺されるにまかせたのを知れば、彼を勇気と平和の象徴にしたまま二〇世紀を終わらせたくないと思うのは、大概の人に共通の素直な感情でしょう。政治的志操ではいざ知らず、それを踏み越えた生存的志操の次元では、真相を知らねばおさまりません。また、右翼・青年将校に危険思想を注入したとして一蹴された北一輝の場合は、明らかにその時代の「普遍性」に照らして悪党に括られたわけですから、そのあたりの事情をもう一度確認しておく必要があります。

ただし、以上のことを再確認するに際し、読者諸氏には、どうかニーチェの次の言葉にも注目してほしくあります。「道徳的表現などというものはまったく存在せず、あるのはただ、現象の道徳的解釈だけだ……」「我々の人生の偉大な時期は、我々の悪を我々の最善と改名する勇気を、我々が獲得するときである」。（『善悪の彼岸』一八八六年、『ニーチェ全集』第二巻、白水社、一九八三年、一二六頁、一二九頁）

東郷青児　戦後美術界のボス

篠原敏昭

はじめに

東郷青児はもう忘れられた存在なのだろうか。マネキンみたいな女性像を描いた、いわゆる東郷調の絵を見せればよかったのかもしれない。本誌の悪党特集に東郷のことを書くぞと友人たちに吹聴しているうちに、ぼくは不安になってきた。東郷がかなりの悪党だったことを知らない者がいたのはまだいい。東郷青児が画家であることすら知らない者がいたのだ。なかには「オカマの東郷?」と言った友人もいた。グレート東郷とまちがえた者は、残念ながらいなかったけれど。

しかし、それよりも、女性の知り合いから、「東郷青児って、そんなすごい悪人だったの?」と聞き返されたのにはちょっと弱った。二〇世紀を代表するグレートな悪党の一人に東郷をとりあげるのはやはり無理があるかな、と思ったのだ。二科会という老舗の在野美術団体を戦後三〇年以上も牛耳ったとはいえ、東郷がやった程度の悪事は、ボスと呼ばれるような人物なら、多かれ少なかれ、どこの世界のボスだってやっているだろう。

しかし、特集のタイトルをあらためて眺めてみると、「二〇世紀・悪党列伝」とあるだけだ。希代の大悪人である必要はないらしい。常人にできないような大胆なことをやってのけて、二〇世紀の歴史を多少なりとも動かした悪党であればいいのだろう。そう考えると、東郷青児にも十分に資格がありそうだ。かつて女子高生に人気があると言われた作品とそれを描いた作者の人物との落差も、意外性があって面白いかもしれない。

というわけで、気をとり直して書いてみることにしたのだが、東郷青児の人物を論じる場合に避けて通ることのできないものがある。『昭和怪物伝』に収められた大宅壮一の東郷論である。もとは『文藝春秋』昭和三〇年九月号に掲載されたものだが、短いながらも秀れた論説で、今日でも古くなっていない。ぼくはこれを超える気構えで大宅の議論を点検していくつもりである。じっさいに大宅を超えられるかどうかはわからない、とにかくやってみようと思う。(1)

一　二科会の帝王

東郷青児は明治三〇年生まれ、没年は昭和五三年。大正五年、一九歳のときに二科会展で賞を受け、以来、八一年の生涯の大半を二科会とともに過ごしている。しかし、二科の総帥になったのは戦後である。まず、彼が二科のボスになってからやったことを述べておこう。

読売新聞の美術記者だった田中穣は『淋しき巨人　東郷青児』（昭和五八年）のなかで、昭和三〇年代前半には「美術業界内部での東郷青児に関する評判で良いものは何一つなかったといってよかった」と書いている。(2)画家や画商たちは、「あの人は、画家というよりは企業家か、政治家だよ。政界にはいっていたら、総理大

東郷青児《日曜日の朝》1955（昭和30）年。
安田火災東郷青児美術館提供。

臣になっているに違いない」と、言いあわせたように言っていたという。[3]

当時の東郷について田中の伝えるところを紹介してみよう。

戦後、総帥になって東郷が見せた二科経営の方式は、従来の美術界の常識を超えたものだった。二科展の前日にストリップガールを集めて裸祭りの前夜祭をおこなったり、二六年には美術団体がそれまで扱わなかった漫画部と商業美術部を設け、二八年には写真部を設置したりした。二科展の賞も濫発した。二科賞、特選のほか、金賞、銀賞、パリ賞、ローマ賞、のちには総理大臣賞、東郷青児賞にまで及んだ。商業美術部を総動員して手に入れたスポンサーも、NHK、日本航空、専売公社、運輸省をはじめ、競輪、宝くじから大手のデパート、薬品、マネキン、足袋と、集めた寄付金の額は、当時の民間放送の広告収入をしのぐほどのものだったらしい。[4]

大宅壮一はこうした戦後の二科を「総合美術商事株式会社」[5]と皮肉り、東郷をその凄腕の社長に見立てているが、田中によれば、こうしたいわば企業努力が実って、毎年九月の二科展には全国から応募出品者が殺到し、同時に展覧会にくる観覧客もふえた。会の運営が楽にできるようになっただけでなく、美術団体は赤字が当然という相場をくつがえし、黒字を出すまでになったという。その額も膨大で、必要諸経費を差し引いても数千万円（後には億の単位）のカネが残ると見られた。[6]

問題はこのカネである。田中によると、東郷はこうしたカネの流れを側近の誰にも知らせず、会の経理を独断した。たとえば、美術界やマスコミ関係の客を料亭やレストラン、バーやキャバレーに気ままに招待して、その払いはもちろんのこと、東郷個人の遊興飲食代から洋服の仕立て代までを二科のツケにしていたと言われていた。しかも、東郷はそれについて感想を求められると、いまの二科の繁栄をつくったのはおれだ、おれが二科そのものなのだ、と豪語していたらしい。二科の側近や美術界の親しい友人たちと豪勢に飲み食いするときなどは、「こうしておれが自由に会のカネを遣うぐらいのことは、ちゃんとしてあるんだから、安心して君らも飲んでくれ給え」と、公然と言い放っているという話を田中は、じっさいに招待を受けた記者仲間から聞いたという。[7]

田中は言っている。「応募作品の当落から、授賞、会場作品の陳列と、すべてを自分の意のままにし、たくみな〝経営〟で生んだ莫大なカネを自由にする東郷青児という男は、まさに二科会に君臨する帝王だった、というべきだろう」[8]と。

しかし、田中によれば、いまあげたような話をしてくれる画家や画商、他社の美術記者たちは、言い合わせたように最後に必ず、「この話は、ここだけにしておいてくれよな、絶対に」と、念を押していった。つまり、どこまでも美術界の陰でささやかれていたことで、新聞や雑誌、業界紙などの話題として活字になることはほとんどなかったはずだというのだ。[9]当時はそれほど二科の帝王のにらみが効いていたということだろう。

二　暴露された悪事

そんななかで、さきにあげた大宅壮一の東郷青児論は、田中穣によれば、二科のボスを裸にしてみせたほとんど唯一のものだという。[10]じつは大宅が東郷論を書いた昭和三〇年には、東郷の二科経営の片腕と言われた高岡徳太郎が、鈴木信太郎、野間仁根らの有力会員とともに、東郷のやり方に反発して二科を脱退するという事件がおこっている。このときは新聞にも関係者に取材した記事が出た。たとえば朝日新聞は、二科会では会計監査は展覧会の入場料を集めて東郷へ収める役目にすぎず、金の使途はさっぱりわからないし、前年の総会では会計報告もおこなわれなかった、という鈴木と高岡の発言を載せている。(11) 大宅の東郷論も高岡への取材がもとになっているらしい。(12) 大宅や美術評論家竹田道太郎による当時の東郷論から、二科の帝王の力とカネにまつわる話をもういくつかあげてみよう。

大宅によれば、関西で二科展を開いたとき、東郷が入場料を全部もって九州に行こうとしたのをある会員がとりもどした。その会員はそれがもとで東郷ににらまれ、いつまでもウダツがあがらなくなったという。(13) また、東郷は昭和二七年に若い画家たちを動員して京都朝日会館の壁画《平和と団結》を制作しているが、大宅の聞いたウワサによると、この壁画は最初、二科会員で朝日に出入りしていたYが東郷を朝日に推薦したものらしい。Yはその旨を近所に住む東郷に伝えたが、東郷はケンもホロロに断った。ところが、その晩おそく東郷夫妻がYを訪ね、畳に手をついて、どうかやらせてくれと頼みこんだ。五〇〇万円の画料が東郷のふところに入ったが、口をきいたYには一〇万円（一説には五万円）しかやらなかったので、Yは憤慨してこのことをふれ歩き、東郷の近所から引っ越してしまったというのだ。(14) 竹田によれば、昭和二三年に東郷が制作した東京歌舞伎座の緞帳《女の四季》は、すでにほかの者が注文を受けて下絵から模型まで作っていた。それを東郷が高岡のコネを借り、スポンサーの高島屋を動かして横取りしたものだという。(15)

もっとも、これまであげた悪事はどこかウワサ話のしっぽを残している。だが、東郷の死後に出た二科会の正史『二科七十年史』（昭和五五年）は正式に(?)ボスの積悪を暴いている。そのなかの「二科七十年史 物語編」は、日本経済新聞編集委員（当時）瀧悌三の執筆になるものだが、わざわざ一項を設けて昭和三〇年頃までの二科にとっての東郷の功罪を論じている。とくにとりあげられているのは彼の女遊びである。瀧によれば、東郷の女性遍歴は、戦前は経済的余裕がなかったから世にウワサされているほどではないものの、戦後、二科の収入が膨れ上がるにつれ、彼のなかに眠っていた浪費癖が目覚め、二科の作品輸送費などを借財したりして、女性方面の遊興に費やしたらしい(16)。

しかし、この『七十年史』がケッサクなのは、記述がそこにとどまらないことだ。東郷の女性の好みから遊びっぷりまで書かれているのである。こんな正史をぼくは知らない。話のついでから、その箇所を引用してみよう。

『七十年史』によれば、東郷は「上層階級の淑女、美女」には関心を示さない。興を覚えるのは、「一見中小企業の女子従業員か商店に働く売り子みたいな、人目を惹かない小娘」だという。二科展がたとえば名古屋で開かれると、そういう女性が名古屋駅まで迎えに出る。回りの者たちは女性が容色一向に冴えないから、あまり気にならない。「ところが、彼女が三時間後に、彼のホテルに現れるときには、一流の婦人服店のニューモードを身に着け、どこの令嬢かという装いに変わっている」というのだ。『七十年史』は続けている。「東郷は、自分の好みに合わせて相手をそのような姿に変え、その相手を連れ歩き、食事をし、夜っぴてダンスホールで踊ったりする。彼女は一夜のシンデレラの境遇を享受し、東郷との交渉にバラ色の夢を織る。だから、東郷と別れても、彼女は思い出に生きることが出来、幸福だ(17)」と。

相手を次々に変えながらこんなことができたところに、「東郷の卓抜なカサノヴァ的才能(18)」が感じられる、と瀧は言っている。なんだか羨ましがっているように聞こえるけれど、ともあれ、瀧によれば、東郷は二科展という興行の収入を供給源にその方面の費用は惜しまなかったが、彼自身としては、自分の力で収入をあげるようになったと思っており、また二科展で不足することがあれば、自分の力で不足を補って埋め合わせをする場合もある。彼としては収支バランスをつけているつもりだったという。

しかし、東郷は、女性関係や自分の体面にかんする出費は惜しまないものの、小さい出費を渋り、二科展前夜祭の二科ゆかたの代金や、洋服の仕立て代も溜めておくばかりで、洋服屋をずいぶん困らせていたらしい。[19]二科の帝王には意外にケチくさい一面があったようだ。

三　終戦直後の迅速な行動

しかし、誤解のないように言っておくけれど、ぼくはいまあげたようないわばチマチマした悪事でもって、東郷青児を悪党としてとりあげたのではない。最初にも言ったように、これくらいの悪事だったら、程度の差こそあれ、どこのワンマン社長だってやっているだろう。

では、東郷をとりあげるのはいったいなぜなのか。

二科会はじつは昭和一九年、軍部の圧迫が強まるなか、一度解散している。東郷は終戦直後、だれよりも早く動き出してこの在野美術界の名門を再建した――と言うと、ひどく立派に聞こえるけれど、彼のやり方は、田中穣も書いているように、「二科を再建したというより、二科をまんまと乗っ取った、といわれても仕方がない[20]」ようなものだったのである。解散のとき、二科のなかで彼はせいぜい中堅幹部の筆頭クラスだったが、再建によって二科の総帥にのし上がる。彼より格上の者はすべていなくなった。早い話がクーデタである。さきに見たもろもろの悪事は、いわばその派生物にすぎない。ここで東郷を悪党として、二〇世紀日本美術界の悪党としてとりあげるのも、この事実上の二科乗っ取りという大胆不敵な行動によってである。

なにしろ、終戦直後の東郷の動きがすごい。異様に素早いのだ。彼は昭和一七年に信州南佐久郡田口村に疎開していた。ところが、『七十年史』によると、終戦の玉音放送を聞くやその翌日、つまり二〇年八月一六日の早朝、四八歳の東郷は早くも田口村を発って東京に出ている。旧二科会員の消息をたずね歩いたが、有力幹部は疎開していてほとんどいない。その日は、疎開先での知り合いだった杉並永福町の菓子屋篠崎のもとに泊まり、翌一七日の朝、彼は奥多摩梅沢の高岡徳太郎の疎開先を前ぶれもなく訪れている。[21] 高岡は当時四三歳、旧二科では東郷より少し格下の評議員だったが、不審がる高岡に東郷は、「二科の再建をやろう、いま再建しないと遅れて、昔のような二科にならない[22]」と切り出したという。

東郷の本心は「昔のような二科」の再建にはなかったようだが、その点はしばらく措く。彼はいったいなぜ高岡のところへ行ったのか。高岡は旧二科の解散後、頭領格の正宗得三郎から再建のときのためにと、会員名簿、印鑑、帳簿（二科展入選者の記録）といういわゆる二科の三種の神器を預かっていた。[23] 大宅は、東郷のねらいがこの三種の神器に横取りにあったように書いている。[24] ぼくの見方はちがう。理由は後で述べるが、『七十年史』によれば、彼は高岡のもっているコネと事業家としての才能に目をつけている。東郷の迅速な行動に驚かされた高岡は東郷の話を聞いているうちに、彼を二科再建の表方に立て、自分は裏方を引き受けようという気持ちが固まったという。[25]

高岡が杉並久我山の自分の家に戻り、九月には東郷も久我山に引っ越してきて、二科再建のための活動が九月には開始される。大宅は、二科の再建にあたっては誰が発起人になるせよ、解散前の全会員に召集状を出して賛同を得たうえで新組織をつくり、役員も民主的に選出して再発足すべきところを東郷がやらなかった。旧有力幹部が交通事情の困難や戦争協力への反省などで上京に消極的になっているうちに、自分の言いなりになりそうな若い連中をかき集めて、あっというまに新二科会をつくりあげ、みずからその総帥におさまってしまった、と書いている。(26) これは半分正しくて、半分正しくない。

二科再建の呼びかけは、高岡の記憶によれば、旧会員や会友たち全員にちゃんと出されたらしい。(27) 有力幹部たちが上京に積極的でなかったことは事実である。しかし、それは必ずしも交通事情や戦争協力への反省だけが原因ではなかったようだ。

『七十年史』は口を濁らしているのだけれど、そこには再建の中心にいた東郷にたいする旧幹部たちの反感が働いていたらしいのだ。原因は追々わかってくるだろうが、たとえば、軍需生産美術推進隊を組織して時局画や戦争画を描いていた向井潤吉は東郷らの再建の動きを知ると、二〇年一一月、不参加を表明して戦時中の仲間たちと行動美術協会を結成してしまう。向井はのちに東郷について、「なかなか面白い人だが、展覧会などではとても一緒にはやれないと思っていた」(28) と、意味深長な発言をしている。いちばん熱心に軍に協力していた若手の幹部宮本三郎も、戦争責任追及の動きのなかで身をすくめる必要はあっただろうが、東郷によって再建されたあとも二科には参加しなかった。関西系の旧幹部たちも参加の呼びかけに応じておらず、長老の正宗も疎開地の信州下伊那から動く気配を見せなかった。(29) 総じて彼らは、「できるか、東郷に?」と多分にタカをくくっていたようすがある。(30)

いずれにしろ、東郷にとっては旧幹部たちの動きの鈍さがつけめだったようだ。鈴木信太郎が言っているように、「諾否の態度をはっきりさせない人々も沢山あったので、集ったものだけで押しきってやるつもりの方針がきまった」(31) のである。東郷の強い意向が感じられる。また、『七十年史』には出ていない話だが、高岡の回想によると、二科再建の話が急激に進んだのは、進駐軍の文化振興の推奨があったためでもあるという。[32] 東郷は当然利用しただろう。とにかく、彼は一気に再建を進めた。向井は回想のなかで言っている。「いつもの東郷君にはなく、じつに迅速なんです」[33] と。

四　老舗を乗っ取る

再建二科会は四四名の会員で出発することになった。[34] そのうち、旧二科の会員は二一名（絵画部一六名、彫塑部五名）。昭和一九年の解散時には絵画部、彫塑部あわせて約五〇名の会員がいたから、半分以下しか集まらなかったことになる。しかし、新二科には旧二科で東郷よりも先輩格だった者はおらず、同輩では彫塑部のリーダー渡辺義知がいただけ。あとはすべて後輩だった。

『七十年史』のなかで瀧悌三は、再建二科では「おのずと青児は全体の頭領格になった」[35] と書いている。しかし、それはメダルの一つの面にすぎない。東郷が是が非でも「全体の頭領格」になろうとしたもう一つの面を見ていない。それを無視しては、終戦の翌朝からの迅速な行動は説明がつかない。瀧は「迅速はすなわち再建の熱意の表れ」[36] と言っているけれど、ぼくにはむしろ〝悪意の表れ〟のように思われる。悪意が言い過ぎなら、〝野心の表れ〟と言うべきか。

『七十年史』の記述には全般に、東郷の野心を否定しようとする傾向が見られる。「東郷はどういう動機からそんなに早く動きだしたのか」[37] という疑問を提出しながら、瀧は直接それには答えず、代わりに、東郷自身がしばしば語っていた話を紹介している。さきにあげた永福町の菓子屋篠崎が易に凝っていて、東郷は疎開先でこの篠崎から、戦争は五月二八日から八月一五、六日までの間に終わる、九月一五日までに永福町、久我山方面に上京すれば万事上首尾になる、と吹きこまれていた、というのだ。瀧はこの話にはフィクションの匂いが漂うとしながらも、篠崎とともに東郷夫人も易や方角に凝っていたことをあげて、「実の要素も多いようである」(38)などと言っている。

しかし、かりに「実の要素」があったとしても、それは動機の説明にはならない。せいぜいきっかけでしかない。東郷は明らかに事の核心をはぐらかしているのだ。常識的には東郷は自分の行動を誇っていいはずである。ところが、彼は奇妙なことに、自分の貢献はおろか、再建そのものすらほとんど語っていない。なぜ東郷は語らなかったのか。あるいはなぜはぐらかすような話しかしなかったのか。奥ゆかしさではあるまい。あからさまに口にするのが憚られる要素が含まれていたからだろう。

東郷は二科をどうしようとしたのか。おそらく、二科を自分の好みに合ったものに変えたかったのだ。女性を自分の好みに合わせて変えるように。いや、必ずしも冗談ではないのだ。大宅は言っている。東郷にとって二科会は自分の作品の市場価値を高め、その販路を広げるための宣伝機関のようなもので、彼はこれを百パーセント利用した(39)、と。つまり、二科を「東郷の個人企業」(40)につくり変えたかったのだ。彼に必要だったのは二科の看板や人材や組織であって、伝統ではなかったはずである。

その点で、二科の三種の神器にたいする東郷の扱いは象徴的なように思われる。大宅は、東郷が三種の神器を手に入れた者が勝ちだと考えて、早くも八月一九日には高岡から横取りするように東京にもっていったと書いているけれど(41)、『七十年史』によれば、東郷が高岡から借りたのはだいぶあとで、しかも三種の神器は東郷が借りたまま戻らず、行方不明になったという。いまもって見つかっていないらしい(42)。昭和二一年九月に二科第三一回展（再建第一回展）を東京都美術館で開催したさいには新しい印鑑で手続きをしたという。ぼくの憶測なのだけれど、東郷は三種の神器をウヤムヤにしてしまうことで、戦前の二科の伝統を消し去ってしまいたかったような気がするのだ。

ちなみに、東郷の二科に参加しなかった熊谷守一、中川紀元、宮本三郎、それに正宗得三郎ら、旧二科の長老や幹部たちは、昭和二二年になって二紀会を結成している。東郷のやり方への反感を証明するものだろう。正宗は二科会の名称をつよく主張したらしいが、名前の正統争いも愚かしいし、いっそ新名称で、という意見が大勢を占め、最後には正宗も折れたという。[43] 東郷は二科会をまさに乗っ取った格好になったのだ。

五　「軟派の不良」の画壇デビュー

それにしても、在野美術団体の名門二科会を「総合美術商事株式会社」あるいは「東郷の個人企業」にしてしまうというような野心はいったいいつ、どのようにして東郷のなかにできあがったのだろうか。

もちろん、悪党も一日にして成るのではない。そのメンタリティもそう単純ではないようだ。大宅壮一は東郷の人一倍激しい征服欲について語っている。青壮年時代には征服欲は恋愛というかたちをとるが、中年をすぎて社会的地位もでき、肉体の衰えを感じるようになると、征服欲の主たる対象は移動する。「事業欲、名誉欲、権力欲などが強くなって、これらが生活の原動力になる。戦後の東郷の動きにそれがよくあらわれている。老舗二科会をその手におさめ、その上にアグラをかいて晩年を送ろうと考えて〔…〕神速果敢な行動に出たのであろう」[44] と。「事業欲、名誉欲、権力欲などといっても、帰するところは金銭欲である」[45] とも言っている。

いかにも人間通らしい見方だが、大宅はそれを戦前の東郷において確かめているわけではない。ぼくの捉え方は大宅とは少しちがう。金銭欲はたしかに若いときから人一倍大きかったようだが、最初のほうで見たように、東郷のカサノヴァ的な恋愛欲は中年を過ぎてもなお盛んだった。

これにたいして事業欲と権力欲は、戦前の二科会での活動をとおして東郷のなかで膨らんできたものだろう。もちろん、それらの欲望は戦前には満たされることはなかった。これらが、とくに事業欲が終戦をきっかけに、金銭欲と一体になって噴き出したのが事実上の二科乗っ取りという大胆な行動だったのではないかと思うのだ。そして、一見破天荒のような東郷の生活が大きな破綻をきたさずに持続されたのは、生活の芯の部分に絵画ないし美術によって名を成そうとする名誉欲が意外に強く根を張っていたからだろう。

ともあれ、以下、戦後の行動にあらわれるもろもろの欲望を念頭におきながら、日本美術界きっての悪党ができあがるまでの東郷の生活をふりかえってみよう。

東郷青児は、生まれは鹿児島だが、育ちは東京。裕福な家の出ではない。田中穣によれば、青山学院中等部を卒業したあと、彼は文学や芸術好きの早熟な若者たちに共通のタイプである「軟派の不良」の一人として、仲間うちでは多少は名前の知られる男になっていたという[46]。すでに派手な生活を好んで浪費癖があり、カネと女にたいする欲望も人並み以上のものがあったようだ。その頃からの悪友に小説『悪太郎』の作家今東光がいる。ちなみに、青児の本名は鉄春。青児は青山学院の生徒という意味のペンネームである。

東郷は音楽家山田耕筰の影響のもとで、日本でほとんど未紹介のヨーロッパの新傾向の絵を描いているうちに、二科会の有島生馬に見出され、大正五年、一九歳のとき、第三回二科展に出品した《パラソルをさせ

東郷青児、19歳。個展会場にて。
安田火災東郷青児美術館提供。

る女》で最高賞の二科賞をもらい、天才少年画家としてって画壇デビュー。当時としては超モダンな作品で、未来派風の絵としては日本最初のものと言われる。[47] これが二科会とのかかわりの始まりである。彼はこのとき以来、有島を師匠と呼んで生涯仕えることになる。

ここで二科会について簡単に言っておこう。大正元年、文部省美術展覧会（文展）日本画部の新旧両派の内紛から審査を一科（旧派）と二科（新派）に区分したところ、洋画部にも二科の設置を要求する運動がおこった。文部当局がこの要求を黙殺したのにたいして有島生馬、石井柏亭、津田青楓ら若手の画家たちが大正三年、反官展主義を謳って二科美術展を開き、翌大正四年、会員組織をもつ洋画団体を結成した（のちに彫塑部が加わる）。これが在野美術団体の名門二科会の由来である。

さて、少年東郷は二科賞の賞金五〇円と、その絵が売れて二五円の計七五円を手にした。勤め人の月給が七円か八円という時代にである。しかし、その後、絵はさっぱり売れない。友人を頼って関西に行き、一時は化粧品会社の図案係に採用されるが、長続きしない。二科展には毎年出品しており、大正八年、二科会友に推挙される。やがて神戸の資産家の娘永野明代と恋仲になり、結婚して東京に戻るが、依然として絵は売れず貧乏暮らしだったという。[48]

その頃の東郷は、ちゃんとした美術学校を出ていなかったせいもあるだろうが、二科賞をもらってもかなりのコンプレックスがあったようだ。しかし、佐藤正忠による有名人インタヴュー集『世に出る』（昭和三二）によると、若き東郷は作家の広津和郎からもらった「人生、すべからく、うぬぼれをもつべし」という言葉に感動し、それまでのコンプレックスを、石をドブのなかに捨てるように捨ててしまい、それ以来、彼の人生観はガラッと一八〇度変わったという。彼は「今日あるのは何かといわれれば、あの広津さんから贈られた十六文字の影響でしょうね[49]」とまで言っている。

才能ある者にしか成功が保証されない絵画の世界で生きていく決意を東郷が固めたのは、おそらくそのときだろう。以後、彼にとってはカネも名誉もこの世界での成功がカギになっていく。

六　フランスでの生活と経験

東郷は大正一〇年二四歳のとき、父親が工面してくれた金で単身フランス留学に出発する。画家としての将来を切り開くためである。帰国は昭和三年。七年間の滞在である。この滞在は彼の画風や芸術観を大きく変えるが、なによりも彼自身を逞しい生活者につくりあげた。まず、そのことから述べよう。

フランスでは東郷は娼婦に入れあげ、三年分の留学資金を最初の一年足らずで使い果たしてしまったという。ところが、妻の明代がフランスにやってきて、やがて子供が生まれる。大正一一年にはイタリアの未来派詩人マリネッティを訪ね、秋からはリヨンの美術学校の専科で学んだが、妻子を抱えた生活は苦しく、絵の勉強も制作もままならない。農夫の手伝いなどをやって当座はどうにかしのいだものの、大正一二年には妻子を日本に返す。しかし、その年の関東大震災以後、日本からの仕送りが途絶え、生活はさらに窮迫する。[50]

東郷はさきにあげたインタビューのなかでフランス時代の生活を問われて、「実はね、サンタンたる生活をしたんだよ。サンタンという言葉が、一番ピッタリするだろうね[51]」とだけ言って、具体的には語っていないけれど、彼の自伝的文章「私の履歴書」によれば、「関東大震災の後、セーヌの荷揚げ人足から、ガラス工場の図案工、百姓、壁画の下働き、公園の散水夫等々、なんでもやった[52]」という。だが、「サンタンたる生活」の中身はもっとすさまじいものだったようだ。

帰国後の東郷と四年間同棲した宇野千代の回想『或る男の断面』（昭和五九年）に、その「サンタン」ぶりがちょっとだけ出てくる。それによれば、東郷は青木元一郎という共同通信の記者に、男同志の打明け話としてかなりきわどい話をしていたらしい。当時は靴も買えず、裸足で歩くような乞食同然の生活だったが、そこからはい上がるのに、ニースでは年とった女たちを相手にしたり、男色を好む男たちと一緒に寝たりして、朝起きて外へ出ると、太陽の光に眼が眩んでよろけてしまった、というのである。[53]『世に出る』のインタヴューのなかで彼が、人生には日の出もあれば日没もある。日没のときにショボショボしないで、「強ジンな神経をもっているかいないかということで、最後の人生の勝負がきまる」[54]と言っているのは、その頃のことが頭にあるのかもしれない。もちろん、「強ジンな神経」は悪党の必要条件の一つでもある。

東郷の「サンタンたる生活」は半年以上続いたようだが、大正一三年に彼は運よくギャラリー・ラファイエットというフランスの有名デパートのニース支店に雇われ、装飾美術の仕事にありつく。彼は「たとえ十しかない才能でも、それを二十にも三十にも活用して」[55]働いた。半年後にはそのデパートのパリ本店の装飾美術部に移り、三年ほどはパリで比較的安定した生活を送ることになる。パリにいるほかの日本人画家たちとはほとんど付き合いがなかったようだ。大正一五年からは二科展への出品を再開しているが、昭和二年には彼は絵画制作に集中するために、退職金をもらってデパートを辞める。[56]この間、彼の女性関係はどうだったか。「私の履歴書」には、最初の頃の半年にわたる売春婦との交渉と、後半期の、アガートという多淫で嫉妬心の強い音楽家志望の若い女性との数年におよぶ同棲生活が語られているだけである。[57]語られていない部分がどれくらいあるのだろうか。

留学の間に生じた東郷の画風や美術観の変化についても述べなければならない。彼はまず未来派やダダイズムに失望する。そのあとピカソの影響を強く受ける。それは当時彼が描いた作品にはっきりあらわれている。他方、彼はルーブルをはじめ、ヨーロッパの諸都市で見たラファエロの古典的な女性像に共感を覚える。[58]これがやがて帰国後の彼の画風に影響をおよぼすことになる。

しかし、ぼくが東郷のフランス体験のなかで注目したいのは、むしろ美術のあり方にかんする彼の考えに、ひいては、のちに膨らんでくる彼の事業欲に影響を与えたと思われる経験である。その点でここでは二つのことを指摘しておこう。

一つは、東郷が留学中に、トルストイが周囲の農民たちに自分の作品を読み聞かせ、彼らが理解できるまで書き直したという新聞記事に感銘を受け、「理屈なしに共鳴してもらえる絵を描きたい」と思ったという話だ。[59]これも彼ののちの画風の変化と無関係ではないが、そこには戦後の二科で展開することになる大衆化路線につながる考えがある。

もう一つは、さきに述べた有名デパートの美術装飾部における経験。彼はそこで壁紙や織物の図案や家具のデザイン、室内や壁面の装飾などの仕事に携わっている。[60]おそらく、その仕事が彼に、美術をキャンバス上だけのものでないことを教え、商業デザインや図案や装飾、あるいは壁画なども含めて、社会や大衆のなかに浸透させるべきものでもあるという広い視野を開かせたと思われる。もちろん、そこに美術家にとって自分の作品を売りこむ広大な市場が広がっていることも。フランスでの経験は、彼にとって日本における美術家と美術団体の団体のあり方について考えさせられる体験だったはずだ。

七　帰国後のカネと女

昭和三年、東郷は滞欧作品百点近くをまとめて、アガートから逃れるように帰国する。三一歳になっていた。帰国から昭和二〇年までの一七年間の彼の生活はどうだったか。大まかに言えば、前半は、有名な心中未遂事件も含めて、私生活に波乱が多く、これにたいして後半は二科会での地位も上がり、いわば公的な活動に生活の重心がおかれるようになる。ここではまず、おもに彼の私生活、カネと女についてのべてみよう。

東郷は帰国した昭和三年の二科展に滞欧作品二〇点余を特別陳列し、昭和洋画奨励賞をもらっている。そのなかの《サルタンバンク》《ピエロ》などの作品には、今日でも高い評価が与えられている。作品の大部分は第一書房主人長谷川巳之吉が買い取ってくれたが、奨励賞には千円の賞金がついてきた。以前同様の貧乏生活を送っていた彼にはこの大金はありがたかったはずだ。ところが、彼はこの金で友人の中川紀元や野間仁根たちと大塚の花柳街で一週間遊びつづけた。蒲田の借家に戻ったとき、東郷の懐には四〇円しか残っていなかったという話がある。[61] 例の浪費癖を考えれば、ありえないことではない。

さきの『七十年史』の記述にもあったように、戦前期をつうじて東郷は経済的余裕があったとは言えない。「私の履歴書」のなかで彼は、「どうやらこうやら、絵でめしが食えるようになったのは四十五歳を過ぎてからのような気がする」[62]と書いている。もっとも、浪費家の彼の言う「めしが食える」ことのうちには、贅沢の費用も含まれている。昭和四年頃は、弟子には質屋通いと借金取りへの言いわけをさせておいて、外出はいつもハイヤー、月に数着も洋服をあつらえるという生活だったらしい。[63] もしかしたら、「めしが食える」には女遊びも入っていたかもしれない。

東郷青児《ピエロ》1926（大正15）年。
安田火災東郷青児美術館提供。

東郷の絵は売れなかったわけではない。宇野千代の『或る男の断面』には、昭和六、七年頃のことだろうが、東郷が何の苦もなく何十枚も描きとばしたいわゆる売り絵を千代が行商するのに忙しかったようすが書かれている。(64) 名士夫人の肖像画などもさかんに描いたようだ。二科会の彼の人脈を利用してかなり強引な売り方もやったらしい。(65)「誰がなんといおうと、俺のものはすぐれているいんだ、という信念」(66) でもって売ったのだろう。千代によれば、「東郷青児の絵はよく売れた」(67) という。それでも「めしが食え」なかったのは、高い値がつかなかったせいだろう。

その頃の東郷は、絵よりもむしろ文筆で稼いでいた。雑誌に随筆やコントを書き、翻訳もやっていた。昭和一一―一五年にはエロチックな挿絵を入れたコント集や随筆集を四冊ほど出して、内二冊は発禁処分になっている。(68) 昭和五年にはジャン・コクトーの『怖るべき子供たち』の翻訳を出版。(69) 竹田道太郎によると、この翻訳の印税で世田谷に宇野千代と住む家を建てたという。当時、コルビジェ風と呼ばれたシャレた家だったが、五千円の予算が凝りすぎて一万二千円もかかったため、高利貸から借金をしてしまったらしい。(70) 売り絵を描きまくったのにはそんな事情もあったのだろうが、彼は借金の催促にも「強ジンな神経」で対応したらしい。その頃からの遊び仲間だった紀伊国屋書店主人田辺茂一が当時をふりかえって言っている。「到底、払えない金額でも堂々とひとから借りる。払えないことがわかっているカネを貸す方が悪いと、東郷は思ってるんだ。〔…〕いい意味でも、悪い意味でも、当時の東郷のサギ師ぶりは、スケールの大きな実力と風格を備えていたね」(71)。

東郷は、留学から帰ったばかりの頃は、アガートの嫉妬から解放されたせいか、日本の女性がきれいに見えてたまらず、ダンスホールやカフェを漁りあるいたらしい。(72) しかし、遊ぶ金までは自由にならかったようだ。田辺によると、紀伊国屋書店の閉店近くに東郷が店頭に現れると、田辺はレジの引出しから売上げをもち出して一緒に遊びに出かけていた。田辺は売上がみんな儲けだと錯覚していた一時期があったという。(73)東郷にはそんな個人企業の仕掛けが羨ましかったにちがいない。田辺によれば、後年東郷は、田辺がレジのカネをよけいにつかんで引出しから手が抜けなくなった話をして冷やかしていたらしい。(74)ぼくはつい、東郷が展覧会の入場料を全部もって行こうとして見とがめられた話を思いおこしてしまう。

ところで、当時の東郷の私生活を語るさいに、のちに東郷夫人となる西崎盈子との情死未遂事件を欠かすことはできない。心中決行にいたるいきさつは宇野千代の小説『色ざんげ』（昭和一〇年）にくわしい。千代によれば、この小説は、人物名こそ変えてあるものの、東郷が事件について千代に口述したことを、「一ところでも変更したり、作り替えたりすることは全くなかった」(75)作品だという。経過を手短に言えば、帰国後東郷は妻明代と不仲になり、陸軍少将の娘盈子と恋仲になるが、二人の結婚に反対する盈子の親は娘を東郷から遠ざけてしまう。東郷はその後、会社重役の娘中村修子と知り合い、明代との離婚が片づかないまま修子と結婚。ところが、東郷は盈子と偶然に再会する。二人の関係が続いているのを知った修子が以前の恋人と駆け落ちするなか、東郷は複雑な関係を処理しきれず、ついに昭和四年三月末、メスで首の血管を切って盈子と心中を図る。二人とも一命は取りとめるが、洋画の鬼才のスキャンダルとして大きく新聞や雑誌で扱われることになった。(76)小説では東郷は湯浅譲二、明代はまつ代、盈子は西条つゆ子、修子は井上とも子、田辺茂一は津村、中川紀元は楠本として登場する。

事件の詳細はともかく、小説に描かれている湯浅譲二のなかにも、終戦直後の東郷の行動の理解に役に立つものがないわけではない。ここでは一つだけあげておく。それは、ときおり当人の思惑を超えて、当人自

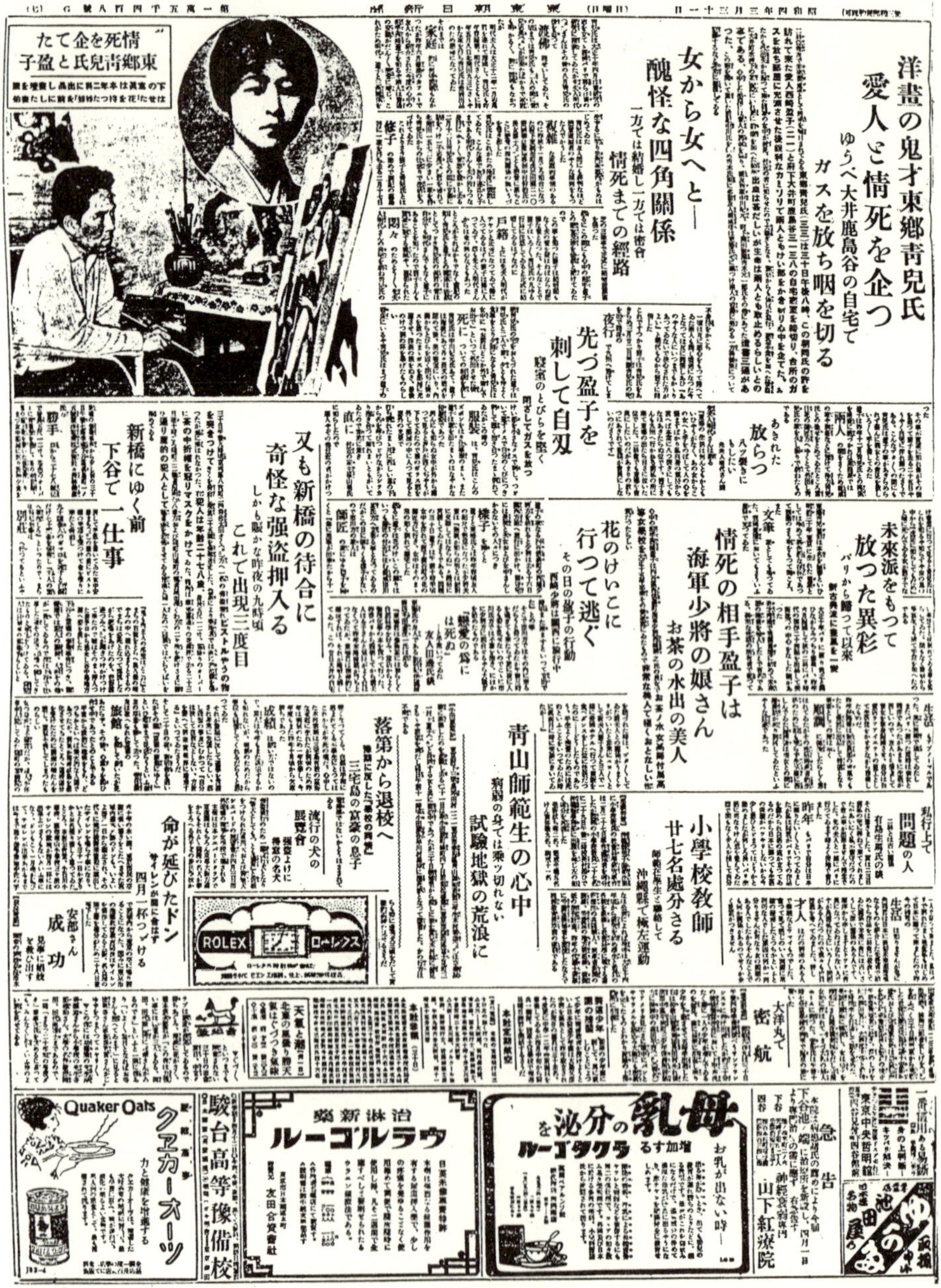

東郷青児・西崎盈子の心中未遂事件を伝える朝日新聞。
1929（昭和４）年３月31日。

身を完全に捉えてしまう行動への衝動である。

『色ざんげ』には、湯浅がつゆ子と再会して駆け落ちをしようとする矢先に、とも子が以前の愛人と逃げてしまい、とも子に先を越されたことに腹が立った譲二が、どんな遠くに逃げていても探し出して、彼女をいまの自分と同じような気持ちにさせてやろうと考え、つぎのように語る場面がある。「この考えは凡ゆる思惟を越えてただ一つの塊りのようなものになって僕を支配した。そしてその欲望の激しさは昨日の昼あの紅梅軒でどんな犠牲を払ってもつゆ子を自分の手から離すまいと決心したときの気持ちに較べて比較にならぬほどの強さで僕を動かしたのであった」[77]。宇野千代は、「この物語は全編、考えると言うことを離れて、ただ、行動だけをして来た人間のものであるように思われる」[78]と書いている。東郷という人物の本質をついた言葉かもしれない。

東郷はこの事件でさほど精神的痛手を蒙ったようには思えない。彼は一か月後には、自殺する男女のことを小説に書くために話を聞きにきた宇野千代と、夥しい血の固まりの残る蒲団で平然と一夜を過ごし、[79]翌五年から千代と同棲を始める。明代との離婚は八年に成立。息子は明代が引き取った。盈子は別の男性と結婚したが、東郷は九年、ふたたび盈子と出会い、千代との同棲生活を終える。一一年、盈子の離婚が成立。東郷は盈子と暮らすようになるが、一四年、盈子の妊娠を機に入籍、娘たまみが生まれる。東郷の「カサノヴァ的才能」がそこですり切れてしまったのでないことは言うまでもない。

東郷青児と宇野千代。1931（昭和６）年。
安田火災東郷青児美術館提供。

八　戦前の二科会のなかで

つぎに、戦前および戦中の二科会における画家東郷の活動を見ていこう。

東郷は大正八年に二科会の会友になっていたが、条件は整っているのに会員になるのが遅れていた。その理由として有島生馬は、さきの心中未遂事件のさい、「鳥渡《ちよつと》私行上にいろいろ問題のある人だつた(80)」ことをあげている。要するに、乱脈な女性関係がたたったのである。しかし、昭和六年、三三歳のとき、その彼も会員に推挙される。

二科会では会員は会内におけるいわば有力者である。中堅以上の会員は、多かれ少なかれ、背後にそれぞれの流派や人脈に連なる会友や出品者などを負うことになる。当然のことながら、展覧会のあり方や会員や会友の推挙、出品の可否、賞の授与などにかんして、会員たちの間に利害の対立があり、駆け引きが存在する。個人差はあるだろうが、権力欲や事業欲が頭をもたげてくる場所でもある。大宅壮一は、戦前の二科では東郷は若い者と長老との間で「キャスチングボードをにぎる立場(81)」にいたと言っている。そのあたりの事情をおもに『二科七十年史』の記述をもとに検証してみる。

東郷がフランスから帰国したあと、二科会からは数度の離脱者の波が出ている。昭和五年には児島善三郎らの中堅のフォーヴ派会員や会友が脱退して独立美術協会を結成した。東郷が会員になってからも、昭和八年には、プロレタリア美術運動の弾圧のさい、運動に関係があった長老の津田青楓が退会した。さらに一〇年には、帝展（文展の後身）を主催していた帝国美術院（現在の日本芸術院の前身）の定員拡大が図られるなかで、帝院入りを内諾した有島生馬、石井柏亭ら長老会員五人が、二科の反官展主義のために事実上二科を追放され、長老としては正宗得三郎が残るだけになった。翌一一年には二科を離れた元長老たちが一水会を結成し、二科の四人の会員が脱けてこれに合流している。

このような動きのなかで、東郷は二科の中堅幹部の一角に入りこむ。当時の二科の勢力は、ごく大ざっぱに言って、写実系とモダニズム系に大別される。東郷はもちろん後者に属する。それらとは別に、正宗につながる高岡徳太郎や向井潤吉ら、あるいはまた関西派、名古屋派などのグループもあったようだが、細かいことは省略する。昭和九年、二科はすでにフランスで名声を獲得していた藤田嗣治を会員に迎え、モダニズム派が活気づく。モダニズムはフォーヴ派離脱後の二科展の呼びものとなり、応募者にもモダニズムの傾向が増加したという。東郷はモダニズム派で藤田に次ぐ地位を占めることになる。

昭和一二年は日中戦争勃発の年だが、この年、二科の勢力地図に東郷にとって利害の相反する二つの変化が生じる。一つは、長老正宗得三郎のリーダーシップが後退し、若い会員たちの間に藤田を中心にことを運ぶ空気が生まれたことである。[82] 正宗に次ぐ年寄りグループも活力を失いつつあった。会友以下の若手を掌握する才覚はモダニズム派の東郷や、写実派で彼より後輩の宮本三郎といった青年将校的存在に移っていくが、藤田が実質的な統率者となったことにより、藤田―東郷のラインが運営の主導権を握ることになる。[83] ただし、宮本をリーダーとする写実派も藤田を推戴して、モダニズム派と陰に陽に覇を競い合った。[84] 東郷は昭和一三年、若手の前衛画家たちが結成した九室会の顧問を藤田とともに引き受けている。九室会は、新美術家協会の若手を背後にもつ写実派の宮本三郎に対抗するものだともいわれるが、[85] 高岡徳太郎によれば、東郷は九室会においてすでに「ドン的な行動」[86] をしていたという。昭和一四年にはすでに、この二つの勢力の衝突による二科の分裂を懸念する声すらある。[87] 宮本は一三年、藤田は一四年に渡仏しているが、一四年九月頃のある

九室会のメンバーと。前列中央に東郷青児と藤田嗣治。
1939（昭和14）年。安田火災東郷青児美術館提供。

週刊誌は、正宗や中川らの長老ないし年寄りグループが両派の緩和役になっているが、藤田不在の二科は東郷一人では押さえきれないし、「東郷では院展における大観のような権力は夢にも振へるものではない」[88]と、東郷のその頃の二科内での地位をうかがわせる記事を載せている。

もう一つの変化は、戦争という時局を反映して、二科展の展示に変化がおこったことである。いわゆる事変画、戦争画が現れ始め、写実派を中心に従軍画家を志願する者も出てきた。大陸における戦争が続くなか、昭和一五年には藤田と東郷は九室会の顧問を辞退する。東郷によれば、「何か政治的野心があつて新しい勢力をつくるのだらうという誤解」が一般から生じたり、「二科の会員間にも妙な感情のもつれ」が出ることを恐れたためだという[89]。東郷は明らかに後退を余儀なくされたのだ。二科展でもモダニズムの絵が徐々に事変画に優位を奪われていく。

昭和一六年、東郷の地位にふたたび変化がおこる。藤田が帝国美術院の新会員推挙を受諾し、二科を退会した結果、彼は中堅幹部筆頭の地位を占めることになった。しかし、彼の力はむしろ後退する。この年の一二月には太平洋戦争が始まり、二科内でも戦争画を描く写実派の者たちが幅をきかすようになったからだ。二科を去った藤田は抜群の技量で戦争画を描き、その方面でもたちまち有名になったけれど、東郷はいわゆる時局画、彼のいう「徒に時流に投じた絵画」[90]へは行かなかった。昭和一三年の従軍看護婦を題材にした《出発》にしても、女性像自体はいわゆる東郷様式で、戦意高揚の役に立つとは思えない。なぜ彼は戦争画を描かなかったのだろうか。昭和一五年、彼が長崎を訪ねたさい、話が三菱造船所で建造されていた戦艦武蔵に及んだとき、「ぼくは、あんなのには関係ない」[91]と言ったというエピソードが残っている。いくぶんかは思想のせいだったかもしれない。ぼくは、もっぱら女性の美を描くことで完成した彼独特の半抽象的な様式が、写実を要求する戦争というテーマに拒否反応をおこしたためではないかと思う。

昭和一六年にはシュールリアリズムの画家福沢一郎と美術評論家滝口修造が容共思想の嫌疑で逮捕されている。軟弱遊惰な絵しか描かない東郷にも軍部からの圧迫があったらしい。竹田道太郎によれば、彼は陸軍情報部から、彼の絵は欧米思想を謳歌するものだから描いてはならない、と命じられた。名前に引っかけて、「西郷隆盛や東郷元帥の書のような、青年たちを奮起させるものを描け」とも言われたという。(92)

東郷は最初の東京空襲があった昭和一七年に世田谷の家を売って、早々と家族を連れて南佐久の田口村に疎開している。東京にいては軍部の圧力で自分の絵を描くのが困難になったことも理由の一つだったようだ。

九　信州佐久の疎開地で

最初のほうで述べたように、二科会は昭和一九年に解散している。軍部が美術報国会主催または共催以外の公募展を禁止したため、事実上活動できなくなったからだ。

この時期には解散の主導権も宮本三郎たちが握っていた。軍部の意向に通じていた宮本は、陸軍情報局ではいずれ各美術団体を解散して一つにまとめる構想だから、解散させられる前に自主解散して、再集合した新団体で二科が有利な地位を占められるようにしたほうがいいと、正宗たちに働きかけていたらしい。解散を決定した一〇月の幹部会議に東郷は疎開地から遅れてやってきた。宮本の説明する結論を頷きながら聞いて、「なら仕方がないだろう」とポツリと言ったという。(93)

では、東郷は昭和一七年から二〇年八月の終戦まで、信州の疎開地でいったい何をし、何を考えていたのか。相変わらず、時局とは無縁の、女性を題材にした夢幻的な絵画を描いていたことは確かである。昭和一八年の、戦前二科最後の第三〇回展に出品した《花の香》や《髪》、一九年の《星座の女》は、いずれもいわゆる東郷スタイルの作品である。

では、何を考えていたか。じつを言うと、よくわからない。資料がほとんど残っていないのだ。しかし、ぼくは南佐久の東郷はすでに、戦争が終わったときに自分がやることを考えていたと思う。それは何か。二科会を再建して、戦争のせいで断念させられた運営の主導権を握って、事業欲を発揮する場を確保することだったはずだ。それによって金銭欲や名誉欲を満足させたい。その欲望の強さが終戦直後の行動になって現れる。推測が入りこむことになるけれど、戦前の彼のいくつかの発言や仕事をもとにこの点を見てみよう。

東郷の金銭欲は、戦争によって十分に満たされないままになっていた。もしも戦争がなかったら、彼はもっと早くから「絵でめしが食える」ようになっていたかもしれない。戦後に大衆的な人気を博することになる彼の女性像のスタイルは、じつは昭和一三年頃になって確立されているのだ。[94] 一三年の《舞》、一四年の《紫》などの二科会出品作は、それまでのやや素朴さの残る画風を脱して、すでに後年の洗練された様式と色調の作品になっている。おそらく彼自身、自分がつくりあげたスタイルに自信を抱いたのだろう。彼は一四年から一七年まで毎年、日本橋三越で個展を開いている。当時の新聞で見るかぎり、作品はかなり好評だったようだ。[95] 彼は、戦争が終わったら、この売れ筋の作品をおおいに売り込もうと考えていたにちがいない。

東郷はまた、戦前からいわゆる応用美術ないし商業美術の分野の仕事にも携わっていた。フランス時代の経験がおおいに役に立ったと思われる。昭和一一年には京都の丸物百貨店大食堂壁画の制作、一〇年前後には百貨店のパンフレットや保険会社のポスターやカレンダー、化粧品会社のポスター、週刊誌や月刊誌の表紙、本の装幀や挿絵なども手がけている。また、五年には読売新聞の漫画部員となり、諷刺的な一種の漫画を描いている。調べればもっとあるだろうが、総じて都会的でモダンな感覚の仕事である。[96]これがどれほどの収入をもたらしたかは知らない。しかし、戦争がなかったら、時代は早くから彼のこの分野の仕事にもっと大きな市場を開いて、彼の金銭欲を満たしていたかもしれない。

では、事業欲はどうだったか。東郷について調べ出した当初、大宅壮一のあげる東郷のもろもろの征服欲のなかでいちばんわからなかったのがこの事業欲だった。それが権力欲や金銭欲と絡みあっていることはわかる。しかし、戦後の二科で彼が見せる旺盛な事業欲は、たんなる権力欲からもたんなる金銭欲からも明らかに独立した欲望のようなのだ。いったいこれはどこから来たものなのか。大宅の東郷論も含めて、従来の議論では、この欲望が戦後になって突然現れたような印象を受ける。

だが、じつはこれも比較的早くから東郷のなかに形成されていた気配がある。というより、ぼくはむしろ、彼にとって権力欲は事業欲の手段だったのではないか、言いかえれば、彼は戦前においても、この事業欲のために二科の運営の主導権を握りたかったのではないかと思う。材料は少ないけれど、その点の説明をやってみよう。

東郷は少なくともフランスから帰国したあとは、必ずしも芸術至上主義の立場をとっていない。すでに昭和五年のある座談会で、「絵をそんなに絶対的なものだと考えてゐない」[97]と言っている。その頃から彼の関心はむしろ、絵画や美術の実用的側面、装飾的要素のほうに向けられていたようだ。昭和一〇年頃と推定される文章でも彼は、「私は純芸術の立場にあっても、少数の熱情を作品の対象にする天才主義よりはやっぱり多数の心を慰める大衆性のある作品を日頃念願している」と書き、「商業美術方面に手を伸ばすのを嘲笑する奇妙な武士道的気分」に反発している。(98) 彼の応用美術ないし商業美術への進出は、「絵でめしが食える」ようにならなかったためというより、彼の美術の見方そのものから必然的に出てくる方向なのである。

さきにあげた昭和五年の座談会で村山知義が、「消費系のブルジョア美術」はどんどん「工芸品化して行く」と発言したのにたいして、東郷が「さう云ふことは僕自身意識してゐます」(99) と応じているのも注目に値する。彼の作品は戦前から、批判の意味をこめてしばしば工芸品と呼ばれたけれど、じつはそれは、彼自身が「意識して」やっていたことなのだ。さきに見たように、彼の作品の工芸品化は昭和一三年頃ほぼ完成する。

ぼくは一方で美術作品を工芸品化し、他方で商業美術分野へ進出しようとする東郷の努力のなかに、一つの共通する傾向を見る。それは何か。美術作品を純粋な芸術としてよりも、むしろいわば一個の商品として見ようとする姿勢である。多少誇張して言うなら、美術をビジネスとして捉える考え方である。だが、それほど誇張ではないあるまい。さきの座談会のなかで彼は、「僕は何時も考へてゐる、丸ビルの六階あたりにアトリエを拵へて非常に近代的な設備をして、タイピストでも置いて、精一杯やりたいと」(100) と言っているのである。彼にはいわば事業欲旺盛なビジネスマンの一面があるようなのだ。

一〇　夢と野心

東郷は昭和二〇年に入ると、空襲の激しい東京から一水会の有島生馬や独立美術協会の野口弥太郎らを南佐久の疎開地に呼び寄せている。竹田道太郎によれば、東郷は野口と夜を徹して、「偏狭な日本画壇を解消して、フランスのように大らかなものにしたい」[101]と語りあったという。

おそらく、東郷の夢は、日本の画壇を狭量な芸術至上主義から解放して、美術制作をビジネスとして自由に展開できるような「大らかな」体制をつくることだったのだろう。その夢のなかには、二科会を会員たちの作品を商品として売りこむ企業につくり変え、二科展を会員たちのビジネスの場として、あるいは市場開拓のチャンスとして利用することも含まれていただろう。昭和三〇年の高岡らの脱退騒ぎのとき東郷は、「戦後、二科を再建したときから、金を払って見る展覧会は企業だと考えてきた」[102]と言っている。「企業」とはビジネスのことだろう。その考え方は戦前にすでに形成されていたはずである。さきにあげた昭和一四年の週刊誌は、二科は「在野洋画壇切つての商売上手」であり、他の美術諸団体が赤字ばかりなのに、二科は「最近黒字で堂々と商売が出来る」[103]と書いている。あくまで憶測なのだけれど、この黒字も、当時二科の運営に参加していた彼の考え方の反映だったかもしれない。

もっとも、こうしたやり方は二科会でもすんなりは受け入れられなかっただろう。芸術至上主義派の抵抗は当然大きかったはずである。だが、もっと問題なのは、東郷が旺盛な事業欲だけでなく、旺盛な金銭欲や権力欲をもあわせもっていたことだ。そのようなアクの強い人物が二科会の運営にかかわるとどうなるか。地位を利用して自分や自分の息のかかった者たちの作品ばかりをおおいに売りこもうとするのではないか。そのさい、二科会という名門の看板をそのためにおおいに利用するのではないか。もちろんこれも推測だが、後年、向井潤吉が東郷とは「展覧会などではとても一緒にはやれないと思っていた」と言ったのは、そのあたりの事情に原因があったのかもしれない。

ともあれ、ぼくは、権力欲や金銭欲と一体化した事業欲、これが東郷に乗っ取りまがいの二科再建のための行動をおこさせた彼の野心の正体だと思う。『二科七十年史』の記述からもそんな彼の野心がうっすらと見えてくる。終戦直後、彼は以前から心安かった旧会友の青山龍水には、男子青雲に乗るべきは今だ、二科は自分の方で再建する、直ちに上京を請う、といったような文面で再建への参加を促したという。[104]

もっとも、東郷が終戦になったらすぐさま二科再建の行動をおこす予定だったかどうか、ぼくは知らない。しかし、たとえ大宅壮一の言うような「総合美術商事株式会社」や「東郷の個人企業」といった形であれ、彼は誰よりも明確な二科会の新しいビジョンをもっていた。それが戦後の彼の精力的な行動を可能にしたことは確かだし、また、彼が二科再建に必要な情報をできるだけ集めようとしていたことも間違いない。『七十年史』によれば、彼は高岡徳太郎を疎開先に訪ねたときすでに、高岡が以前住んでいた久我山の地の利にも目をつけていた。久我山には岩崎通信機の軍需工場があり、高岡はその社長の娘婿と知り合いだった。東郷は生活物資が豊富に蓄えられている軍需会社にコネがつけば、物資不足の時世でも何とかなると踏んでいたようなのだ。そのとき彼は高岡にそんな下心を直接は見せていない。おそらく、さきに述べた永福町の菓子屋篠崎の易断の話をしたのだろう。野心のカムフラージュ。あからさまに出しては事業の才のある高岡を取りこむことができない。なかなかの腹芸である。高岡はピンときたらしいが、東郷の意中を忖度して、曲者だとも、端倪すべからずとも思ったという。[105]

けれども、ぼくは東郷のそんなヴィジョンやら計算やらがただちに終戦翌朝の果断な行動となって現れたとは思わない。行動の決断は玉音放送を聴いた直後にはすでになされたはずだ。菓子屋の易断は当たったかもしれない。しかし、そのときの東郷を突き動かしたものは、二科再建の主導権は誰にも先を越されたくないという思いだったろう。せっかくのビジネスチャンスをほかの者に横取りされてはたまらない。そういう思いが「凡ゆる思惟を越えてただ一つの塊りのようなものになって」彼を支配したのだろう。その欲望の激しさは、長老や先輩、あるいは同輩たちを出し抜く、いや、場合によっては彼らを放り出すことになって、悪党よばわりされるかもしれないという懸念を押しのけるほどの強さで彼を動かしたのだ。もちろん、彼はそんなものに負けない「強ジンな神経」をもっていたのだけれど。

さきにあげた『世に出る』のなかで東郷は、「案外不誠実な人が、チャンスをつかんで、ぐんぐん金もうけをし、出世をしていくことがあるんです」[106]と、含蓄のある話をしている。「不誠実な人」のなかには彼自身も含まれていたはずである。

一一　ボス東郷の誕生

「東郷青児は最初から独裁的に再建二科を組織したわけではない」と、『二科七十年史』は言っている。おそらくその通りだろう。再建の主導権を握ったのは東郷だったが、東郷イズムが新二科のなかにすぐさま全面的に貫徹したわけではないのだ。では、彼はどのようにして二科のボスになったのか。おもに『七十年史』をもとに、昭和三〇年頃までの再建二科の経過のなかから、いくつかの要因を示してみよう。

まず、再建当初の二科の展覧会が成功を収めたことである。もちろん、その成功は戦争で思うように絵筆をふるえなかった者たちの熱意が支えたものでもある。鈴木信太郎は疎開先で東郷と高岡の名で二科再建の報道が伝えられたとき、「討入りの日を知らされた赤穂浪士のような、心のときめき」[107]を感じたと言っている。ある意味ではリーダーが誰であろうとよかったのかもしれない。

しかし、昭和二一年五月、再建二科の最初の活動となった春季展では、東郷はそのためにだれよりもエネルギッシュに動き回り、展覧会は五万人以上という予想を超える観覧者を集めた。進駐軍の援助で会場の三越が確保され、また展示作品の過半が進駐軍の宿舎等へ斡旋されれ会員の生活を助けた。二一年九月の二科第三一回展（再建第一回展）では七万、一一月の京都での関西展も六万の入場者を集めている。二〇年一一月に会員から展覧会開催のために集めた千円の拠出金を返却できるほどの成功だったという。(108) リーダー東郷にたいする信望が高まったにちがいない。

つぎに、昭和二一年秋の日展参加問題をめぐる二科分裂騒ぎのなかで、東郷のリーダーシップが会内で確認された。旧文展の後身である日展（日本美術展覧会）の民主化が打ち出されたため、東郷は二科展開催前日の会員総会に、再建のさい踏襲されていた二科会規約のなかの反官展条項の削除を諮った。彼はすでに昭和一八年の文展に審査員として参加していて反官展の立場ではなかった。新時代に対応する開放的措置だとする彼の根回しが効いて、絵画部の大半は削除に賛成した。ところが、渡辺義知をリーダーとする彫刻部の五名と絵画部では名井万亀だけが反対にまわり、総会後、正統二科を名のって活動を開始した。東郷ら多数派はこれを二科から除名するとともに、会内の体制固めをおこなっている。騒ぎはおこったが、東郷の唯一の同輩者だった渡辺とその追随者たちが抜けたことで、二科内での東郷の主導権が明確になり、これ以降、東郷二科の性格が強まることになる。(109)

日展民主化は結局かけ声倒れに終わる。だが、反官展条項の削除は、のちの東郷の芸術院入りの布石となる。なお、渡辺派の活動はまもなく消滅してしまったらしい。

さらに、昭和二三年頃から東郷の発案で展開された二科展の大衆化路線、興行化路線が成功した。彼はま

二科前夜祭の銀座パレード。白スーツ、サングラス姿が東郷青児。一九五二（昭27）年。『朝日新聞報道写真傑作集』（朝日新聞社）

ず、二科展の人寄せのために派手な前夜祭パレードを企てている。

年によってやり方が多少ちがったようだが、[110]東郷は久我山の自宅から、ヌードダンサーと一緒に白の背広でオープンカーに乗り、平の会員や会友たちは体を黒くぬった土人（と当時は呼ばれていた）の仮装でトラックに乗りこんで、銀座をパレードした。上野の東京都美術館に着くと、警察の暗黙の了解のもとで、ダンサーのスパンコールを落とすというような芸まで用意したらしい。例の土人たちは東郷のまえにひれ伏し、奇妙な祈りの儀式をやったという。東郷が二科の帝王であることを確認する行為だったのだろうか。そのあと酒を飲んで一騒ぎ。前夜祭はしばしば新聞や週刊誌によって写真入りで紹介された。

前夜祭の銀座パレードが二科を世に際立たせる第一弾だったとすれば、第二弾は昭和二四年の二科展から顕著になる大作主義である。五〇〇号、四〇〇号という超大作や大型の彫刻が世間の眼を引き、観客をおおいに集めた。[111]また、昭和二二年にはアヴァンギャルドの旗手岡本太郎が会員に推挙され、二科の目玉の一つになった。

また、東郷は二科に新部門を意欲的に設置し、かなりの成功を収めた。彼は絵画、彫塑両部以外に工芸部と理論部の設置を発案して、昭和二一年三月に新設された。これらの部門はあまり活動をおこなわないまま消滅するが、二六－二八年には、最初のほうで述べたように、商業美術部、漫画部、写真部などを新設している。これも東郷の発案になるものだった。漫画部はあまりふるわなかったようだが、商業美術部と写真部は活況を呈し、とくに前者は収入面で二科をおおいに潤したらしい。

こうやって見てくると、東郷青児が再建二科のなかでリーダーシップを認められたのはきわめて当然のことのように思われる。もちろん、彼はその地位を利用して、自分の作品を絵画だけでなく、壁画や緞帳、タイル画などのかたちでもおおいに売りまくった。いわゆる売り絵は、総帥業のために描いている暇がなく、下絵と仕上げだけ自分でやって、大部分は助手に任せて制作し、昭和三〇年頃で一カ月に一〇点以上、一〇〇万円を稼いでいたこともあった[112]。そして、自分の作品が広範な大衆に支持されているという確信がまた、指導者としての彼に強い自信を与えた。

しかし、いま見たような東郷と二科会のやり方には当然ながら、宣伝主義、商業主義という嘲りの言葉が浴びせられた。しかし、彼はひるんではいない。それでどこが悪いと居直る態度だったという。現在の美術界では商業主義はふつうのことだろうが、彼が悪党と呼ばれたのは、二科の乗っ取りと言われた行為もさることながら、当時の画壇の常識に反することをやって恥じるところのない、ふてぶてしい態度のせいだったかもしれない。

『七十年史』によれば、東郷の考え方はこうだった。芸術至上主義で孤立していては美術家は生きていけない。大衆になじまれ、大衆を引きつけ、大衆化した二科でなければならない。人が来れば興行成績が上がり、それによって二科人の生活が成り立つ[113]、と。だから、彼はむしろ積極的に宣伝主義や商業主義を推進した。事実、彼の企図どおり、大衆を動員する効果があったという。東郷イズムは、アメリカナイズされていった戦後の日本社会にうまく合致したのだ。『世に出る』のなかで彼は言っている。「大切なことは、まず、時代を見る眼が何時もあって、しかも時代に呼応できるということでしょうね。あるいは、逆に、時代を利用できる──利用してしまうということでしょうね[114]」。

一二　功なり名を遂げる

東郷は二科の内部運営でも「時代に呼応」した采配をふるった。

美術評論家の横川毅一郎は昭和三一年にこう言っている。「彼はものごとを割り切ることが、まことに鮮やかである。彼の前にたち現れた人間が、彼自身にとって必要かどうか、二科にとって必要かどうか、そんなことはたちどころに裁定を下している。必要か不必要か、それを判断するのに時間を空費するような状態は、およそ彼の生活にはあり得ない」[115]と。ぼくはさきに戦前の彼には事業欲旺盛なビジネスマンの一面があると書いたが、その資質は戦後二科の総帥の行動のなかに明確なかたちをとって現れたのだ。当時すでに彼の交通手段は自家用車か飛行機だった。それで東京を動き回り、地方に飛んだ。意外に近代的な、いうなればニ〇世紀的なボスなのだ。[116]

横川はまた、その一面も含めて東郷の指導者としての資質に言及している。横川によれば、彼はその行動のなかに「戦前派的な義理人情の濃やかさ」と「戦後派的な理知的な割り切り方」とを同時に持ち合わせており、この二つを巧みに使いわけたり、使い混ぜたりして事件をあざやかに処理しているが、集団の統率者としての彼にとってこれは「天与の賜ものともいえる武器」である、[117]と。ここまで言うとほめすぎだと思うが、彼はこの武器を駆使して、二科展では応募作品の当落から授賞や陳列まで、会の組織運営では会員や会友の推挙だけでなく、幹部の人事や会計まで、すべてを思いのままにしていった。

『七十年史』によれば、東郷にはまた、大臣や代議士、企業のトップたちとも対等にふるまえる天賦の社交手腕があった。また、相手のきつい言葉もやんわりかわして自分のペースに巻き込んでいく政治的才幹にも恵まれていたという。[118]そして、彼は中央や地方の役人や名士たちとの応対のなかで、名門二科の総帥らしい貫録を見せる演出もさかんにやった。たとえば、竹田道太郎の伝える東郷と外車のエピソードがある。

竹田によれば、それは終戦直後、横山大観ですらまだ車をもっていなかった時期、東京都美術館を美術諸団体が借館するための会議を開いたときの話だという。昭和二二年か二三年のことだろう。二紀会代表K氏がカーキ色の国民服で自転車に乗って定刻前に行っていた。すると、定刻キッカリに、ピカピカ光る外人用の車が横づけになり、なかからパリッと背広を着てつやつやした顔の東郷が出てきて美術館に入ってくるや、シガレットケースから洋モクを出して一同にふるまい、外車の威力にみんなが度肝を抜かれているうちに、東郷二科が九月一日の会期を取ってしまった、というのである。[119]最後のくだりはにわかには信じがたいけれど、ありえない話ではない。戦後の二科における東郷はその頃すでに、かつての院展における大観以上の権力者になっていたのかもしれない。

その東郷も一つの危機を迎える。最初のほうでふれたが、昭和三〇年、再建以来の彼の片腕だった高岡徳太郎が、幹部の鈴木信太郎、野間仁根とともに、東郷に反発して突然脱会したのである。きっかけは東郷が提案した二科会の社団法人化の問題だった。法人化して理事になった場合、東郷の事業が失敗したときの財政責任がかかってくる不安が離反の直接の原因だったらしい。[120]東郷の気づかないうちに、彼の独善的な采配と会の膨大な収入の私物化にたいする不信や疑惑がかなり積み重なっていたのだ。「いまの美術団体には美術家という名にかくれた企業家や芸術家が多過ぎるのではないか[121]」と退会した三人は語っている。彼らは一陽会を結成したが、意外に影響は小さかった。数名の会員や会友が同調して二科から移っただけだった。

分裂騒動のあと、東郷は顧問に退き、二科は岡本太郎ら四人による常任運営委員体制をとる。しかし、旧二科以来の古参幹部がいなくなったことで、東郷個人の二科内政への影響力はむしろ強まった。一年経つか経たないうちに、いつのまにか元どおり、顧問から独裁の椅子に座ってしまう。『七十年史』は言っている。「東郷二科の体制は以前にも増して確乎としていて、その時代の長い平和が続く[122]」と。

「長い平和」――そう、長い平和なのだ。東郷の独裁は昭和三〇年の騒ぎからじつに二〇年以上、大きな波乱もなく続いた。そして、昭和五三年四月、もう少しで八一歳に届こうとするときに彼は熊本で急死する。「善人なおもて往生を遂ぐ。況んや悪人をや」である。

その間、二科会はますます大衆化した。芦野宏、三保ケ関親方、石坂浩二といったタレントたちが続々と入選した。「二科展はなにもプロだけの集まりである必要はない[122]」というのが東郷の考えだった。二科は彼の大衆化路線、企業化路線に従って、戦後の経済成長に乗るかたちでますます拡大し、繁栄していった。彼が旺盛な事業欲を満たし、権力欲や金銭欲も満足させていったであろうことは、あらためて言うまでもない。

では、名誉欲はどうだったか。昭和二五年の二科三五周年記念展で功労賞をもらったのはお手盛りだからあまり名誉にはならないだろうが、三二年、前年制作の熊本・大洋デパートの壁画《創生の歌》にたいして日本芸術院賞が授与される。これは彼の芸術院入りの二つ目の布石だった。この年と三四年の日本国際美術展では大衆賞ももらっている。三四年にはパリ国立近代美術館で二科展を開催し、オードゥル・ド・ラ・フランセーズ勲章を授与され、同年には日展に招待出品。日展は社団法人化したものの、実態は芸術院会員がおさえており、芸術院入りの三つ目の布石となる。そして、昭和三五年、かつて反官展主義の旗を掲げていた二科の総帥が、ついに名誉ある日本芸術院入りを果たした。昭和三〇年にすでに大宅壮一は、「今後旧師の有島生馬が、芸術院会員の餌をもって東郷を釣れば、彼は簡単にこれに食いつくだろうと見るむきが多

東郷青児とモデル（浜村美智子）1956（昭和31）年。
『別冊アトリエ　画家とモデル』第29号、1956年12月15日。

い」[124]と書いていたが、そのとおりになったのだ。東郷は自分で「功なり名をとげた」[125]と書いた。ただ、小さな波乱はあった。芸術院入りを批判した岡本太郎が東郷と対立し、三六年に二科を脱退したことだ。しかし、とにかく東郷の工芸作品は以後、堂々と芸術作品を名のることができるようになったのである。

それからも東郷は、昭和四四年にはフランス政府から文芸勲章、四五年には勲三等旭日中綬章、五一年には勲二等旭日重光章を授与される。五三年には、没後だったが、文化功労者として顕彰された。文化勲章まではついに手が届かなかった。

恋愛欲のその後についてはここではもう繰り返さないが、昭和五八年、娘のたまみが、七六歳から八〇歳まで東郷がつけていたという、二〇代の女性との「性愛日記」なるものの一部を雑誌に公開したことがある。[126]父親が英雄だったことを示す勲章のつもりだったかもしれない。

おわりに

冒頭でぼくは、大宅壮一の東郷青児論を超えるつもりだと言った。しかし、ここまで書いてみて、じっさいにやれたのは、それを詳しくしたり、若干訂正したり、あるいは欠けているところをいくらか補っただけのようだ。

それに、じつを言うと、ぼくは、大宅が東郷論のなかで用いたいちばん秀抜な比喩を紹介していない。あまりにも印象的な比喩なので、読者の東郷青児イメージが最初からそれに引きずられるのを避けたかったからだが、やはり紹介しようと思う。ぼくの東郷論自体、それを引きずったままここまできたと言えるのだから。

大宅は東郷論の冒頭でこんなふうに言っている。——終戦直後、まだ焼け野原だった新宿や新橋の駅前に街の親分と称する者がどこからともなく現れ、所有権も地上権も関係なく、ドサクサまぎれに勝手に地割りをやって闇市をつくった。もとの所有者や営業者が帰ってきてもなかなか立ち退かず、中村屋のような老舗でも一時は裏通りで営業しなければならなかった。「東郷は二科会という長い伝統と由緒ある歴史をもつ文化団体の再建にこの手を用いて成功(?)したのである」[127]。

皮肉たっぷりの言い方である。だが、大宅は東郷論の末尾では、ある意味でこれと対照的につぎのようにも言っているのだ。芸術という枠は、東郷には耐えがたく窮屈なものになっている。それは彼個人の場合だけでなく、現代の芸術家および芸術一般についても言える。いまや人類は、従来の手工業的な古めかしい芸術および芸術家の概念から脱皮していいときだ。「そうなると、さしずめ東郷青児などは、この超芸術の先駆者で、単なる〝怪物〟どころか、一種の〝巨人〟だということになるかもしれない」[128]と。

ここにも多少の毒が含まれているけれど、東郷にはそうした「超芸術」の先駆的な実践者にしてオルガナイザーという側面もないでもないのだ。しかし、そんなスマートな評価を与えるのを躊躇させるものが彼のなかにあるのもまた確かである。一つには、カネと権力と女にたいするあまりにも貪欲な彼の欲望。やはり悪党と呼びたくなる。もう一つは、いわゆる東郷調の作品群。南伸坊が「東郷はグレートか?」という文章のなかで言っているような、「さしせまって描かずにはいられない衝動」[129]はハナから断念するにしても、いくら大量生産の時代にマッチしているからといって、あまりに大量なマネキンの「超芸術」ばかりだとやはりヘキエキしてしまうのだ。

美術史家の山下裕二によると、東郷のような絵を称して「悪意のマンネリズム[130]」と言うんだそうである。

［注］

（1）東郷青児の画集、展覧会図録、著作、エッセー、および東郷にかんする文献類については、安田火災東郷青児美術館等編『生誕一〇〇年記念 東郷青児展』産経新聞社、平成一年、所収の参考文献目録（石垣敦子・中島啓子編）が現在のところ最も詳しい。なお、東郷青児美術館には東郷自身が作成したスクラップ類が残されており、この文献目録に収録されていない日付や掲載誌紙不明のエッセーや、東郷および二科会関連記事などが含まれている。

（2）田中穣『心淋しき巨人 東郷青児』新潮社、昭和五八年、一四頁。

（3）田中『心淋しき巨人』一四頁。

（4）田中『心淋しき巨人』一五―一六頁。

（5）大宅壮一「東郷青児」大宅『昭和怪物伝』角川文庫、昭和五二年、二一八頁。

（6）田中『心淋しき巨人』一六頁。

（7）田中『心淋しき巨人』一六―一七頁。

（8）田中『心淋しき巨人』一七頁。

（9）田中『心淋しき巨人』一七―一八頁。

（10）田中『心淋しき巨人』一八頁。

（11）「二科会は何処へ行く」『朝日新聞』昭和三〇年七月一五日、三頁。

（12）「二科絵画部 回顧四十年座談会」における寺田竹雄の発言、『二科七十年史』第二分冊、昭和六〇年、三九頁。

（13）大宅「東郷青児」『怪物伝』二二七頁。

(14)大宅「東郷青児」『怪物伝』一三七頁。
(15)竹田道太郎「小説　東郷青児」『芸術新潮』昭和三〇年九月、二六六頁。
(16)瀧悌三「二科七十年史　物語編」『二科七十年史』第二分冊、三四頁。
(17)瀧「物語編」『七十年史』第二分冊、三四頁。
(18)瀧「物語編」『七十年史』第二分冊、三四頁。
(19)瀧「物語編」『七十年史』第二分冊、三四頁。
(20)田中『心淋しき巨人』一五頁。
(21)瀧「物語編」『七十年史』第二分冊、三頁。
(22)瀧「物語編」『七十年史』第二分冊、三頁、および、高岡徳太郎「二科再建のころ」『三彩』昭和六〇年九月、八〇頁より構成。
(23)いわゆる三種の神器については瀧悌三と高岡徳太郎の理解がしばしば異なる。帳簿について瀧は会計帳簿と解し（瀧「物語編」『七十年史』第二分冊、一〇頁）、高岡は二科展入選者の記録だと言うが（高岡「よき師、よき友人に恵まれて」『三彩』昭和六三年七月、一二二頁）、瀧は名簿を高岡の言う帳簿と理解している。ここでは高岡の記憶に従っておく。
(24)大宅「東郷青児」『怪物伝』一二四頁。なお、瀧悌三は『七十年史』第二分冊、一〇頁では、東郷が高岡からもっていったのが三種の神器のうちの名簿だけだと書いているが、のちには（瀧「高岡徳太郎をめぐって」『三彩』昭和六三年七月、四八頁）三つ全部だったように述べている。瀧は見解を変えたのであろうか。
(25)瀧「物語編」『七十年史』第二分冊、四頁。
(26)大宅「東郷青児」『怪物伝』一二四頁。
(27)高岡「二科再建のころ」『三彩』昭和六〇年九月、八〇頁。
(28)向井潤吉「想い出あれこれ」『三彩』昭和六〇年九月、七八頁。

(29) 瀧「物語編」『七十年史』第二分冊、六頁、および、村山鎮雄『史料 画家正宗得三郎の生涯』三好企画、平成八年、二〇四頁。
(30) 茂原茂「二科盛衰史」『芸術新潮』昭和二五年一〇月、八四頁。
(31) 鈴木信太郎『美術の足音 今は昔』博文館新社、昭和六二年、七六頁。
(32) 高岡「二科再建のころ」『三彩』昭和六〇年九月、八〇頁、および、高岡「戦後二科会再建あれこれ」『三彩』一九八二年四月、三三頁を見よ。
(33) 向井「想い出あれこれ」『三彩』昭和六〇年九月、七八頁。
(34) 瀧「物語編」『七十年史』第二分冊、八頁。
(35) 瀧「物語編」『七十年史』第二分冊、八頁。
(36) 瀧「物語編」『七十年史』第二分冊、四頁。
(37) 瀧「物語編」『七十年史』第二分冊、四頁。
(38) 瀧「物語編」『七十年史』第二分冊、四頁。
(39) 大宅「東郷青児」『怪物伝』二三三頁。
(40) 大宅「東郷青児」『怪物伝』二二五頁。
(41) 大宅「東郷青児」『怪物伝』二二四頁。
(42) 瀧「物語編」『七十年史』第二分冊、一〇頁。
(43) 瀧「物語編」『七十年史』第二分冊、一七頁。
(44) 大宅「東郷青児」『怪物伝』二二二頁。
(45) 大宅「東郷青児」『怪物伝』二二三頁。
(46) 田中『心淋しき巨人』三六頁。
(47) 画壇デビュー前後の東郷については、東郷青児「私の履歴書」東郷『他言無用』日本図書センター、平成一一年、一九二一―二〇九頁や、五十殿利治「東郷青児の登場とその芸術的環境」『生誕一〇〇年記念 東郷青児展』四一―六頁、および五十殿『〔改訂版〕大正期新興美術運動の研究』スカイドア、平成一〇年、七四―七八頁を見よ。

(48) 東郷「私の履歴書」『他言無用』二〇六―二一二頁。

(49) 佐藤正忠『世に出る』池田書店、昭和三二年、一〇一頁。

(50) 東郷「私の履歴書」『他言無用』二四〇―二四二頁。東郷のパリ時代全般については三宅正太郎『パリ留学時代―美術家の青春遍歴―』雪華社、昭和四一年、四二―六〇頁を見よ。

(51) 佐藤『世に出る』九七頁。

(52) 東郷「私の履歴書」『他言無用』二四四頁。

(53) 宇野千代『或る男の断面』講談社、昭和五九年、二五頁。

(54) 佐藤『世に出る』一〇四頁。

(55) 佐藤『世に出る』九八頁。

(56) 三宅『パリ留学時代』五六―六〇頁

(57) 東郷「私の履歴書」『他言無用』二四〇頁および二四二―二五〇頁。

(58) 東郷「ダダイズムと未来派」『美術手帖』昭和三〇年一月、六九―七一頁。桑原住雄「《作家登場》東郷青児」『みづゑ』昭和四二年三月、三九頁も参照せよ。

(59) 「巨匠訪問 東郷青児」『日本美術』昭和四八年三月、〔石垣敦子〕「昭和の美人画」『生誕一〇〇年記年 東郷青児展』五七頁より再引用。

(60) 〔石垣〕「装飾芸術」『生誕一〇〇年記念 東郷青児展』七三頁。

(61) 竹田「小説 東郷青児」『芸術新潮』昭和三〇年九月、二五七―二五八頁。

(62) 東郷「私の履歴書」『他言無用』二五五頁。

(63) 「巨匠・東郷青児の作品に半生を捧げた〝わが代筆の証明〟」、『女性自身』昭和五三年六月一日、五九頁。記述は戦前および戦後の一時期、東郷の助手をつとめていたという能間弘への取材にもとづいている。
(64) 宇野『或る男の断面』二八—三一頁。
(65) 井上覚三「鎮魂歌」『幻想とロマンの六〇年 東郷青児回顧展』サンケイ新聞社、昭和五四年、〔頁付なし〕。
(66) 佐藤『世に出る』一〇二頁。
(67) 宇野『或る男の断面』三一頁。
(68) 城市郎『発禁本』桃源社、昭和四〇年、一三四—一三六頁を見よ。
(69) 田中穣によれば、この翻訳は東郷が雇ったゴーストライターの仕事だとする説が強いという。田中『心淋しき巨人』九六頁を見よ。なお、東郷訳『怖るべき子供たち』は現在でも角川文庫クラシックスから出ている。
(70) 竹田「小説 東郷青児」『芸術新潮』昭和三〇年九月、二六二頁。
(71) 田中『心淋しき巨人』一〇一頁に引かれている田辺の発言。
(72) 宇野千代『色ざんげ』新潮文庫、平成八年、五頁。
(73) 田辺茂一「小説 東郷青児」『中央公論』昭和五三年七月、二八二—二八三頁。
(74) 田辺「小説 東郷青児」『中央公論』昭和五三年七月、二九〇頁。
(75) 宇野千代『悪徳もまた』新潮社、昭和五六年、八六頁。
(76) 『朝日新聞』昭和四年三月三一日、七頁。
(77) 宇野『色ざんげ』一四四頁。
(78) 宇野『悪徳もまた』八八頁。
(79) 宇野『或る男の断面』一三—一七頁。
(80) 〔有島生馬の談〕『朝日新聞』昭和四年三月三一日、七頁。
(81) 大宅「東郷青児」『怪物伝』二一五頁。
(82) 瀧「物語編」『七十年史』第一分冊、一九二—一九三頁。

(83)「美術の秋ひらく」『サンデー毎日』昭和一四年九月一〇日、一六頁。
(84)瀧「物語編」『七十年史』第一分冊、一九三頁。
(85)瀧「物語編」『七十年史』第一分冊、二〇四頁。
(86)高岡「二科再建のころ」『三彩』一九八五年九月、一〇三頁。
(87)「二科展」〔掲載誌紙不明。『芸術新聞』か〕、推定昭和一四年九月頃。
(88)「美術の秋ひらく」『サンデー毎日』昭和一四年九月一〇日、一六頁。
(89)東郷〔談〕「政治的誤解を恐れる」『日刊美術通信』昭和一五年八月一四日。
(90)東郷「時局と美術常識」〔掲載誌不明〕、推定昭和一四年前後、一三頁。
(91)「長崎を描いた画家たち(72)」『長崎新聞』昭和五一年六月七日。
(92)竹田「小説 東郷青児」『芸術新潮』昭和三〇年九月、二六三頁。
(93)瀧「物語編」『七十年史』第一分冊、二三五頁。
(94)原田光はいわゆる東郷様式を昭和一五年の作品《笛》以降と見ている。原田「東郷青児《パラソルをさせる女》」萬木康博編『日本の近代美術 7』大月書店、平成五年、四八頁を見よ。
(95)『日刊美術通信』昭和一四年四月二三日、および昭和一五年四月二三日を見よ。
(96)注(1)でふれた東郷自身の作成によるスクラップには、昭和一〇年前後に東郷がデザインしたパンフレットや表紙などが含まれている。
(97)東郷青児・古賀春江・村山知義・川端康成他〔座談会〕「文芸・美術・建築・機械の交流について語る」『新潮』昭和五年四月、一三八頁。
(98)東郷「挿絵について」〔掲載誌不明〕、推定昭和一〇年頃。植村鷹千代「東郷青児」『東郷青児画集』講談社、昭和五六年、二一八頁より再引用。
(99)東郷他〔座談会〕「文芸・美術・建築…」『新潮』昭和五年四月、一三八頁。

(100)東郷他〔座談会〕「文芸・美術・建築…」『新潮』昭和五年四月、一五三頁。
(101)竹田「小説 東郷青児」『芸術新潮』昭和三〇年九月、二六三頁。
(102)「二科会は何処へ行く」『朝日新聞』昭和三〇年七月一五日、三頁。
(103)「美術の秋ひらく」『サンデー毎日』昭和一四年九月一〇日、一六頁。
(104)瀧「物語編」『七十年史』第二分冊、七頁。
(105)瀧「物語編」『七十年史』第二分冊、三頁。
(106)佐藤『世に出る』九五頁。
(107)鈴木『美術の足音』七六頁。
(108)瀧「物語編」『七十年史』第二分冊、一一頁および二四頁。
(109)瀧「物語編」『七十年史』第二分冊、一二―一七頁。
(110)ここでは瀧「物語編」『七十年史』第二分冊、二七―二八頁、および田中『心淋しき巨人』五―六頁から構成。
(111)瀧「物語編」『七十年史』第二分冊、二九頁。
(112)「巨匠・東郷青児の作品に…」、『女性自身』昭和五三年六月一日、六〇―六一頁。
(113)瀧「物語編」『七十年史』第二分冊、二九頁。
(114)佐藤『世に出る』九六頁。
(115)横川毅一郎「東郷と二科会」『造形』昭和三一年一月、八頁。
(116)東郷の「ボスとしての近代性」についてふれたものに、石子順三「〝美術大臣〟東郷青児画伯の実力」『週刊大衆』昭和四三年四月一八日、六二―六五頁がある。
(117)横川「東郷と二科会」『造形』昭和三一年一月、八頁。
(118)瀧「物語編」『七十年史』第二分冊、二九頁。
(119)竹田道太郎「東郷青児と二科会」『季刊 美術案内』昭和二九年一〇月、五四―五五頁。

(120)「二科会は何処へ行く」『朝日新聞』昭和三〇年七月一五日、三頁。瀧「物語編」『七十年史』第二分冊、三五―三六頁も見よ。
(121)「二科会は何処へ行く」『朝日新聞』昭和三〇年七月一五日、三頁。
(122)瀧「物語編」『七十年史』第二分冊、三六頁。
(123)北村由雄『現代画壇・美術記者の眼』現代企画室、昭和五六年、九一頁に引かれている東郷の言葉。
(123)大宅「東郷青児」『怪物伝』二三三頁。
(125)東郷「私の履歴書」『他言無用』二五六頁。
(126)東郷たまみ「東郷青児八〇歳　父よ、あえてあなたの性愛日記を公開します」『PENTHOUSE』昭和五八年一二月、一八二―一八七頁。
(126)大宅「東郷青児」『怪物伝』二二三頁。
(126)大宅「東郷青児」『怪物伝』二二九頁。
(129)南伸坊『モンガイカンの美術館』朝日文庫、平成九年、一五二頁。
(130)山下裕二「宮本三郎の「悪意なき変身」人生」『芸術新潮』平成一一年六月、八七頁。

〔付記　小論の執筆にあたっては、安田火災東郷青児美術館学芸部のご好意により美術館所蔵の貴重な資料を利用させていただいた。記してお礼を申し上げます。〕

篠原敏昭（しのはら・としあき）一九四九年生まれ。昭和大学講師。著書『路上の人びと』（共著、日本エディタースクール出版部）、論説「《太陽の塔》の下にあるもの――岡本太郎のパリ時代」（本誌一一一号）などがある。

「佐渡が島のぼんやり」から「富豪革命家」へ
――岩崎革也宛北一輝書簡にみられる借金懇願の論理と心理

志村正昭

はじめに

「革命」に、もっとも必要なものがなんであるのか、あらためて問うまでもないだろう。金である。マルクスの『共産党宣言』(*Das Kommunistische Manifest*)には、「プロレタリアは、革命においてくさりのほか失うべきものをもたない。かれらが獲得するものは世界である」[1]という文言がある。しかし、くさりだけで革命はできない。革命は、まずそのくさりを売って金に換えてからのことである。

もちろん、革命には理論や思想が重要であり、それらを広く大衆に啓蒙していく作業が大切である。ひとつの革命陣営にとっては、おのれに対抗する権力側や近親憎悪の対象でもある別種の革命陣営との言論戦を戦い抜き、みずからの正当性と合理性を証明し続けていくことが不可欠である。同時に、さまざまメディアを通じて革命思想を宣伝し普及させ、一人でも多くの同志、同調者、支援者、そして革命家を獲得し、多数派を形成して数の力を蓄えていくことが必要である。

中野実が紹介した、ロシアの共産主義革命家たちを調査したジェローム＝ディヴィスの研究によれば、革命家たちが革命家となるにあたって影響を受けた要因の第一位は、「革命的な書物・定期刊行物」で、全体の要因のなかの二割強を占めている。要因の第二位が「学生仲間の影響」で全体の約一四パーセント、ほかはすべて一桁台あるいは小数点以下に過ぎない。(2)また同じように日本においても、二〇世紀初頭の社会主義者たちが社会主義者となるに至った原因をみた場合、メディアが大きな役割を果したという分析結果がある。幸徳秋水や堺利彦たちが日露非戦論を訴え、社会主義の主張を掲げて発刊した週刊『平民新聞』に寄せられた、「予は如何にして社会主義者となりし乎」は、当時の社会主義者たちが、社会主義者となった理由についてそれぞれ語った短文である。その内容を分析した中村勝範の研究によれば、かれらが社会主義者となった原因は、「読書（含雑誌・新聞）」が集計合計数一五二のうち頻度四九と第一位の座につき、二位の頻度二一の「社会主義の講演・演説・講義」がそれに次いでいる。(3)デイヴィスおよび中村の調査・分析は、革命にあたっての書物や雑誌・新聞といったメディアの影響力が、いかに重要であるのかを示している

しかし、そうしたメディアを使って革命思想を宣伝し普及させていくために必要不可欠なものもまた、金なのである。たとえば、前段でみた幸徳たちの週刊『平民新聞』の場合も、組織（平民社）を結成して機関紙を発刊し、その組織と新聞の発行を維持しながら、かれらの主義主張を訴えていくにあたっても、まず金の工面をしなければならなかった。「新しく週刊の社会主義新聞を発行することをきめはしたものの、先立つものは資金であった」(4)というのが、厳粛なる事実である。幸徳や堺たちの革命は、金とのたたかいでもあったのだ。

かれらは藩閥官僚国家に対する批判者であり、叛逆者でもあったから、権力側からの圧迫・弾圧が次から次にとふりかかってくる。そしてこの弾圧もまた、金とのたたかいという一面があるのである。たとえば、

本稿冒頭で挙げた『共産党宣言』の最初の日本語訳は、週刊『平民新聞』第五三号に訳出されて掲載されるはずであったが、この号は発行前に発売禁止となってしまい、翻訳をした堺、幸徳（印刷人でもある）および発行兼編輯人の西川光次郎の三人は、秩序壊乱の罪で告発され各々八〇円の罰金を課せられた。資金の乏しいかれらの活動への、効果的な弾圧であった。(5)『平民新聞』時代の堺の入獄や、その後継紙『直言』時代の幸徳の入獄など、権力側はかれらを人的にも窮地に追いやると同時に、たび重ねる罰金刑や印刷機会の没収などによって、財政的・物質的にも追い込んでいったのである。

けれども、地獄に仏、というわけでもないが、幸徳たちはまったくの孤軍奮闘ではなかった。

官僚権力側と対峙して社会主義運動をすすめていった幸徳や堺たちを金の面から支えつづけた援助者に、丹波の銀行家、岩崎革也《かくや》（一八六九―一九四三）という素封家がいる。岩崎は本来ならば、日本の官僚国家体制の支配構造を地域から支えることを期待された地方名望家であるにもかかわらず、その国家体制に対するもっとも痛烈な批判者である社会主義者たちの活動を財政的に援助しつづけた人物であった。

堺利彦は、一九三一（昭和六）年一月の『中央公論』掲載の「平民社時代」で、岩崎革也について、「丹波国須知町の同志。平民社の財政的援助者として、前記の小島、加藤等諸君の外、最も多くの力を与へてくれたのは此人であつた。〔中略〕岩崎君にはその後今日まで数へきれぬほどの世話になつた」と述べている。(6)堺のこの回想や、後述するように「岩崎革也」の名前が週刊『平民新聞』紙面に登場することなどもあって、岩崎と社会主義者たちとのむすびつきについては、はやくから知られていた。

しかしながら、岩崎と社会主義者たちとのかかわりについては、資料的な手がかりも乏しく、具体的な交流や関係についての実態がはっきりと把握されてこなかった。ところが、一九九二年に、初期社会主義研究会会員の太田雅夫、田中真人、山泉進の三氏、および森本啓一氏によって、堺利彦ら社会主義者たちを中心に約五〇名の岩崎革也宛の書簡が発掘・整理され、岩崎と社会主義運動とのむすびつきについての研究に大きな進展がみられたのである。発掘された書簡は約五〇〇通、一九〇三（明治三六）年から一九三〇（昭和五）年までのもので、岩崎の孫にあたる岩崎長《ひさし》氏のところに大切に保存されていたものである。[7] 日本の近代史研究にとって第一級の貴重な資料であるこの書簡類は、「秋月文庫」（「秋月《しゅうげつ》」は革也の号）として目録が作成され、マイクロフィルム化されている。この書簡によって、当時の社会主義者たちの動静が、これまで以上に詳細に追跡することが可能となったのである。

この岩崎革也宛書簡（以下、岩崎文書）には、北一輝（一八八三―一九三七）から岩崎に宛てた書簡一四通が含まれている。一九〇七（明治四〇）年と翌一九〇八（明治四一）年の二年の期間に、北から出された手紙である。二年間、わずか一四通のこの書簡によって、それまでの北研究のなかでは、まったく知られていなかった北の行動を追うことができるようになった。すでにこの岩崎宛北書簡を利用した研究として、上村希美雄『宮崎兄弟伝』アジア編・下巻がある。上村は、北書簡を紹介しながら、当時の北と革命評論社および中国同盟会とのかかわり、中国革命の動向などを背景にした考察をおこなっている。[8] 上村の研究によって、一九〇七年とその翌年の時期の北については、空白であった部分が埋められることとなった。

この全一四通の北一輝書簡は、一言でいってしまえば、借金を懇願する手紙である。二〇歳代なかばの北が、金の工面に悪戦苦闘する姿を映し出している手紙であると言えるだろう。後年の北は、出所定かならぬ金を手にし、豪勢な生活を送ったりもするが、北の伝記によれば、かれはそのころ「窮乏のドン底にいた」[9] らしく、中国革命へと入り込んでいく一方で、金とのたたかいをも強いられていたのである。卓越した革命理論家であり、毀誉褒貶に富んだ革命実践者であった北もまた、革命にとってなにがもっとも必要であるのかを、身にしみて分かっていた人間であろう。

本稿では、この岩崎革也宛の北一輝書簡一四通の全文を翻刻・紹介し、岩崎から金を引き出そうと苦心惨憺している北の姿を垣間見たいと思う。

前述したように、書簡は上村によって重要な部分はすでに紹介されているため、資料紹介としての意義もあまりないのだが、予定されていた岩崎資料を翻刻しての資料集の出版が頓挫している状況でもあり、ここで北書簡の全文を掲げておくことも、北および関連分野にとってなにかしらの意味はあるだろうと思い、紹介する次第である。

付記

本稿は、初期社会主義研究会・岩崎革也文書部会での読解講読作業の成果のひとつである。個性的だが判読の難しい北輝次郎の文字の翻刻は、同部会に参加された初期研会員の方々によるところが大きい。とはいえ、本稿での北書簡の翻刻について、読み間違い等の問題があれば、それはすべて筆者の責任である。同部会には、上村希美雄氏も参加され、貴重な話を伺うことができた。また、岩崎文書の読解作業は、同志社大学人文科学研究所の田中真人教授主宰の研究会でもおこなわれ、その成果も参照させていただいた。本稿をまとめるに際しては、明治大学法学部の山泉進教授からマイクロフィルムの閲覧等の便宜をたまわり、また北および岩崎についてのご教示をいただいた。

（1）　マルクス・エンゲルス（大内兵衛・向坂逸郎訳）『共産党宣言』、岩波文庫、一九七一年二月、八七頁。金塚貞文訳『共産主義者宣言』、太田出版、一九九三年一〇月では、「プロレタリアには、革命において鉄鎖のほかに失うものは何もない。かれらには獲得すべき全世界がある」となっている（九七頁）。

（2）中野実『革命』（現代政治学叢書4）、東京大学出版会、一九八九年七月、一一七頁―一一八頁。

（3）中村勝範「明治社会主義意識の形成」、慶應義塾大学『法学研究』第四一巻第七号、一九六八年七月。また、太田雅夫「総論―特集・平民群像―予は如何にして社会主義者とならし乎」、『初期社会主義研究』第九号、一九九六年九月を参照。

（4）太田雅夫『初期社会主義史の研究―明治三〇年代の人と組織と運動』、新泉社、一九九一年三月、一九四頁。

（5）週刊『平民新聞』への弾圧については、太田前掲『初期社会主義史研究』、二三〇頁以下を参照。

（6）『中央公論』第四六年新年特輯号所収。引用は、『堺利彦全集』第六巻、中央公論社、一九三三年一〇月、二四〇頁―二四一頁。法律文化社版の『堺利彦全集』（川口武彦編）では、第六巻、二一〇頁に所載。

（7）岩崎宛書簡の発掘の経緯については、太田雅夫・森本啓一『岩崎革也年譜―付 革也略伝・革也宛書簡一覧』（桃山学院大学教育研究所 *Discussion Paper Series, No.2*）、桃山学院大学教育研究所、一九九三年一〇月に所収の太田雅夫「『岩崎革也年譜』の作成にあたって」、および、太田『岩崎革也資料の発掘』、*Paper Prepared for the Annual Meeting of the Association for Asian Studies at Boston Marriott*, March, 1994、山泉進「観音峠を越えて―パート2―堺利彦の岩崎革也宛書簡」、『初期社会主義研究』第一〇号（特集＝堺利彦）、一九九七年九月、五七頁を参照。

（8）『宮崎兄弟伝』アジア編（下）、葦書房、一九九九年三月。北書簡の紹介と論評は、一九〇七年のものについては、一五〇頁以下、一九〇八年のものについては、二五八頁以下。また、松本健一『北一輝論』（講談社学術文庫）、一九九六年二月に所載の「北一輝年譜」には、四十年「三月、『社会革命原論』の執筆を計画し、丹波の社会主義スポンサー岩崎革也に資金を依頼した」との記述があり、翌四十一年十月の項で、「このころ、岩崎革也をはじめとする社会主義同志の出資により渡支しようとして、神戸で刑事に引戻される」と記されている（三五一頁―三五二頁）。

（9）　田中惣五郎『北一輝―日本的ファシストの象徴』増補版、三一書房、一九七一年一月、一一一頁。

1　「富豪革命家」岩崎革也

岩崎革也については、とくに社会主義運動とのかかわりにおいて、一九六〇年に発表された湯浅貞夫の先駆的論考「郷党に於ける社会主義の先覚者」[1]以来、丹念な紹介と論評が積み重ねられてきた。とくに、山泉進の論文「観音峠を越えて―秋水と秋月」[2]は、坂本清馬によって筆写された幸徳秋水の岩崎宛書簡等を紹介し、社会主義者たちからの膨大な岩崎宛書簡の発掘の契機となった考察であり、芦田丈司の研究『廬の葉第二集　丹波の社会主義者岩崎革也』[3]と並んで、本格的な岩崎革也研究の出発点になった論考である。また、岩崎宛書簡の発掘とその整理の中心となった太田雅夫と森本啓一がまとめた『岩崎革也年譜―付　革也略伝・革也宛書簡一覧』[4]は、岩崎研究のひとつの結節点であり、書簡資料に依拠するこれからの岩崎研究の土台となる著作である。その後、この膨大な書簡にもとづく研究としては、『初期社会主義研究』誌に掲載された山泉の論文[5]、および前節で紹介した上村希美雄の『宮崎兄弟伝』アジア編（下）が挙げられる。

北輝次郎の借金依頼状をみる前に、この章ではまず、北が「富豪革命家」と呼び、再三再四にわたって借金懇願状を送りつけたこの銀行家について、前掲『岩崎革也年譜』所収の「岩崎革也略伝」および「岩崎革也年譜」などを参照しつつ、簡単にスケッチしておきたい。藩閥官僚国家の中枢にいる側から見れば、この名望家の銀行頭取は、国家の期待に忠実ではない、かなりの「悪党」なのである。

岩崎革也は、一八六九（明治二）年、丹波の須知村に父・藤三郎の長男として生まれた。藤三郎は、造り酒屋松本家から杜氏として酒造業「絹屋」を営む岩崎家に入り、一八七六（明治九）年に同家の家督を継ぎ、衰頽しつつあった酒造業を盛り返して富を築きあげた人物であった。「一代にして巨富を積んだ」(6)としても、もともと岩崎家は、亀山藩より名字帯刀を許されていた旧家であり、藤三郎が一八九五（明治二八）年に没した当時には、三〇余町歩つまり面積三〇万平方メートルの田畑を有し、小作米が四〇〇から五〇〇石に及んだとされる地方名望家であった。藤三郎は、一八九四（明治二七）年、須知銀行を設立してみずから頭取に就いたが、翌年逝去した。後を継いだのが、岩崎茂三郎、のち一九〇三（明治三六）年に「革也」と改名する長男である。革也は、家督を相続すると、酒造業を廃して銀行業に専念するようになった。

革也の精神的な遍歴は、「発蒙館（陽明学者・熊沢蕃山に私淑する漢学者・井上半介（堰水）が主催する漢学塾——引用者）で漢籍を学び、自由民権運動に共鳴し、キリスト教を求道し、東洋のルソー中江兆民に感化をうけ、さらに川合の国粋的な思想にも理解を示すというように複雑である。(7)」この「川合」とは、「神儒仏の三教統一による尊王愛国主義を旗印とした道徳団体大道社を組織していた(8)」川合清丸のことである。この当時の多くの青年たちと同様に、岩崎もまた思想遍歴を重ねていたと言えるだろう。

一九〇三（明治三六）年、幸徳秋水と堺利彦が日露非戦論を主張して『萬朝報』を退社し、平民社を旗揚げして週刊『平民新聞』を発刊するあたりから、岩崎はかれらへの支援を始めたようである。岩崎の名前が同紙に初めて登場するのは、一九〇四（明治三七）年一月三日付第八号の広告欄に、岩崎が新年の挨拶を掲載したときである。(9)しかし、このとき以前にすでに、岩崎と幸徳たちとの交流は始まっていた。後述するように、岩崎宛の幸徳書簡でこの点を確認することができる。

さて、この第八号掲載の新年挨拶の文面である。「明治三十七年の新春に於ける諸君の進歩を祝す」の挨拶に続いて、大きな活字で「岩崎革也」と印刷されている。次いで病臥していた自身の体調の快復についての報告と「深き同情を忝ふしたる諸君に至誠を以て感謝す」という挨拶がある。この挨拶文中、もっとも字数が多いのは、岩崎自身の「社会主義」観を述べた次の文章である。

社会主義は正義人道の為め尊奉すべきもの実践力行なさゞるべからざるものと確信す今世幸にして其知識を造詣するに平民新聞の指針あり小生は日常愛読敬服して措かざるもの之れを友人知己に切望して不歇試みに週刊平民新聞一ヶ月分を送呈せんとす仰願くは真情正智を奮ふて天下公道を修せられよ

太田雅夫が指摘する、「地方の名望家といわれる有力者や実学的知識人が、社会主義者であった」[10]事例の典型例のひとりとして、岩崎革也を挙げることができるであろう。岩崎は、週刊『平民新聞』の購読や維持金などへの協力を通じて、平民社の財政を援助した。同紙の廃刊以降も、かれの社会主義への姿勢は変わらず、「大逆事件」ののちも、堺利彦など社会主義者たちへの物心両面での支援を続けたのである。とくに岩崎と堺との交流は終生続き、前掲『岩崎革也年譜』付載の「岩崎革也宛　社会主義者等書簡一覧」によると、堺の書簡が一一九点と群を抜いて多い。また、岩崎は、刑死した幸徳の命日に欠かさず自宅で霊を祀っていたともいう[11]。

岩崎は、そうした社会主義運動への共感と協力を続けていく一方で、家業の銀行経営のかたわら、須知町の町長を三度つとめ、また町会議員、郡会議員、郡参事会員となり、また一九二三（大正一二）年には京都府議会に政友会から立候補して当選し、一九二七（昭和二）年まで在職した。かれは名望家層のひとりとして、経済の面でも政治の面でも、地方経営の一角を担ったのであった。一九三一（昭和六）年、岩崎が六一歳のときに刊行された郷土の人物を紹介した書物は、次のようにかれを記述している。「氏は壮年にして才知縦横、頭脳明晰、弁論の雄を以て名声を博し（中略）大正十二年府会議員に当選し遂には代議士候補に擬せられた程であつた。明治の末葉幸徳秋水の大逆事件あつてより、警察は彼等の一派と同視し、事毎に監視して氏を窮迫したかの感があつた。されど氏は巨富を擁して須知銀行の頭取となり、他を顧みず地方経済界の重鎮として奮闘して居る。[12]」

しかしなぜ、岩崎が幸徳秋水たちの唱える社会主義の主張に共鳴し、多大な財政的援助をおこなうに至ったのか、その具体的な理由についてはあきらかになっていない。前掲「略伝」も、「革也」への改名について、「改名の動機は今となってはわからない。ただ、読書欲旺盛な革也ゆえ、当時出版されていた多くの社会主義文献は購入し読むことによって、この世の中を革（あらためる）めようという気概があったのではないかと推察はできる[13]」と叙述するのみで、岩崎の社会主義運動への接近の理由については説明してはいないのである。

ここでいささか注目されるのは、岩崎と中江兆民とのむすびつきである。「なお、氏はかねて中江兆民を崇拝し、大正五年に生まれた長孫に兆民と命名している」と、『京都府議会歴代議員録』にもある通り[14]、岩崎は長男平造夫妻の長男に「兆民」と名付けている。「尋常の域を越えていると言わざるを得ない[15]」という山泉の指摘の通りであろう。さらに岩崎は、一九一九（大正八）年に生まれた平造の次男には、「民本」と命名したが、「それでは余りにも……」というので、「民也」と改名届を出している[16]。大正デモクラシーの「民本主義」が喧伝されていた時代のエピソードである。「略伝」でもまた、一八八八（明治一九）年、父から株の勉強のため大阪に出されていた岩崎について、「大阪時代の茂三郎は、大阪で『東雲新聞』を創刊し主筆をしていた中江兆民の感化を受け、中江兆民の書生であった幸徳秋水と接触があったと伝えられるが確証はない」[17]と述べている。山泉が述べるように、「岩崎革也の思想形成と幸徳や堺との交友関係を考える上で、兆民の存在を置くことが最も妥当な線」[18]であると思われるものの、この三者の交流・関係の具体像については、探求すべき今後の課題のひとつである。

さて、岩崎革也から幸徳、堺たち平民社の社会主義者たちとの交流が始まるのは、週刊『平民新聞』の創刊されたころである。岩崎と幸徳秋水との関係が確認できる最初の書簡は、一九〇三（明治三六）年一二月二一日付の書簡である。[19]そこには、岩崎から贈られた松茸の御礼と『平民新聞』の「事務がまだ整頓不致、非常に多忙で寸暇もなく」といった状況が書かれており、手紙の最後には「何分共に社会人類の為め御尽力を希望に堪へませぬ。取敢御礼かた〲。右のみ」とある。この「社会人類の為め」という幸徳あるいは幸徳たち平民社に結集した運動家たちの言と、先にみた「正義人道の為め」という岩崎の言とを並べてみれば、両者が「社会主義」を通じて、あるひとつの理想主義を共有していたことが理解されるだろう。その理想主義は、『平民新聞』創刊号に掲げられた「宣言」と、幸徳・堺二人の手になる「発刊の序」に述べられているものであろう。[20]そこで唱えられている「平民主義・社会主義・平和主義」の理想を共有することによって、岩崎と社会主義者たちとはむすびついていったと考えられるのである。

しかし、この「共有」関係は、官僚国家の権力側からみれば、たちまち「共犯」関係になるのである。岩崎は、官憲から監視される対象となっていく。

内務省警保局が社会主義者取締のために作成した資料『社会主義者沿革』第三[21]に、岩崎革也が登場する。

一九一一（明治四四）年二月、「大逆事件」直後に上京した岩崎が、堺利彦、大杉栄と会合していることが記されている。桂太郎内閣が一九一〇（明治四三）年に制定した「社会主義者視察内規」に関する訓令「社会主義者内規制定ニ付内訓」によれば、「一般ニ社会主義伝播ノ経路ヲ察スルニ直接社会主義者ト接触スルカ若クハ同主義鼓吹ノ著書其他ノ出版物ヲ耽読スルカニ者其ノ一ヲ出デス従ツテ之ヲ防遏セントスルニハ常々社会主義者ノ言動往復ニ注意シ之ト交通往来スルモノハ既ニ注意人物タルノ価値アルモノトシテ特ニ査察ヲ密ニスルノ必要アルハ言ヲ俟タス」とあり[22]、当然、岩崎はこの「之ト交通往来スルモノ」であり「注意人物タルノ価値」のある該当者であった。前述したように、孫に「兆民」と名づけたことも報告されている。『社会主義者沿革』を継承した『特別要視察人状勢一斑』では、その第四から第七まで、「注意ヲ要スル言動アルモノ」「注意ヲ要スルモノ」として岩崎は記載され、動静が報告されている[23]。一九一七（大正六）年までの期間である。

そのなかから、ひとつのエピソードを抜いてみよう。一九一四（大正三）年四月に、大正天皇の母で明治天皇の妃であった昭憲皇太后が崩御した。その翌月のことである。岩崎は、かれとかれの家族が喪章を付けていないことを「来訪者」から質問された。岩崎は次のようにこたえた。「自分及家族は、昭憲皇太后の御大喪中と雖も喪章は一切附著せず。何となれば、吾人は形式的のことを好まざるが故なり云々[24]」と。明治天皇の皇后の「崩御」に際して、喪章を付けない理由を「形式的」なことを好まないからだ、と言ってのけるには、相当な覚悟が必要だったのではないだろうか。その覚悟を引き受けるだけのなにかが、かれのなかにあったのだろうか。

この喪章事件のしっぺがえしではないだろうが、翌一九一五（大正四）年、岩崎は須知町会の一致によって三回目の町長に選出されたものの、京都府知事から認可されなかったため、町長職に就くことができなかった。府知事は、地方自治の理論家でもある大森鐘一であった。前掲「略伝」では、「特別要視察人を知事としても町長にすることはできなかったのであろうか」と述べている。[25] 岩崎を忌避した大森が、一木《いつき》喜徳郎と編んだ本のなかに、「名誉職ノ重義務ハ有力ナル家柄ニアラサレハ実際之ヲ果シ得サルノミナラス」という文言がみられる。[26]「名誉職」とはすなわち「町長」であり、岩崎は本来立派にこの「有力ナル家柄」に該当するのだが、「要視察人」となってしまっては、町長職を「果シ得サル」家柄になってしまう、ということであろう。

そもそも、岩崎のような地方名望家は、地方自治の担い手として官僚国家の権力側から期待された階層である。[27] かれらは、「地方ニ於テ土地財産ヲ有シ国家ト体戚ヲ共ニシ社会ノ秩序ヲ重ンスル者」[28]として、地方経営を国家から託されたものたちであり、「藩閥官僚の狙いは、この地方名望家層を中核に地方自治制の社会的基盤を培養することにあった」[29]のである。

岩崎革也は、その藩閥官僚権力がもっとも怖れ、「大逆事件」にみられるようにもっとも厳しい弾圧を加えた社会主義たちと密接な交流を持ち、かれらの活動を支援し続けたのである。本来、自分たちの側について、「国家ト休戚ヲ共ニ」してくれるはずの名望家が、こともあろうに社会主義運動の財政支援者であるとは、官僚国家の側にとって、不愉快きわまりないことであった。

しかしながら岩崎は、町長や府議会議員として地方経営に携わって活躍し、鉄道の停車場の設置やダム建設にも力を尽くした。またかれが私設図書館の開設や地元の須知小学校の改築にとりくみ、青年学校の運営などに協力するなど、地方名望家としての責任を果たしていったことも忘れてはならない。かれのこうした地域での活動において、幸徳や堺たちが掲げ、岩崎もまたそれを共有した社会主義の理想がどのような影を落とし、どのように響きあっているのか、これは次の課題としてノートしておきたいと思う。

(1) 『口丹波民報』第六号、一九六〇年六月所収。
(2) 『初期社会主義研究』第五号、一九九一年一二月所収。以下、「観音峠を越えて(1)」と略記。
(3) 私家版、一九九一年四月。
(4) 前掲。同書には、「岩崎革也研究文献目録」が付されている(五八頁)。
(5) 前掲「観音峠を越えて―パート2」のほかに、「「冬の時代」の若葉、青葉の旅―堺利彦の「大逆事件」遺家族慰問旅行」、『初期社会主義研究』第八号(特集＝冬の時代)、一九九五年七月所収、「幸徳秋水の「平民新聞会計報告書」」、同誌第一二号(特集＝幸徳秋水)、一九九九年一二月所収。
(6) 「岩崎革也」(原田久美子執筆)、京都府議会事務局編『京都府議会歴代議員録』、京都府議会、一九六一年一二月、八五五頁。
(7) 「岩崎革也略伝」(太田雅夫執筆)、前掲『岩崎革也年譜』、五頁。
(8) 同右。
(9) このとき、いくらかの広告料が岩崎から平民社に払われたようである。山泉前掲「観音峠を越えて(1)」、一一頁―一二頁。
(10) 太田前掲書、五一八頁。
(11) 松尾尊兊「明治末期のルソー」、同『大正デモクラシーの研究』(歴史学研究叢書)、青木書店、一九六六年六月、二八四頁。
(12) 丹波青年社編『丹波及丹波人』、丹波青年社、一九三一年一月、六二―三頁。

(13) 前掲「岩崎革也略伝」七頁。

(14) 前掲『京都府議会歴代議員録』、八五六頁。なお、社会主義者の動静を報告している官憲資料『特別要視察人状勢一斑』第七、松尾尊兊編『社会主義沿革（一）』（続・現代史資料1）、みすず書房、一九八四年一〇月所収にも、この命名についての記述があり、「長男平造ノ妻カ男子ヲ分娩シタルヲ『兆民』ト命名シタルカ如キコトアル」と報告されている。官憲側にとって、中江篤介の号である「兆民」を孫の名前につけるということは、注意すべき事件であったのだ。

(15) 山泉前掲「観音峠を越えて（1）」、五頁。

(16) 前掲「岩崎革也略伝」、一五頁。

(17) 同右、五頁。

(18) (15) に同じ。

(19) 山泉前掲「観音峠を越えて（1）」に付載の「幸徳秋水・岩崎秋月関係史料」参照。岩崎文書中の幸徳書簡は、前掲『岩崎革也年譜』所載の「岩崎革也宛―社会主義者等書簡一覧」では、〈20幸徳秋水〉の項、全二六通中、一番の書簡である。

(20) 週刊『平民新聞』第一号、一九〇三年一一月一五日。

(21) 前掲松尾尊兊編『社会主義沿革（一）』所収。

(22) 同右所収松尾尊兊「解説」より再引、xxi頁。

(23) 『特別要視察人状勢一斑』第四、前掲『社会主義沿革（一）』、三八〇頁、同『一斑』第六、前掲同書、四五五頁、同『一斑』第七、前掲同書四九六頁には、それぞれ岩崎についての記述がある。

(24) 『特別要視察人状勢一斑』第四、前掲『社会主義沿革（一）』、三八〇頁。

(25) 前掲「岩崎革也略伝」、一三頁。

(26) 大森鐘一・一木喜徳郎編『市町村制史稿』、元元堂書房、一九〇七年二月、四五頁。

(27) 丸山真男『日本の思想』(岩波新書・青版)、岩波書店、一九六一年一一月、四五頁―四六頁。『丸山眞男集』第七巻、岩波書店、一九九六年一月では、二二七頁。また、日本の地方自治および名望家自治については、中村政則「天皇制国家と地方支配」、歴史学研究会・日本史研究会編『講座日本歴史』8(近代2)、東京大学出版会、一九八五年六月、石川一三夫『近代日本の名望家と自治―名誉職制度の法社会史的研究』、木鐸社、一九八七年一二月、稲田陽一『地方自治とその原点』、木鐸社、一九八八年二月、とくに同書所収「我が国の地方制度の沿革について」、中川剛『地方自治制度史』、学陽書房、一九九〇年一一月、とくに同書第二部「日本地方自治史」、その他を参照。石川前掲書では、名望家の実態を「農業だけでなく地方商工業の経営を通じ、あるいは地方の政治・行政・教育・文化の担い手として、地方社会の展開に深いかかわりあいを有した地方指導者層である」と述べているが(同書二六頁)、岩崎革也はこの説明に典型的にあてはまるだろう。

(28) 「郡制府県制編纂ノ綱要ニ関スル山県内務大臣ノ演説大要」(明治二十三年五月)。大森佳一編『自治民政資料』、選挙粛正中央聯盟、一九四〇年六月、四二三頁。中村前掲論文五八頁を参照。

(29) 中村前掲論文、六〇頁。

2 幻の『社会革命原論』から「支那革命」あるいは佐渡金山へ

――岩崎革也宛北輝次郎書簡(1)・一九〇七(明治四〇)年

本章および次章では、北一輝から岩崎革也に宛てた書簡一四通の全文を時系列に沿って紹介する。前述したように、この岩崎宛北書簡に関しては、すでに上村希美雄が『宮崎兄弟伝』アジア編(下)のなかでかなりの部分を紹介し、とくに革命評論社や中国同盟会とのいった中国革命運動とのかかわりを視野に入れた論評をおこなっている。本稿では、上村の前掲書やその他先行の北研究を参照しながら、北がいかにして「富豪革命家」岩崎革也から金を引き出そうとしているのか、その苦心の跡をみることにする。とりあえずは、この一群の手紙によって、北輝次郎がはたしてどういったたぐいの人間であったのか、そのことを伺い知ることができればと思う。この書簡を手掛かりにした、北一輝とかれ周辺の追跡調査、および北思想の本格的な分析は、今後の課題としていまは残しておきたい。

　北から岩崎革也への最初の借金依頼状は、一九〇七年二月一二日付になっている（ただし、封筒の日付は三月一二日となっている）。

　このころ北は、革命評論社に身を投じていた[1]。同社は、「毎月二回、『革命評論』を刊行して、ロシア革命と中国革命を側面から援助し、革命運動の国際的な連帯を主張しながら盛んに革命熱を鼓舞していた[2]」団体であり、宮崎滔天を中心に、萱野長知、和田三郎、池亨吉、平山周といった面々が集まっていた。横山源之助が、北の参加していたころの同社について「私かに孫逸仙と牒し合せてゐた支那革命派の日本々部であつた[3]」と述べているように、革命評論社は、孫文、黄興、宋教仁、張継、胡漢民、汪精衛（＝汪兆銘）ら、中国の革命家たちを中心に東京で結成された中国同盟会と密接なむすびつきをもち、宮崎滔天や内田良平もまた加盟していた結社であった。同盟会にはやがて北自身も参加し、この時期以降、かれは中国革命へと挺身していくこととなる。北が実際に中国大陸へ渡るのは、一九一一（明治四四）年一〇月、岩崎革也に借金を懇願するのは、それ以前の時期にあたる。

　この革命評論社に参加する直前、北が文字通り心血を注いで完成させて出版した『国体論及び純正社会主義』（以下、『国体論』と略記）が発禁となっている。一九〇六（明治三九）年五月のことである。北の書き上げたこの『国体論』は、原稿にして二千枚余という膨大な分量ということだけではなく、それ以上に、そこに論じられている内容に「危険性」[4]があるため、出版の引き受け手がみつからず、自費出版とならざるを得なかった。北は、叔父本間一松の助力を仰ぎ、郷里から金を出させて『国体論』を刊行した。しかし、現実には、発行日付の五日後、年五月一四日に同書は発禁処分となった。

発禁前、北は、『国体論』の発行に理解を示してくれた叔父に、「兎に角、叔父様の御力にて小生も聊か名を挙げ可申、北家も或は恢復することを得べく候」[5]と書き送っている。「名を挙げ」ることにはなったものの、家の再興にはならなかった。発行直後には、福田徳三が北に直接書簡を送って絶賛し、また河上肇や片山潜も新聞や雑誌などに好意的な書評を載せた。そのほかにも、同書への反響は大きかった。ただし、『東京日日新聞』はこの評判となった書を痛罵し、「内務当局者が、かくの如き不謹慎なる言語の充満せる著者に対して、何等制裁を加ふる処なく、其公刊を許可したるは、果して詳細に其内容を調査して敢て治安に害あらずと認定せしものなるか」とまで非難している。[6]言論の自由、学問の自由を体を張ってまで守るべき新聞みずからが、言論封殺を主張したのであった。この新聞記事にあたかもうながされたかのように、『国体論』は発禁処分となった。

北は処分ののちも、『国体論』を分冊のかたちで刊行しようと奮闘した。しかし、そのうちの一冊『社会主義の経済的正義』がまたもや発禁処分となり、北の『国体論』刊行は失敗に終わった。[7]北は幸徳に宛てて、「今度は如何なる故か別して悃癪も起きず、国体論の未練がサツパリ切れた為、近来になき霽光風月の心地致し候。何が自己に適するか、自己の任務が何であるかの如きは考へも致さず、只自由の感が著しく湧きて、モウ何でもするぞと云つたやうな元気になり。先づ病気を征服して真に奮闘します」[8]と書き送っている。

この『国体論』の挫折ののち、北は前述した革命評論社を訪れてその一員となり、また中国同盟会へのかかわりを持つのである。

一九〇七（昭和四〇）年三月初旬、宮崎滔天の兄で、『土地均亨人類の大権』の著者・宮崎民蔵は、京都の社会主義者一木幸之助とふたりで岩崎邸を訪問し、「土地復権運動に対する理解と援助を懇請している」[9]。その帰途、東京の革命評論社に民蔵が来たとき、北は民蔵から京都府丹波の富豪、岩崎革也のことを知ったらしい。北から岩崎に宛てた最初の借金依頼状が、「岩崎を訪問して来た民蔵が東京に着いた三月五日から一週間後に書かれたことが注目される」[10]というのが、上村の指摘である。「滔天が民蔵を『兄者』もんと呼んでいたのにならい、『兄者もんさん』と呼び慣わしていた北は、土地復権運動にも協力の姿勢を示してきたが、おそらく民蔵のみやげ話に音に聞く丹波の素封家の印象を知って、この無心状を書いたにちがいない。機をとらえるに敏な北の一面が早くも現われている」[11]と上村は述べている。もちろん、週刊『平民新聞』の熱心な購読者であり、幸徳や堺との交流があった北にとって、岩崎革也は知らない名前ではなかったはずである。おそらく民蔵からもたらされた岩崎に関する情報のなにかが、岩崎ならば金を用立ててくれるのではないか、と北に思わせたのだろう。

以下、岩崎長氏の元に保管されていた岩崎革也宛の北一輝書簡の全文を紹介していく。次に掲げるのが、最初に宛てた北の岩崎宛書簡である[12]。

（1）　一九〇七（明治四〇）年三月一二日　封書

（封筒宛先）京都府丹波国船井郡須知町　岩崎革也殿

（封筒差出）東京市神田美土代町　革命評論内北輝次郎
（封筒日付）三月十二日

謹啓
未ダ拝眉ノ栄ヲ得ズ候処益々御健勝奉慶賀候、陳者、誠ニ突然ノ儀ニ候ヘド折入ツテノ御懇願御座候、小生事ハ申ス迄モナク無名無学ノ一年少学究ニ過ギズ候ヘド、身ノ分ヲ顧ミズ聊カ社会的政治的革命ニ一身ヲ投ジ居ル者ニ候、然ルニ幸ヒニ縲絏ノ災ハ免カレ候ヘド拙著ノ多クハ禁止セラレ、微少ノ財産モ自費出版ト其ノ為メノ肺患トニテ皆無ニ致シ、目今報酬ナキ革命評論ニ筆ヲ執リテ窮迫其極ニ罷在リ、固ヨリコハ当然ノ儀啻ニ遺憾ナキノミナラズ疾患愈〻甚シクシテ意気却テ昂キ者有之候。
只、小生ノ最モ困難ニ感ジ候ハ小生ノ只今腹案中ナル『社会革命原論』ノ出版ニ有之候、一千頁乃至一千五百頁モ要セバ充分ニ尽クサレント存候幸ヒ出版費ノ千数百金ハ他ニ恵与ノ者有之候ヘド現下ノ遺憾ハ金ニ追ハレテ参考書ノ購入モ出来ズ静思ノ暇無之事ニ候、平常ノ生活費ダケハ尚暫クハ国許ヨリ続ケラレドモ、過般帰郷ノ節売却仕候些少ノ田地ハ手金ノミ入リテ来ル七月ニ至ラザレバ全額受取レズ、其ノ為メニ計画ノ阻ミ居ラレコト残念限リナク候、就テハ貴下ノ御富有ニシテ同主義者ナルコトハ兼テヨリ承リ居候間、来ル七月迄ニハ入金次第御返却可申候ニツキ弐百円程御借用願ハレズ候ヤ、固ヨリ愈々無一文ニ相成候節ハ御恵与ヲ仰グベキハ明ラサマニ仰グベク候間、今回拝借ノ儀ハ枉ゲテ御承引被下度願上候。
追テ、『社会革命原論』ノ組織等ハ悉シク申上グル所存ニ候ヘド、要スルニ、個人的無政府主義ノ見地ヨリ、排国家主義ト全ク譲歩ナキ民主々義トヲ骨格トシテ述ベント存居候次第ニ候、固ヨリ禁止及ビ牢獄ハ当然ノコト、出版費ヲ与ヘラルル丶人モ其儀ハ巳ニ承知ノコトニ有之候。

言論ヲ以テ世ニ叫ブ者、一幸徳氏ト二三剛健ノ青年ヲ外ニシテ身ヲ投ジテ掛ルモノ少ナシ、小生ハ決シテ肺患ニ自暴セルニ非ラズ『国体論及純正社会主義』ノ如キ卑劣ナル筆使ヒハ革命家ヲ以テ決意セル者ノ再ビスマジキ所ト存候。

乍突然、御承諾被下度、御返事ノ程御待申候。

頓首

二月十二日　北輝次郎

岩崎革也殿

ごく普通の封筒が使われているのだが、切手は封筒裏面の「〆」のやや右側に貼られている。岩崎宛の封筒を見るかぎり、北は封筒に切手を貼るとき、現在のような表面左上という位置に貼るよりも、表面の下部や裏面に貼ることが多い。

この手紙に出てくる『社会革命原論』（以下、『原論』と略記）とは、はたしてどのような書物なのであろうか。北は当時、前述したように、『国体論』刊行の失敗後、革命評論社と中国同盟会の活動にいれこんでおり、千ページという『国体論』に匹敵する大部の書物を執筆していたとは、少し考えにくい。あるいはこの『原論』もまた、『国体論』を分冊にして刊行しようとしたかれの戦略の延長線上にある書物なのであろうか。『原論』の内容は、「個人的無政府主義ノ見地ヨリ、排国家主義ト全ク譲歩ナキ民主々義トヲ骨格」にするものだと岩崎に紹介しているが、この見地・骨格というものが具体的にどのようなものであったのかは、『原論』そのものが存在しないため知ることができない。ただし、この時期の幸徳秋水が、「個人的無政府主義ノ見地ヨリ、排国家主義ト全ク譲歩ナキ民主々義トヲ骨格」にした思想と近い位置にいることが、なんらかのヒントになるのかもしれない。

もうひとつ注目すべきは、「『国体論及純正社会主義』ノ如キ卑劣ナル筆使ヒハ革命家ヲ以テ決意セル者ノ再ビスマジキ所」というところである。北自身が、『国体論』を「卑劣ナル筆使ヒ」と自己批判している点である。なぜかれがこのような自己批判をしたのであろうか。かれは『国体論』第四編「所謂国体論の復古的革命主義」のなかで、「『国体論』〔穂積八束らが唱える天皇中心の家族国家的国体論を指す――引用者〕の背後に隠れて迫害の刀を揮ひ讒誣の矢を放つことは政府の卑劣なる者と怯懦なる学者の唯一の兵学として執りつゝある手段なり」[13]と述べていることから、あえて大胆な推測をすれば、北自身も『国体論』の議論において、自身もなにかの背後に隠れて論じていたと思っていたのではないか。この点も、今後の課題である。

さて、借金依頼状として問題となるのは、かれがこの『原論』の出版費用に充てる千数百円については、すでにくれる人がいるので、参考書購入費用に充てる金を用立てて欲しいという点である。上村が、「この要求はどこか嘘っぽく感じられる」[14]と言っている通りなのだが、この点もよく分からない。北は『国体論』を執筆するにあたって、上野の図書館に通って「数ヶ月の内に二千枚以上も抜萃を作つた」[15]とのことだが、もはや図書館に通ってノートをとる気力が失せていたのか、あるいは国内で入手不可能な洋書を買う必要があったのだろうか。しかし、こうした疑問は、北の文面を真に受けての疑問である。おそらく、『原論』の出資者の件も、参考書の話も、「嘘っぽい」以上に「嘘」なのではないだろうかと思うが、いまは検証するだけの材料がない。
次が第二信である。

（2）一九〇七（明治四〇）年三月一八日　封書
（封筒宛先）京都府丹波国船井郡須知町　岩崎革也殿
（封筒差出）〔（社印）神田区美土代町三丁目一番地革命評論事務所〕　北輝次郎
（封筒日付）十八日

拝復
突然の御依頼にも係らず早速御承諾被下謝するに辞なく候。就ては月末御上京の節との事に有之候、小生に取りては一日も早く侍来居候儀に候へば御都合によりては其内の幾分にても不苦候間郵便か電報にて御借用を得ば幸甚の至りに候。別紙借用証は折角の御好意に対して或は礼を失し候やとも存じ候へど未だ拝顔の栄をも得ざる間に候へば念の為め差上候。不悪御掠察被下度候。
御上京の節は甚だ見苦しく候へども御尋ね被下度其節懇々の御礼可申上候。
敬具
三月十八日　北輝次郎
岩崎革也殿

この封筒でもまた、切手が裏面の封緘をする場所に貼られている。そして裏面中央に、丸い革命評論社の社印が捺してある。当時、北が同社の実権を握っていた。[16]「御承諾」とあるからには、岩崎は北の二〇〇円の借金申し込みを承諾したと思われる。しかし、北はここにきて「未ダ拝眉ノ栄ヲ得」ていない岩崎に対して、なんとも手前勝手な要求をしている。北は、月末に上京するときに岩崎が持参するというその金について、そのうちのいくらかを先に郵便か電報で組んで送金して欲しいと言うのである。しかも、北は金をまだ受け取ってもいないのに、その「借用証」まで送ったらしいのである。この借用証は、岩崎宛書簡資料のなかに含まれていない。同封したのか、あるいは別便で送付したのだろう。よほど急ぐ事情が北の側にあった、とも解釈できるが、その事情がはたしてどんなものであったのか。革命評論社もしくは中国同盟会にかかわることであったのか、あるいは、先の『原論』の刊行の件であったのか、これもいまは検討する材料が不足している。しかし、あえて印象から判断すれば、北は『原論』というありもしない本の計画を口実に、自分自身の生活費か、それに類するなんらかの費用を岩崎に無心していたと思えば、スッキリする。次の第三信をみれば、その判断があながち的外れでもないことが分かるだろう。

（3）一九〇七（明治四〇）年三月二一日　封書
（封筒宛先）京都府丹波国船井郡須知町　岩崎革也殿
（封筒差出）東京下谷区谷中清水町一七（交番わき）　北輝次郎
（封筒日付）廿一日

謹啓

電報並に玉簡正に拝受、御都合も不察、失礼仕候。御配慮の程は深く感佩奉謹謝候、貴下の如きに御願ひ申せば何時にても御差問無かるべしとの速断、如何にしても佐渡が島のぼんやりに有之候。不悪御一笑被下度候。

拙著社会革命原論出版のことは社会党の方にも御内密に致し下され度、国体論の時にも活版屋の拒絶には当惑仕候次第に候へば此度の如きは特の外秘密にすべき必要有之候。小生が社会主義を捨て、無政府主義に近づき候ことなどの知れて発行前に押へらるるかも計られず候。此儀可然御含み置き被下度候。

拙宅は丁度博覧会場の近所に有之候間御上京の節は御立寄り被下候、甚だ汚くて赤面の至りに候へど予め御報被下候はば御待可申、特に支那革命の大勢につきて或は御意外と思召さるることも有らんと存候。

右御礼旁々

敬具

北輝次郎

岩崎革也様

この書簡の封筒では、切手は封筒の表に貼られているものの、貼付場所は「殿」の真下である。これは詫び状である。封筒にはなぜかわざわざ「交番わき」とまで記入している。手紙は社名もなにも入っていない四〇〇字詰原稿用紙に書かれているが、升目はまったく無視して字が綴られている。

文面をみると、岩崎は先の第二信を受け取ってから、電報と手紙を北に送ったらしい。おそらく、上京前にいくらか送ってくれという虫のいい要求を断る電報か手紙であり、手紙には、北の書いた借用証が同封されていたのではないだろうか。あるいは電報で北の要求を断り、郵便で借用証を送り返したのだろうか。いずれにせよ、北はあわてて詫び状を認めたらしい。自分のことを「佐渡が島のぼんやり」と卑下しているあたり、北にすれば精一杯へりくだった姿勢をみせているというところだろう。

この手紙で注目されるのは、『原論』の件を社会党へは内密にしておいて欲しいということと、北自身が、社会主義を捨て、無政府主義に近づきつつあると述べている点である。『国体論』刊行の際には、出版を引き受けるところもなかったが、、この文面によれば、自費出版の印刷を引き受けるところをみつけるのも困難だったようである。北は、『原論』が社会主義よりも無政府主義に近い内容であるため、事前にその内容が洩れれば刊行する前に取締の対象になるため、情報管理を厳密にしようとしていたのだろうか。おそらく違うだろう。上村が指摘するように、「『社会革命原論』がまったく北の空想上の産物でしかなく、むしろ岩崎から金を引き出すための口実であったとすれば、その噂さが余りに早く流れることは禁物以外の何ものでもないはずだった[17]」というのが、真相に近いのではないだろうか。

この第三信と先の第一信のなかで述べている無政府主義への言及は、検討に価する問題であろう。これもまた後日の課題としてノートしておきたい。

(4)〔一九〇七(明治四〇)年四月一二日　封筒を欠く〕

謹啓、過日は色々御配慮を煩はし厚く奉謝候。其節御願ひ申上候二百円借用の儀御都合よろしく相成候はゞ御願申なるまじく候や、実は拝眉の上万縷申述度き所存にて御上京の日を待兼居り候次第苦しきはハ六月頃までにて其後ハ田地売金の手に入り候へば御返済は固より遠分心配も無之候、或は其れ以前に亡父と叔父の採掘致居候金鉱を支那革命の方に使用致すべく板垣伯神戸之三上豊夷氏等の心配致しくれ居候へば御返済の早くなるやも不図と存候。御返却の途なき御助力を仰ぐと云ふ儀にては万々無之候。一面識もなき間にて御不安となレは致方も御座なく候へど、可成ならば暫時の間御都合被下まじく候や。失礼の至りに候へど奉懇願候。

敬具

四月十二日

北輝次郎

岩崎革也殿

残念ながら封筒を欠いている。こんどはどこに切手を貼ったのだろうか。

懇願しつづけた二〇〇円の借用は、いまだならず、といった状況である。もはや『原論』の件は消え失せ、「苦しきはハ六月頃までにて」と、切迫している事情をうかがわせる文句もみられる。やはり生活費の無心であったのか、と思わせる文面である。

ここに出てくる「金鉱」については、北の弟・昤吉が次のように語っている。「支那革命に参加するやうになつてから、兄は空想家としての面目を発揮した。兄は亡父が生前試掘権を持つてゐた佐渡の黄金山と称する金山を発掘して大金を掴み、之を支那革命の資金としようとの企てゞある。相談相手は板垣伯であつた。二人共金に縁故のない方であり、結局詐欺師にかゝつて佐渡の遊び場小木町で、詐欺師に遊蕩費を貢いだゞけで、骨折り損となつた。(18)」。支那革命のために金鉱を掘っているから、返済のあてのない金を借りようというのではありません、と北は言っているのだが、この金山発掘は失敗に終わった。「その結果はヤマ師にひっかかって佐渡の遊び場である小木町で遊興費を使ったあげく、性病まで罹患したというひどい話が伝えられている」[19]ということである。「佐渡が島のぼんやり」らしい結末ではあるのだが。

（5）一九〇七（明治四〇）年四月二八日　封書
（封筒宛先）京都府丹波国船井郡須知町　岩崎革也様
（封筒差出）佐渡河原田町ニテ　北輝次郎
（封筒日付）廿二日

拝復
御返書奉多謝候、小生貴下の方に望なしと存じ郷に帰て作り候。一両日中帰京可仕候御来京の節尚〻御礼申上候。

敬具
北輝次郎

岩崎革也様

この書簡でもまた、封筒に貼られている切手が、表面宛名の「様」の文字の下に二枚並んで貼られている。『社会革命原論』から始まった岩崎への借金要請の一件では、これが最終書簡となる。

北は佐渡に帰り、第四信にある金山発掘に邁進していたと思われる。結果は先にみた通り失敗であった。しかし、この書簡を出したときには、まだ詐欺師に騙されているとも気づかず（さらに、性病に罹患するとも思わず）、金山に期待を抱いていたのであろう。岩崎に対して「望なし」とは、あんまりの言いようではあるものの、東京で会った際にはお礼に参上する、と結んでいるあたりに、北がここで岩崎とまったく縁を切るつもりがないことを示している。事実、北から岩崎への借金の懇願の第二幕が、翌一九〇八（明治四一）年に始まるのであるが、この書簡については、章をあらためて紹介する。

五通の書簡を通じて、上村は「岩崎への借金懇請自体がこの鉱山事業計画資金の一部だったと考えた方が、全体の筋道をより一層すっきりと解釈できるかもしれない。すなわち、『モウ何でもやるぞ』と決心して革命評論社の一員となった北は、思ったよりずっと早く中国革命の実践活動にのめりこみ、その軍資金まで己の手で稼ぎ出そうという夢想に憑かれてていたわけである」[20]と述べている。この上村の指摘が説得力を持っていることは、北が翌一九〇八年に岩崎に借金を申し込む手紙を続々と送りつけたときの借金の口実が、まさしく中国革命であり、さらに、日本・中国・ロシアの三国の革命実践のためであったからである。

（1）北と革命評論社および中国同盟会とのかかわりについては、上村前掲書のほか、田中惣五郎前掲書、九九頁以下を参照。なお、本稿での北にかかわる事実関係については、田中前掲書および渡辺京二『北一輝』（朝日選書）、朝日新聞社、一九八五年四月を参照。

（2）太田雅夫前掲『初期社会主義史の研究』、六一〇頁。宮崎滔天および革命評論社については、同書第三部第二章「宮崎滔天と『革命評論』」（同書六〇九頁以下）を参照。

（3）横山源之助『凡人非凡人』、新潮社、一九一一年七月、一七三頁、木村毅編『横山源之助全集』第三巻（人物論)、明治文献、一九七四年九月所収、一三五頁。
（4）北昤吉「兄北一輝を語る」、『中央公論』第五一年第七号（第五八四号）、一九三六年七月、一五六頁。のち、宮本盛太郎編『北一輝の人間像―『北日記』を中心に』（有斐閣選書）、有斐閣、一九七六年八月に収録。同書二三九頁。
（5）「本間一松宛書簡」（一九〇六年五月一二日）、松本健一・高橋正衛編『北一輝著作集』第三巻（論文・詩歌・書簡―関係資料雑纂）みすず書房、一九七二年四月、四九四頁。
（6）田中前掲書、八四頁。『国体論』の反響についても、同書七八頁以下、および渡辺前掲書一七〇頁以下を参照。
（7）分冊刊行のための送金を依頼する本間一松宛の書簡が残っている。前掲『著作集』第三巻に収められている。後掲の岩崎宛書簡とは、やはりまったく雰囲気が異なる。
（8）「幸徳秋水宛」（一九〇六年一一月三日）、前掲『著作集』第三巻、五〇七頁。
（9）上村前掲書、一一八頁。
（10）同右、一五二頁。
（11）同右、一五二頁。
（12）太田・森本前掲『岩崎革也年譜』所載の「岩崎革也宛　社会主義者等書簡一覧」（森本啓一作成）では、全一四通の書簡に1から14まで通し番号を付している。この順序は、時系列の順になっているが、ただし6番の書簡は例外で、これは14番の書簡の後に出されたものであり、北から岩崎に宛てた現存する最後の書簡である。本稿での紹介では、参照する場合の便宜を考慮して、この「一覧」での通し番号を掲げる。そのため、次章で紹介する岩崎宛の最後の書簡は、（6）番と記載してある。
なお、書簡の紹介にあたっては、漢字は現行のものに統一し、ひらがな・カタカナについては、原則として書簡の表記に従った。
（13）『北一輝著作集』第一巻（国体論及び純正社会主義）、みすず書房、一九五九年三月、二一〇頁。

(14) 上村前掲書、一五三頁。
(15) 北昤吉前掲書、一五五頁。有斐閣選書版、一三九頁。
(16) 太田・森本前掲書所載「社会主義新聞・雑誌社の社印」、五四頁。太田前掲書、六三三頁―六三四頁。
(17) 上村前掲書、一五七頁。
(18) 北昤吉前掲書、一六一頁。有斐閣選書版、一四六頁、ただし選書版は字句に若干の違いがある。
(19) 上村前掲書、一五八頁。また、田中前掲書、一一四頁。
(20) 上村同右、一五九頁。

3 革命の「火蓋」を切るのは「富豪」か「学者」か?
――岩崎革也宛北輝次郎書簡(2)・一九〇八(明治四一)年

『社会主義者沿革』第二には、一九〇八年の北の動静について次のように報告している。「明治四十一年十月二十七日東京ヲ出発シ京都、大阪、神戸地方を徘徊シ清国革命党関係者宋教仁、程家檉、萱野長知、三上豊夷等ト頻ニ往来シ又信書ヲ交換シ四十二年一月二十一日帰京セリ右ノ旅行ハ東京ニ於ケル債鬼ノ迫窮ヲ避ケ且旅費調達ニ奔走セルカ如ク装ヒ其ノ実清国革命党関係者ト交通シタルモノナリト云フモ他ノ一説ニ我軍事上ノ機密書類ヲ得ンコトヲ企テ居ルモノナリトモ云フ」(1)。北が日本の軍事機密を探索していたかどうかは、判断する材料をいま持っていないのでなんとも言えない。しかしこのころ、北が中国革命に邁進しつつあったことは、多くの北研究が教えてくれるところである。右の『沿革』が記す通り、北が一九〇八年当時、中国革命のための資金を調達しようとしていたことは、本章で紹介する岩崎革也宛書簡によって知ることができる。また、この書簡によって、この一九〇八年の一一月後半から一二月にかけての北の行動を把握することが可能となった。かれは、岩崎革也に対して中国革命の資金を要求する手紙を連発し、ついには岩崎の住む須知町まで行って懇願状を送りつけていたのである。その第一信である。

（7）一九〇八（明治四一）年一一月二三日　封書
（封筒宛先）丹波国須知町　岩崎革也様　親展
（封筒差出）〔（印刷封筒）京都市麩屋町通錦小路上ル東側　木徳旅館　木村徳兵衛〕方　北輝次郎
（封筒日付）十一月廿三日

敬啓
御病気如何ニ候ヤ此ノ天与ノ好機ニ対シ大兄ノ病ムトハ何事ゾ、大兄ノ情熱足ラザルニ非ラズ天大兄ノ起テ動乱ヲ為スヲ懼レ而テ防グルナルカ。
昨日河上肇君ト会食シ同道戸田博士ヲ訪ヒ今朝田嶋博士ト朝ヨリ飲ム、談論風発スト雖モ心茲ニ非ラズシテ一ニ大兄ノ御病体如何ニ悩悶ス、田嶋氏話了リテ書帖ヲ出シ一筆ヲ求ム、生即チ「璞を磨く間もなみ巌角に砕けて散れて世を送るかな」の悪吟一首を悪筆ニ走らす、先鞭一日ノ急ヲ争フノ時何ノ学究的議論ニ耽ラン、盃ヲ手ニ感慨無量ノ者有之候。
御病気中御自身ノ御金策ハ恐縮ニ不堪、而モ機ハ一刻ヲ争ノ今日ニ候、何卒御手形ヲ与ヘ小山氏ニ命じ奔走セシメテハ如何ニ候ヤ。三ヶ月ノ期間中ニハ三千五百円位ノ者ハ小生自身処辨可仕、一筆ノ労ヲ以テ大兄ハ幾ノ山中ニ臥シテ大陸革命ノ先鞭ヲ看ラルヲ可得候。

一両日中ニ尚参上可仕、一刻ヲ争フノ際ニ候ヘバ小山氏ヲ使トシテ上京御手形ノ借用ヲ得バ大兄ノ面目ヲ維持シテ即刻火蓋ヲ切ルノ用タルヲ得可ク候。謹ンデ御伺申上ゲ候。

敬具

輝次郎

岩崎志士

侍史

此状及ビ先次よりの者凡て御焼棄願上候

発信地は京都市内。封筒は、おそらく宿泊していたらしい旅館「木徳旅館」の私製封筒である。北は今回の書簡においても、ふたたび切手を妙な位置に貼りつけている。表面には貼らずに、裏面の封をして「〆」を記したやや右上のあたりに切手を一枚貼ってある。

どうやら岩崎革也はこのとき体調をくずして病臥していたらしいことがうかがえる。その病気で臥せっている原因について、岩崎が起ちあがって動乱をまきおこすことを天が懼れたからだ、と北は言っている。手紙をもらった岩崎は、布団のなかで苦笑したのだろうか。その病中の岩崎に対して、三五〇〇円を用意する一筆を書けば、丹波の山中から中国大陸での革命先鞭をつけることになる、しかも、三五〇〇円を用立ててもらえたなら、岩崎の中国革命への面目も立ち、その金で「即刻火蓋を切る」ことができるとまで言ってのけるのである。さらに、手紙の最後に「岩崎志士」という宛名を書いている。岩崎を自分たち同様の「志士」と呼ぶことによって、中国革命運動にまきこんでいこうという意図をみることができるだろう。

この当時の北は、「今日ハ言論ノ時代ニアラズシテ腕力ノ時代ナルコト」「我々主義者ハ今後決シテ言論ノ必要ナシ」(2)と語り、「尖鋭な実行第一主義の立場に移行していた。」(3)前回の手紙にあった『社会革命原論』の出版といったような、革命思想の宣伝・鼓吹といった手段ではなく、革命の実践行動へと邁進しようとしていたのである。しかしながら、やはり先立つものは金であって、北の革命は「火蓋を切る」前に、まず金策に奔ることとだったらしい。

この手紙の文面を信じるとすれば、北は京都で河上肇、戸田海市、田嶋錦治と会って朝から酒を呑んでいる。果たしてこれが事実かどうかは分からない。しかし、事実であろうが虚偽であろうが、こうした著名な学者の名前を出し、かれらとの親密な交際を持っていることを岩崎に伝えることで、なんらかの効果を北は狙っていたとも考えられるだろう。

敬啓

(8) 一九〇八(明治四一)年一一月三〇日　封書
(封筒宛先) 丹波須知町　岩崎革也様　必親展
(封筒差出) 京都大宮通綾小路　水谷保三方　北輝次郎
(封筒日付) 十一月三十日

帰京匆々拙書可送呈仕候処非常ニ発熱悪寒ニ悩ミ今日迄失礼仕候狂気ノ如クナリテ奔走セント落胆ノ為メナル可ク御一笑被下度候。

御病気其後如何ニ候ヤ健体ノ生スラ心労ノ結果如斯大兄御病体ニ不体裁ナル金策ノ労ヲカケ候ナレバ今回ノ御臥床ハ全ク生ノ罪ニ無相違一ニ御雅量ニヨツテ御寛恕ヲ願上候。

大兄ノ御一身ハ実ニ大兄ノ有ナルガ如クニシテ社会ノ有スル宝ニ候、大富豪ニシテ世界的革命的ノ社会主義ヲ抱クモノ今ノ世大兄ヲ外ニ一指ヲ屈スル能ハズ、生及ビ日清露革命党同盟ハ深ク且ツ多ク大兄ノ活躍ニ期待スル者ニ候。

特ニ過日ハ御無礼申シ或ハ御感触ニ障ハリハセズヤトモ恐懼仕候、斯ノ驚ク可キ秘密ノ冒険ハ只冷静ニ考慮スルニ従ヒテ愈々必要ト可能トヲ確信スルヲ可得大兄ニシテ御自身御金策サレントセシ御決心ヲ動揺セシメザレバ生等同志ハ大兄ニ御依頼シテ矢竹ニハヤル心ヲ静メテ御待可申上候。

大兄切ニ御自愛御恢復ノ上、富豪社会主義者タル特殊ノ天職ヲ絶好ノ機ニ全フセラレンコトヲ伏テ祈上候。

北輝次郎

敬具

秋月先覚

侍史

この書簡は、ごく普通の封筒に入っており、切手も通常の場所に貼られている。

北は、風邪をひいたのかまだ京都に留まっている。「落胆」という文字をみるかぎり、岩崎からは借金を断られたようであり、ほかの方面で金策をしていたとすれば、そちらもうまくいかなかったらしい。前便で、岩崎の病臥は、天が岩崎の起つことを懼れたからだと言ったのに対し、この手紙では、自分が無理な借金をふっかけたためだと詫びている。

それにしても、岩崎に対して「社会ノ有スル宝」であるとの言いようは、なんであろうか。おだてているつもりなのか、はたまた、阿《おもね》っているつもりなのか、言われた岩崎はどう思っただろう。苦笑するだけで済んだのか、それとも、まだ会ったことのない北の精神状態に尋常でないものを感じとったのか、それは想像の域を出ない。

ここで「日清露革命党同盟」なる団体が登場する。もちろんこのような団体の存在は確認できない。前述したように、革命評論社は中国とロシアの革命を側面から援助する意図を持った団体であったものの、同社発行の『革命評論』は、この前年一九〇七（明治四〇）年三月の第一〇号で事実上の終刊となっており[4]、もはや事実上存在しない。この団体もまた、幻の『社会革命原論』同様、岩崎から金を引き出すための口実なのだろうか。

「富豪社会主義者タル特殊ノ天職」という言いようもまた、岩崎にどのような印象を与えただろうか。しかも、その「天職」をこの絶好の機会に全《まっと》うせられよ、ということは、つまりは金を出せ、ということなのである。たしかに岩崎は、幸徳秋水や堺利彦といった社会主義者たちに対して経済的な援助を続けている。あるいはそれを、「富豪社会主義者タル特殊ノ天職」だと思っていたのかもしれない。しかし、幸徳や堺から岩崎に充てた手紙をみるかぎり、かれらは、実態が定かならぬ（おそらく架空の）団体を名告ったり、幻の大著述を口実にして借金を懇願するようなまねはしなかった。幸徳たちは、ともに社会主義の掲げる理想を共有していくことは語っても、岩崎自身を社会の共有物であるかのようなものいいは決してしなかったのである。

(9) 一九〇八(明治四一)年一二月一六日　封書
(封筒宛先) 丹波国船井郡須知町　岩崎革也殿
(封筒差出) 久留米市ニ於テ　北輝次郎
(封筒日付) 十二月十六日

拝復
御病気其後如何ニ候や心配罷在候生事例ノ件ニテ東奔西走表記ニ罷在候、千載一遇ノ好機空シク之レヲ逸セシカヲ懼レシモ今日一ノ洩ル、所ナクシテ過シ候ハ不幸中ノ幸ト悦ビ居候、二三日中ニ京都ニ帰ル考ニ有之候、東京ハ政府ノ警戒ト云ヒ清探ガ卑劣千万ニモ毒茶事件ヲ引起スナド今日空手ヲ以テ帰ヘルモ何ノ益ナクシテ或ハ身ヲ過ツコトモ□有依然京□寺ニ□ル身タル可ク候。
一日モ早ク御恢復ヲ祈上候、盃ヲ挙ケデ天下ノ勢形ヲ談ズルノ日一日モ速カナランコトヲ希上候。
敬具
弟輝次郎
秋月先覚

侍史

この第三信は、九州の久留米から出されている。封筒は普通のものだが、またしても切手は表面、「殿」の真下に一枚貼られている。

北が久留米で宿泊していたのは、郷里の『佐渡新聞』の主筆であった伊達喜太郎宅である。佐渡に在住の森知幾に宛てた手紙のなかで、伊達は北の来訪を次のように語っている。「数日前天涯地各兵衛を失したる北卓堂君突然当地へ現はれ小生方に二泊の上、マタ旅費の徴発を命ぜられ昨今の境遇頗る閉口致し候、御一笑ヒ下度候。」[5]「卓堂」とは、北のかつての筆名。北は伊達から旅費を「徴発」して立ち去った。九州でも金策の叶わなかったことが、次の書簡からうかがえる。この手紙と次の第四信に出てくる「毒茶事件」「探の投毒」については後述する。

(10)〔一九〇八(明治四一)年一二月　封書（大黒屋私製）〕

（封筒宛先）岩崎革也様

（封筒差出）北輝次郎

拝啓

寒風にふるへ上りつゝ、参上候処昨日京都より電話にて御伺ひ申せしと相違し依然御臥床の由、心痛に不堪候。

御心労を掛け候件日又日を迎ひては限りなく候間一層の事弘前の人の目下札幌に在る由につき五百や七百はマケル気になつて即金授受の依頼に行かんと決意し参上申候次第ニ候、只今御令姉様より三千円は貸与の御心労の時を承ハリ感謝の涙溢れ候、未見の生を一時の方便とハ申しながら世話になりし人とまで詐り申されし由、御高義御懇情何の辞を以てか謝すべき哉、生は三千金を授与されしと等しき感謝を以て此の御懇切は終生忘るまじく候。

久留米より落ち来り嚢中余す処一円二十銭ニ候、誠に赤面の至りながら下等の汽車汽船の旅費として三拾円及び寒気に不堪候間京都にて入典せし外套の質受拾八円合して四拾八円だけ貸し被下候度、遅くも来月中にハ電報為替にて出先きより御返却ノ可申上候。

民報主筆章君の被告事件あり同社に探の投毒すら出来候、小生も京都の金策凡て追踪せられ戦々風の音にも驚くの身に候、外套も着で丹波の山中に来り訪ふの志士あれば、訪いるゝの侠士病床に臥し家政の纏綿を抑へつゝありとは天の無情も極まらずヤ、只生愈々発憤必ず事の貫徹を期し候、北京行の節は兎に角御暇に参上可能候、生一刻も悶々ニ不堪候間四拾八円だけの是非一ト月間御借願上候、十月持参の三百金が一円二十銭を残すとハ哀れと御一笑被下度候。

御臥床のまゝ御引見下候ハバ更に幸甚ニ存候、閑談御病苦を慰むるの力なきも従前の如く御心労の種ハまかず候、一別後の運動の経過御耳に入れ度くも存候。

右乍赤面之至懇願申上候、御令姉御令嬢にも逐一申上置キ候。

敬具

弟輝次郎

秋月病兄
枕下

いよいよ北は観音峠を越えて丹波・須知町にやってきた。封筒は大黒屋という旅館に止宿していたようで、封筒はこの旅館の私製封筒であり、さらに書簡も「大黒屋用箋」と印刷された八行罫の私製便箋である。便箋の左脇に「明治四十　年　月　日」と印刷されているが、北はこの欄を使用していない。北は、この用箋を六枚使って岩崎へ認《したた》めている。

北がせっかく岩崎邸までやってきたものの、依然岩崎は病床に臥せっているようで、面会はかなわなかった。しかし、岩崎は家族に北のことを「世話になりし人」と説明していたらしい。北は、岩崎が自分にいくらかの、あるいはかなりの好意を抱いているとみてとったのか、当座の費用らしい四八円の借金を願い出ている。

章君の「被告事件」とは、この年一九〇八（明治四一）年一一月の中国同盟会の機関誌『民報』掲載の「革命心理」が新聞紙条例で起訴され、章炳麟が被告となった事件である。[6] この書簡で、北は自分の中国大陸への渡航について述べている。その前に、四八円の借金の依頼である。やはり革命の前にまず金である。

北の署名は、「弟輝次郎」であり、宛名は「秋月病兄」である。この言いように込められているのは、なんとしても岩崎から金を引き出したいという北の切迫した状況と感情であろう。

（11）〔一九〇八（明治四一）年一二月　封書（大黒屋私製）〕

（封筒宛先）岩崎学兄　侍史
（封筒差出）輝次郎

御頭痛ハ過候由健全ノ生スラ頭痛裂シク一睡モ出来不申候、御病体ノ大兄ヲ悩マスノ罪只天下ノ大義ノ故ヲ以テ御寛恕願上候。

袁モ自害セリトカ、二娘子亡父ノ怨ヲ酬ユル不能シテ空シク之レヲ逝カシム、生未ダ一面ノ知ナシト雖モ一ハ生ノ罪ナリ、真ニ感慨無量ニ候。

残レル一張之洞ハ段ノ附随トシテ西大后ノ信任ヲ得ルノミ、漢満ノ調和者大后ナクハ直チニ如斯カ、北京ハ満種ノ専権ニ属スルト共ニ排満ヲ掲ゲテ近代理想ヲ実ニセントスル我党ハ何等ノ事ゾ、三千金ハ何レニストモ急迫ニシテ而モ今日ノ値之万金ノ貴ニ比ス可シ、一ニ大兄ノ熱血ニ御依頼申上候。

通則トシテ富豪ト学者ハ講壇社会主義ヲ超ヘズ、然ルニ今ノ大兄ト生トハ一ハ富豪タリ一ハ学者タルベキ身ヲ以テ革命的社会主義ノ最モ急進的飛躍ヲ敢テセントス、三月ノ三千金ヲ今日ニ早ムルコトニヨリテ此ノ天落ノ風雲ニ一着ノ先鞭ヲ着ケ以テ時潮ヲ導クヲ得可キニ非ラズヤ。

生ノ提案ナルガ故ニ生ノ事トシ生ノ為メニスト御考へ被下マジク候、露骨ニ申セバ大兄御自身ノ覇気と侠骨ノ御満足ニモ候、厳粛ニ云ヘバ日本革命党対清露革命党ノ現実的連鎖ニ候、三千金ハ鉄鎮ナリ、大兄ト生ノ手ト手トハ三国革命党ヲツナグ歴史的権威ヲ可有候、一而シテ単ニ最モ確実ニ償却サル可キ三千金ノ一時的借入ノ御配労ニテ足ル。

赫々ノ栄誉、大陸ノ火蓋ヲ切レル快感、富豪革命家タル天賦ノ義務ヲ果タシタル道義的満足、凡テ三五日間ノ「面倒」ニテ大兄ノ者ニ候。

如何ニ大兄トテ数千金ガ毎日用モナキニ御宅ニ埋モレアル可キ、斯クナリテハ三五日間カヽルハ当然ニシテ生モ其覚悟ニ候、在京同志ハ如何ニ狂奔スルモ彼ノ大秘密ハ不在且ツ数万数千万ヲ問題トシツヽアルヘキヲ以テ大兄ニ先ズル如キハ万一モアラズ候、御病中斯ル面倒ハ「重荷」ナル可キモ大兄ノ「荷」フベキ栄誉、快感、大義ノ「重」キ比スレバ些少ノ些少ニ候。

生ハ只大兄ノ卓越セル人格ト払湧セル革命的情熱トニ信頼仕候、尚参堂少々考案モ有之申述度候間天落ノ風雲ヲ空シク逸過セシメザルヤウ革命ノ名ニ於テ大兄ニ懇望仕候。

輝次郎

眠レヌ床ノ中三時

岩崎学兄

侍史

北が須知町に来てからの第二信もまた、止宿先の大黒屋の封筒と用箋が使われている。手紙は用箋七枚分である。

あいかわらず、北は「天下ノ大義」といったような言い方で、自分の行動を正当化・合理化してやまないのだが、用件は一つ、三千円の借金を急いで欲しいという依頼である。文面から判断すると、どうやら岩崎は翌年の三月には北が懇願する三千円を用意できるといったような返事をしたらしい。しかし北は、三月まで待てない事情があるものと思われる。北は、来年三月ではなく、いますぐ融通して欲しいと言うために、妙な論法で岩崎を説得にかかるのである。「富豪」である岩崎と「学者」である自己とを「革命的社会主義ノ最モ急進的飛躍」を共にする者であると一体化したうえで、三月の三千円を今日いますぐ回してくれることによって、中国革命にとって絶好のこの機会に「一着ノ先鞭ヲ着ケ」るべきではないか、と提案しているのである。この依頼は、北自身のためではなく、露骨に言えば岩崎自身の「覇気と侠骨ノ御満足」のためであり、厳粛に言えば「日本革命党」と「清露革命党」の「現実的連鎖」のためであり、三千円はその「連鎖」を確実なものにする「鉄鎖」だと言っている。この手紙でもまた「大陸ノ火蓋ヲ切レル」が出てくる。数千円もの大金はさすがの岩崎でも家においてはないだろうが、五日ほどで三千円を用意する「面倒」さえ厭わなければ、栄誉、快感、道義的満足が手に入れられる、病臥中での用立ては「重荷」だろうが、三千円を融通することで得られる栄誉、快感、大義の「重」さにくらべれば、そんな「重荷」は小さい小さい、と言って岩崎を説くのである。そして、この借金を、「革命ノ名ニ於テ大兄ニ懇望」する、としめくくっている。かくまで言われた岩崎は、どんな顔をしたのだろうか。

なお、上村前掲書では、この書簡の袁世凱の死（袁は「自害」ではなく病死であった）に関する記述に注目しながら、北の懇願する三千円の使い道が「案外彼〔＝北〕を中心とする少数の日中人グループの中国渡航費……及び当座数ヶ月の運動費だったように考えられる」(7)と推測している。

(12)〔一九〇八（明治四一）年一二月　封筒を欠く〕

御心労何ノ辞カ謝ス可キ、大坂ノ返不可トスルモ尊台ニハ良図多々可有之、小生ハ少シモ失望不仕候。

在京同志も狂奔ナラン、只中原ノ鹿眼前ニ跳躍シテ貴台ノ射ルヲ待ツ、日本革命党ノ名誉ニ於テ一矢先ヅ射テ天下ニ叫ブモノ兄ナラズシテ何人ゾ。

生に良図ナキハ論ナシ、今日此際馴路千勝ノ遠キニ優ルタルノ愚ナルハ論□、尚肝胆ヲ砕キテ諸所御心当御考慮廻ラシ被下マジクク候ヤ、明朝ハ御起床遅カル可クト存ジ候、今夕更ニ拝趨ハ御迷惑ニ候ヤ伺上候

弟輝次郎

岩崎学兄

この須知町に来てからの第三信は、封筒を欠いている。大黒屋の用箋二枚に認められた短い手紙である。ここでふたたび「弟輝次郎」と署名している。

ここで、鹿を射るだの、天下に叫ぶだのといっていることは、つまりは金を出す、ということにほかならない。実際に鹿を射るのは北自身であり、岩崎はそのための費用を捻出するだけの役回りに過ぎない。同じように、岩崎が「先鞭」をつけるだの、「火蓋」を切るだのといったことも、要するに金を出す、ということ以外のなにものでもなく、実際に先鞭をつけ火蓋を切ろうとしているのは、北自身なのである。「銀行家として卓越した手腕を発揮した」[8]岩崎革也に、そのからくりが見抜けないはずはない。どうやら、岩崎はこの青年北輝次郎に対して、いいかげん不愉快に感じるか、もしくはうんざりしてきたようである。次の北の書簡がそのことを示している。

(13)〔一九〇八(明治四一)年一二月　封書(大黒屋私製)〕

（封筒宛先）岩崎先学へ
（封筒差出）北輝次郎

御逆鱗驚入候、全く生の誤解に候、御海容被下度候。

事の急にして大兄に望を嘱すること甚しく候ため御一言が生の死活に係ハるとき気も顛倒候は凡人の常ニ候、御病体の御気に触れ罪万死に当る、御赦免被下度願上候。

生只涙流る、切に御赦し願上候。


封筒は大黒屋のもので、おなじく大黒屋の用箋一枚に認められた手紙である。

ついに北は岩崎の逆鱗に触れたのか、この詫び状を書いて丹波を後にした。当然、三千円の借金はだめになったであろう。しかし、これが岩崎に宛てた最後の書簡ではないのである。北は東京に帰りついたのちに、ふたたび岩崎に次の手紙を郵送している。

(14)　一九〇八（明治四一）年一二月二二日　封書
（封筒宛先）丹波国須知町　岩崎革也様　親被
（封筒差出）東京荏原郡大井村土佐侯別邸内　キタテル

秋月先生

侍史

京都ニテ打電ホウ〳〵ノ体ニテ帰京、燈台下暗キ表記邸内深ク潜匿仕候。兄トノ話調ハザルモ五十金不足ノ小使銭ニ拒絶サル、モ感情ヲ害スルホド生ハ児童ニアラズ、生ガ兄ヲ善意ニ解スル如ク生ヲ善意ニ了セヨ、生ノ亡父倒産ノ節ノ如キ生親シク苦悶ノ情ヲ仰ギ視今ニ心ニ銘ジテ忘レズ、兄ガ屡々天ニ張ラントスル鵬翼モ親戚骨肉ノ情アル干渉ニ束縛セラル、ヲ見聞シテハ同意同憤コソアレ何ノ不快アランヤ。

男子好機ニ乗セザルハ遺憾ナルモ志屈セズハ為ス可キコト大河ノ如ク尽キズ、只只一日モ早ク家政煩瑣ヲ免カレ健康ヲ恢復シ他日手ヲ携ヘテ共ニ天下ヲ撹動センコトヲ望ミ且ツ期待ス。

敬具
北輝次郎

生参上ノ用件ハ勿論従来ノ事固ク御内密ニ御承知□□ニ候、表記潜匿又同ジク御認黙上候

ごく普通の封筒に、今回の切手の貼付位置は、表面宛先住所「須知町」の真下という場所である。北は、中国革命の資金の三千円を岩崎から引き出すことに失敗したうえに、どうやら当座の身の回りの費用に充てようもくろんでいた四八円の無心も拒絶されたと思われる。北はここで、「児童ニアラズ」だの、自分を「善意ニ了セヨ」だのと、ひらきなおりとも思える文章を認めている。しかし、やはり昨年同様、ここで岩崎と絶縁するつもりはないようで、最後は将来の提携を訴える文面になっている。またしても「天下

ヲ撹動」するといった言いようである。しかし、これもまた最後の手紙ではなく、もう一通、北は岩崎に送っているのである。

(6)〔一九〇八(明治四一)年一月三〇日　封筒を欠く　※一九〇八(明治四一)年一二月三〇日の書簡と推定される〕(7)

拝啓

御健康如何ニ候ヤ帰京不在中ノ出来事意外又意外ナルニ叱驚仕候二六新聞ノ記事ノ如キ固ヨリ離間者ノ所為ニ欺カレタルコト、ハ存ジ候ヘド大兄が冷淡ニナラレタ理由モ或ハト膝ヲ拍チ候。

党内離間者入込ミ特ニ売節ノ人モ有之、危険限リナク候間今夕京ヲ出デ一時悠々ト風月ニ遊バント存候。生ハ張継ト章炳燐ヲ幸徳氏ニ紹介シタ関係ヨリ此度ノ擾乱ニハ特ニ人ノ注意ヲ引キ候間一時党全体ヨリ身ヲ陰クスヲ常当然カト存候也。

三月始メ僅々ナレド数千金ヲ有セバ大兄御上京ノ節ナド閑文字ヲ弄シテ相楽マンコトヲ希望仕候、大兄決シテ生ニ悪寒アルベカラズ生ガ大兄ニ対スル礼譲ヲ見テモ如何ニ後進ガ先覚ノ士ニ対スルノ態度ニ慎重ナリシヤヲ発見セラル可シ、生ハ勿論兄ガ二六紙等ノ故ナラント思付ケバ尚ノ事好意善感外一物ノ防グルモノアラズ候。

彼ノ件ハ勿論生ガ参上ノ事モ固リ又永ク人ニ之レヲ秘セヨ、生ハ大秘密ヲ兄以外一人ニモ洩ラサザリシコトヲ今日ニ至テ天ニ謝シテ悦ブ者ニ候。

春暖御上京ノ節ノ表記へ御一報願上候一月末ニハ生モ帰京ノ考ヘニ候。

卅日

北輝次郎

拝

手紙だけで封筒を欠いている。

北は、岩崎が自分に不信感を抱いた原因が、中国革命同盟会の機関誌『民報』を発行していた民報社内の怪事「毒茶事件」にあるのではないかと思い、それは「離間者ノ所為ニ欺カレタルコト」と述べている。この「毒茶事件」とは、同誌の編集の責任者であった湯増壁〔湯公介〕が何者かに毒茶を飲まされて病院に運ばれ、警察が捜査にのりだし、新聞沙汰になった事件であった。手紙にある「二六新聞」すなわち『東京二六新聞』では、一九〇八〔明治四一〕年一二月一八日、一九日、二一日、二四日と四回にわたって「毒茶事件の裏面」と題する記事を掲載し、悪意に満ちた暴露的文章で宋教仁、黄興、劉揆一を名指しで誹謗中傷している。記事は、事件の犯人探しというより、宋教仁たちの金銭問題や女性問題を書きつらねたものであり、北自身も二一日の記事に次のように書かれている。「宋は昨年五月同地〔=満洲〕を逃亡して再び日本に来朝し民報社に来りしも生活費に窮する処より彼は更に他の金穴を見出さんとて支那革命の関係者なる北輝次郎を利用し北海道の漁猟場主高橋吉助なる人より革命運動資金金六万円を取らんとし同年九月より同十二月までに多額の運動費を消費して運動尽力せしも遂に失敗に終れり」。先にみた須知町に来て最初に出した北の書簡には、「弘前の人の目下札幌に在る由につき五百や七百はマケル気になつて即金授受の依頼に行かんと決意し」という個所があり、この手紙の文面と『二六』紙の記事とを重ねあわせてみれば、『二六』の記事がまったくのでたらめではないと思われるのである。もし、北が心配するように岩崎がこの記事に目を通していれば、北の借金依頼の背景がなんであるのか、見当をつける材料にはなっただろう。

数千円は所持しているので、岩崎が上京したときには会って「閑文字ヲ弄シテ相楽マン」と、北は言っている。また、自分の岩崎に対する態度が先覚者に対するきちんとしたものであったのかを述べている。この一文を読んで、岩崎はあきれてものも言えなかったのではないだろうか。

書簡にくりかえし出てくる「大秘密」といったようなものが、具体的になんであったのか、これもまた、この岩崎宛北書簡における追及すべき大きな課題のひとつである。他日を期したい。

さて、以上が北輝次郎が岩崎革也に宛てた全一四通の書簡の全文である。これ以降、北が岩崎と接触した資料はいまのところ見当たらない。北自身も、岩崎とのかかわりについてまったく語っていない。岩崎もまた、北については口を閉ざしている。『社会革命原論』から中国革命の資金まで、さまざまな理由をつけて岩崎から金を引き出そうとした北のこころみは失敗に終わった。残されたのは、これらの手紙である。ここには、『国体論及び純正社会主義』や『支那革命外史』、『国家改造案原理大綱』や『日本改造法案大綱』のなかでは決してみることのできない生身の北の息遣いが聞こえてはこないだろうか。

（1）　松尾編前掲『社会主義沿革（一）』、六五頁。
（2）　『過激派其他危険主義者取締関係雑件―本邦人之部』（外務省外交史料館所蔵）、上村前掲書より再引、二六〇頁。

（3）上村前掲書、二六〇頁。
（4）太田前掲書、六三三頁以下参照。
（5）「森知幾宛伊達狂堂書簡」（一九〇八年一二月一九日消印）、前掲『著作集』第三巻、五〇六頁。
（6）田中前掲書、一一一頁。
（7）上村前掲書、二六七頁。上村の論評については、二六六頁以下を参照。
（8）前掲『京都府議会歴代議員録』、八五六頁。

むすびにかえて

地方名望家であった岩崎革也は、父親から受け継いだ資産と家業である銀行業で儲けた財産を元手として、国家権力に対して痛烈な批判者であった社会主義者たちへの援助をおこない、かれらと親密に交流した一方で、政友会から府議会に立ち、さらには代議士への意欲もみせた人物であった。名望家が「富豪革命家」などと呼ばれ、社会主義運動に加担したことは、もちろん権力者側にとって計算外のことであり、かれらの期待に真っ向から背く行為であっただろう。しかも、政党勢力が地方政治に進出し、中央での官僚対政党の政権抗争が地方に波及するのをおそれていた官僚権力側にとって、全国規模で多くみられたことではあったが、岩崎のような名望家が政友会とむすびついていくこともまた、官僚統治を正当化し合理化しようとする官僚権力側の国家構想とは相容れない動きであったと思われる。この二つの点で、岩崎革也は官僚国家権力にとっておだやかならぬ人物であった。

その岩崎に借金懇願の手紙を連発した北一輝は、官僚権力にとっては岩崎とは比較にならないほどの危険人物である。なんといっても、自他ともに認める正真正銘の「革命家」なのだから。しかしその革命家も、まず先立つものがなければならなかった。岩崎への一四通の手紙が、それを証明している。

北は後年、「どこからか、例によって詐欺恐喝まがいの行為で、金をせびって来て」[1]くるような生活を送る。青年将校・末松太平に天麩羅蕎麦をとってやったとき、北は、「ねえ君、この天ぷらそばだってタダじゃないんですよ。お金がいるんですよ。そのお金をどうしますか。ぼくは資本家からとって来るんですよ」[2]と語ったという。岩崎に対して借金懇願状を連発していた若き北輝次郎も、「資本家からとって来るんですよ」という気持ちだったのだろうか。みずから「佐渡が島のぽんやり」と卑下した北であったが、革命にとって必要不可欠の金を調達するときには、決して「ぽんやり」と構えていたわけではなく、あの手この手の戦略で「富豪革命家」岩崎革也の説得にかかっていたことが、残された一四通の書簡の文面からうかがえるのである。これを「悪党」とみるかどうかは、手紙を読むひとにおまかせしたい。

(1) 渡辺前掲書、二二〇頁。
(2) 渡辺前掲書より再引、二八一頁。

【志村正昭】一九六二年、東京都出身。初期社会主義研究会／事務局・編集委員会（『初期社会主義研究会』編集委員）、日本思想史学会会員。論文「理想的国家の系譜―横井小楠と中江兆民」（横浜国立大学院修士論文）、「中江兆民『一年有半』など」（『国文学解釈と鑑賞』一九九七年一二月号）、その他。

ジョン・フィッツジェラルド・ケネディの神話

益岡　賢

平和とは、人間が生まれながらに持っている権利を守ることである。
その権利とは、自分の生活を他人におびやかされない権利、自然が与えてくれた、きれいな空気を呼吸する権利、未来の子どもが健康に暮らす権利、この三つではないだろうか。
ジョン・フィッツジェラルド・ケネディ
一九六三年六月一〇日アメリカン大学講演「平和の戦略」より

はじめに

本小論ではジョン・フィッツジェラルド・ケネディ（John Fitzgerald Kennedy, JFK、日本では、ジョン・F・ケネディあるいはJ・F・Kなどとも表記される）という人物を扱う。彼は一九六一年から、一九六三年一一月二二日に暗殺されるまで、米国第三五代大統領を務めた。ジョン・フィッツジェラルド・ケネディの大統領就任期間中の直接的な犯罪を分析するならば、他の多くの米国大統領と比べて極端にその規模が大きいとかあるいは極端に残忍であるということは必ずしもない。むろんこれは、ジョン・フィッツジェラルド・ケネディの犯罪が大したことでなかったというのではなく、他のほとんどの米国大統領も負けず劣らず大規模な犯罪に手を染めてきたということである。

さて、それにもかかわらず、他の米国大統領ではなく、特にジョン・フィッツジェラルド・ケネディを二〇世紀の悪党の一人としてわざわざ論ずるのは何故か、その理由を始めに簡単に説明しておこう。第一の理由は、ジョン・フィッツジェラルド・ケネディ自身が政治的な位置にあるときに直接犯した犯罪に加え、彼の表象がそれ以降の様々な犯罪の隠蔽と美化に用いられているという点にある。直接的な犯罪の規模は、他の米国大統領とそう変わらないが、彼の犯罪について語られることにより新たに引き起こされる（あるいは隠蔽される）犯罪を巡る言説の構図において、ジョン・フィッツジェラルド・ケネディの貢献は非常に大きい。第二の理由は、非常に外的なものであるが、単にジョン・フィッツジェラルド・ケネディが二〇世紀生まれの最初の米国大統領であるという点にある。このような偶然の一致を考慮することは、既にジョン・フィッツジェラルド・ケネディに関して大規模に進められてきた、取るに足らないことの神話化に貢献してしまうのではないかという危惧もあるが、二〇世紀の悪党達という枠組みにおいて、二〇世紀というものの象徴性をとりあえずは受け入れつつそこで支配的な構図を逆転させるために役立つものであるならば、一応の前提として悪いものではあるまい。

以下では、極めて図式的に、生い立ち、直接の政治による犯罪、表象の政治による犯罪について順に論じていこう。これを通じて、ジョン・フィッツジェラルド・ケネディ個人がいかなる意味で二〇世紀の悪党として扱われるに足るのかについてと同時に、ジョン・フィッツジェラルド・ケネディを二〇世紀の悪党としているところの、ケネディを巡る言説のメカニズムについてもある程度明確にしていきたい。

一　生い立ち

ジョン・フィッツジェラルド・ケネディは、一九一七年五月二九日、米国マサチュセッツ州ブルックラインにて、父ジョゼフと母ローズの間の次男として生まれた。父方の曾祖父パトリック・ケネディは、アイルランドから米国へ移り住んできた移民であり、母ローズもアイルランド系である。曾祖父、祖父と着実に資産をため、祖父は州議会議員も務めた。ジョン・フィッツジェラルドの父ジョゼフはさらにその商売範囲を広げ、米国でも有数の資産家となった。ジョン・フィッツジェラルドが生まれた一九一七年にジョゼフは、赤字を覚悟で「国家の大事業」たる戦争に参加するため、軍艦産業に融資を行っている。一九二七年、ケネディ一家はボストンからニューヨークに移住する。直接の理由は、父ジョゼフが、ボストンに古くからある会員制のクラブへの入会をアイルランド系だからということで断られたことにあるらしい。ボストンと比べると、相対的にニューヨークはアイルランド系移民への差別は少なかったというわけだ。これだけの事柄からも、父ジョゼフが、アイルランド系であるという被差別者の意識を反転させた結果として、差別者であるアングロサクソン系米国人上流階級への同化指向を強く持っていたことが伺える。

このような父ジョゼフの支配する家庭環境で育った、ジョン・フィッツジェラルドを始めとするケネディ家の者達は、ジョゼフの代では実現できなかった、資産に見合った社会的地位（?）なるものを得ることを目標として生きることとなった。被差別者の中には、自らを差別するものに強い同化傾向を示すものが現れることがあることは良く知られているが、その後のジョン・フィッツジェラルド・ケネディの生涯はそのパターンに従っている。

彼は病弱で生まれながらにして背骨に問題を抱えていたらしい。一八歳のときロンドン大学入学を目指して渡英するが、病気のため一年で帰国、プリンストン大学に入学する。プリンストンもまもなくやめ、一九歳のときにハーバード大学に入り直す。卒業時には、卒業論文の執筆が間に合わず、父の手助けにより知り合いの記者に手伝ってもらった。この論文は、やはり父の画策により出版されて注目を浴びた。「上流の人間と付き合っていく」には本を出版して注目を浴びることは重要だという父の考えに基づいている。

ジョン・フィッツジェラルド・ケネディは、大学卒業後の一九四一年、二四歳のときに米国海軍に入隊する。翌年には魚雷艇の艇長となり（病気のため軍医は難色を示したが、ここでも父の画策があった）、ガダルカナル島近くで日本の軍艦と衝突、部下の命を救ったことで勲章を受けるが、実際のところは、衝突からその後の対応まで、彼の判断ミスが多々あったことがわかっている。この美談にも、父が関与しているらしい。

いずれにせよ、こうした経歴を最大限に活用し、彼は政治に乗り出す。一九四六年、二九歳のときに下院議員に当選、三一歳には再選を果たす。一九五二年には上院議員に立候補して当選を果たす。翌年三六歳のときに、ジャクリーン・ブービエと結婚するが、その後体調を崩し、入院し背中の手術を行う。その間、ソーレンセンという彼のブレーンの肝煎りで、『勇気ある人々』なる本を執筆し、一九五六年に出版する。この本は、ジョン・クインシー・アダムズ（第六代米国大統領：一八二五〜一八二九年）を始めとする米国の歴代政治家の「勇気ある行動」を取り上げたものであった。ちなみに、ジョン・クインシー・アダムズといえば、アンドリュー・ジャクソン（第七代米国大統領：一八二九〜一八三七年）がフロリダで先住民に対する虐殺を行っていたときに、「無法者のインディアンとニグロの群れ」に対処するためのテロ行為の「すばらしい効果」を賞賛した人物であり、「消防隊やクリケットクラブにプレジデントなる地位がある」という理由で「プレジデント（大統領）」という称号を毛嫌いした人物でもある。

ジョン・フィッツジェラルド・ケネディは一九五八年に上院議員に再選され、二年後の一九六〇年、四三歳のときに、民主党の大統領候補に選ばれる。同年末には共和党のニクソン候補を破って米国大統領に当選し、翌一九六一年一月二〇日、米国第三五代大統領に就任した。彼の大統領就任においては、彼の選挙対策ブレーンが、当時広まってきたテレビの影響を入念に検討し、ケネディのイメージをテレビを通して作り上げたと言われる。ちなみに宗教的には米国で最初のカトリック教徒の大統領である。その後一九六三年一一月二二日、テキサス州ダラスで暗殺されるまで、米国の大統領であった。

いささか退屈な経歴ではあるが、単純にいうと、彼は、自らを差別していたアングロ・サクソン系米国人へのコンプレックスの裏返しとしての強い同化願望を父から受け継いで米国大統領になることを選び、そしてその父からの様々な手助けにより米国大統領になったということである。このような人物は、しばしば、自らが同化対象とした人々が口にする、それらの人々自身は信じていないけれども便利な言葉を真剣に信ずることがある。実際、トルーマン大統領やアイゼンハワー大統領は共産主義の脅威はナンセンスなもので、ただ共産主義の脅威を強調することが米国のビジネス界にとって好都合であるから口にしているに過ぎなかったのであるが、ジョン・フィッツジェラルド・ケネディはこのナンセンスを本気にしていて、冷戦に「熱い戦争」で勝利したいと思っていたらしい。また、それが自分の名を残すことになるとも思っていたようだ。「リンカーンに南北戦争がなかったら、誰がリンカーンの名を覚えていただろうか」と大真面目に語っている（Vidal, 1998）。ケネディの特徴を強いて挙げるならば、テレビの効果を最大限に発揮した最初の大統領であったこと、多くの大統領が信じていなかったナンセンスをどうやら信じていたらしいこと、である。

ケネディの暗殺に関して色々なことが言われているが、彼が、ビジネス界にとって便利な宣伝に過ぎないものを真面目に信じてしまったことが一つの大きな要因であろうと思われる。日本の政治家の右翼的な発言が、他のアジア諸国で商売をする企業にとって迷惑であるのと多少似通った状況である。とはいえ、一方で、彼がナンセンスを信じていたことが、現実に彼が直接大統領として行った犯罪は他の大統領と似たり寄ったりだったとしても、彼の表象を介した犯罪の増殖に貢献している面も否定できない。

二　直接の政治による犯罪

ジョン・フィッツジェラルド・ケネディが犯した直接的な犯罪行為について、ここでは彼の大統領期間中に限って簡単に振り返ることにしよう。彼がまだ上院議員だったときに、マッカーシーへの反対を決して表明しなかったことで暗黙にマッカーシーへの支持を与えたなど、色々と注目すべき点はある。けれども、大統領期以外のときに彼にはそれほど影響力はなかったし、また、大統領期の犯罪だけで、小論で扱うに十分すぎる程の量があるからである。一応、地理的に、ベトナムを中心とする東南アジア、ラテンアメリカ、そして国内と分けて整理することとし、その過程で、ジョン・フィッツジェラルド・ケネディの政策「ニューフロンティア政策」、「進歩のための同盟」、「平和部隊」などの実状を多少なりとも明確にしよう。

(一) ベトナム

第二次世界大戦後すぐに、抗日戦を闘ってきたベトナム独立同盟会が独立宣言を出すが、独立を認めないフランスは南部に傀儡政権を作ったため、ベトナム民主共和国及び南北ベトナム人と、フランス及びフランスの傀儡政府との間に、八年にわたる第一次インドシナ戦争が起こった。一九五四年ジュネーブ協定により、第一次インドシナ戦争は終結し、ベトナムの独立を認めること、暫定的に南北を軍事境界として分割し、一九五六年の選挙でベトナムを統一することが合意された。米国はフランスの後を引き継ぐかたちでベトナムに介入する。ジュネーブ協定の数日後に、米国国家安全保障委員会報告（NSC5429/2）では、「共産主義者の転覆行為と反乱に対しては、それが軍事的なものでない場合でも」米国は軍事作戦を展開するべしと述べている。米国は直ちに南ベトナムにゴ・ジェン・ジェム傀儡政権を擁立し、軍事顧問を派遣してベトナム住民に対するテロ攻撃を強化すると同時に五六年の選挙実行を妨害した。自由な選挙を行うならば米国の傀儡が敗北することは明らかだったからである。

ジェム政権が南ベトナムの人々に対してテロ活動を行っているさなかの一九五六年六月、当時上院議員だったジョン・フィッツジェラルド・ケネディは、「ジェム大統領のすばらしい成功」に酔いしれ「ベトナムの政治的自由の状況は感動的である」として次のように述べている（(Chomsky, 1993:45)）。

ベトナムは東南アジアにおける「自由世界」の要であり、門の礎であり堤防の穴をふさぐ指である。……「自由ベトナム」の独立は自由世界にとって軍事上重要なだけではない。ベトナム経済は東南アジア全域の経済にとって重要であり、その政治的自由は自由を得たり維持したいと考えているアジアの全域にとって、そして実は世界中にとってのインスピレーションなのだ。

一九六一年の大統領就任後、ジョン・フィッツジェラルド・ケネディはただちに軍事支出の増額に踏み出した。一九六二年に米国の諸弾薬は世界中の人一人あたりにTNT火薬一〇トンを分け与えられる量に達していた。同時にベトナムへの介入を一気に強化する。彼が信じるところの「政治的自由」を守るためには、何としてもベトナム人の自由な意思表明を妨害しなくてはならなかったためである。ジョン・フィッツジェラルド・ケネディは軍事顧問に加えてヘリコプタ他の投入を強化した。一九六一年一一月二二日には米軍の直接介入を許可する。悪名高い枯葉剤の利用を許可したのも同じ時期である。一一月末には、既に畑に対して枯葉剤を撒くための装置が既にヘリコプタに備えられた。

一九六二年一月には米国軍人の数は八四一人から五五七六人へと急増し、軍事顧問としてではなく、師団として米軍は直接、南ベトナム人の虐殺にのめり込んでいくことになる。一九六二年二月には、既に米空軍が何度も戦闘行為に出動している。同年半ばには、CIAを中心に、米国は北ベトナムでの破壊行為を展開した。ニューマンによると、ケネディはベトナム解放軍が最も強力な基盤を持っている地域の経済基盤（つまり食料）を破壊し社会構成を壊滅させることによって解放軍と戦おうとしたのであり、その結果が、枯葉剤の使用と強制キャンプへの農民の収容、空爆、無差別絨毯爆撃につながっていったのである（Newman, 1992）。

こうした米国の介入にもかかわらず、六二年末までに南ベトナム解放区は増大し、六三年早々には米軍将校指揮下の南ベトナム「政府」軍師団が壊滅的打撃を受ける事件が起こる。六三年には、ジェム政権は残虐さを増し、仏教徒の弾圧を強化するとともに私腹を肥やす行為に没頭しはじめる。米国はジェムを「統治能力なし」とみなして、クーデターを扇動した。一九六三年一一月一日のことである。

その後の米国のベトナムにおける行為と敗退までの歴史は周知の通りであるが、ケネディ政権下の米国のベトナム侵略政策を見ると、その後の展開のほぼ全てがケネディ期に始まったといえる。例えば北爆は一九六四年のトンキン湾事件以降であり、ジョンソン大統領の責任であるかのように語られるが、北への侵略の道は既にケネディによって開かれていたのである。しばしば、ケネディについては、全面北爆をしなかった（!）こと等によってあたかも平和推進者のように言われる。「百発殴るかもしれなかったところを十発しか殴らなかったので良い人だ」という馬鹿げたレトリックは、ケネディを巡って頻繁に用いられるものであるが、これはその典型である。

この時期から、米軍が南ベトナムの農民を攻撃していることは別に秘密ではなかった。一九六一年から六三年までの間にも、米軍の直接関与は軍関係者が公言していたし、また、ニューヨークタイムズ紙も報道している。ロジャー・ヒルズマンも南ベトナム農民の殺害に言及しているし（Hilsman, 1967）、『ペンタゴン・ペーパーズ』でも、「南ベトナム（政府）は本質的に米国の創造物である」ということは明言されているし、また、解放軍とは関係のない農民がどれだけ殺されたかわからない（ほど殺された）ことを述べている。詳しく分析している余裕はないが、ケネディの発言とそれをフォローする著作や報道の多くに共通しているのは、例えば南ベトナム農民を無差別に殺すことが倫理的に悪であるという意識が全く欠如している点である。米国の政策にとって農民を殺すことが有利に働くならば良い、米国に戦略上不利ならば悪いという論理のみが用いられている。

ちなみに、ジョン・フィッツジェラルド・ケネディは、自らの政策を「ニューフロンティア」政策と名付けた。ニューディール政策を緩やかなモデルとして想定していたという以外特に具体的な政策を指している言葉ではないが、アングロ・サクソンを筆頭とする白人入植者の利益を拡大するために先住民の虐殺を繰り返してきた米国のいわゆる「フロンティア」政策に対して、ベトナムを始めとして世界中での自らの利権を確保するために虐殺行為を展開したケネディ政権の政策を「ニューフロンティア」と言うのはなかなか適切な言い回しである。

(二) キューバ侵略と「キューバ危機」

ラテンアメリカ・カリブ地域でのジョン・フィッツジェラルド・ケネディの政策を要約すると、キューバへの侵略（の失敗）とキューバ危機に見られる直接的侵略行為、米国への輸出型農業経済の促進と、それに伴う人々の反対を封じ込めるためのラテンアメリカ各国の警察国家化、ということになる。これらは、「世界の悪との対決」、「進歩のための同盟」、「平和部隊」（ただしグリーンベレー部隊も同時期の設立のはずである）などといった奇妙な言葉のもとで遂行された。

一九五九年のキューバ革命後、米国からの援助を取り付けられず、反対に米国の敵意に直面したキューバはソ連への依存を強めていく。米国のキューバ侵略とカストロ暗殺は、ケネディが大統領に当選する前から準備されていたもので、ケネディが大統領当選後（就任前）の一九六〇年一一月にはＣＩＡから、キューバ侵略のシナリオについて報告を受けていた。米国が調印していた米州機構憲章を破って、米国の関与を隠したかたちでならと、ケネディがキューバ侵略にゴーサインを出したのは就任早々のことである。この際に、米兵を直接上陸させないこと、米軍機の米軍マークをわからないように塗りつぶすこと、などといった条件を出した。大国の傲慢さを背景に、わからなければ、あるいはわかってもしらを切り通せさえすれば何をやってもよいというわけだ。ケネディらしい決断である（ちなみに、こうした国際法に反するあるいは戦争犯罪に相当するカモフラージュは米国「リベラル」の好む手段であり、「人権大統領」カーターも、ニカラグア軍司令官たちを偽の赤十字マークを付けた飛行機で国外に避難させたことがある）。

一九六一年四月一七日、ＣＩＡがグアテマラとニカラグアで訓練した反革命キューバ人一四〇〇名あまりと二〇名ほどの米国人パイロットとが、キューバのピロン海岸に侵略した。この侵略はキューバ軍によって撃退された。この件についてケネディに対する非難の声が色々上がったが、侵略そのものが犯罪であるからという観点の非難は全くなく、単に敗北という戦略上の失敗が非難されたのみであった。ベトナムに関するケネディの政策を巡る議論と全く同じパターンである。

米国の侵略への危機感、そして米国の経済封鎖の結果、ソ連への経済的・軍事的・政治的依存を深めたキューバは一九六二年九月にソ連と武器援助協定を締結した。同年十月にケネディは、ソ連がキューバにミサイル基地を設置しようとしていることを察知し、二〇〇隻近い艦艇と一〇〇〇機以上の軍用機でキューバを取り囲んだ。いわゆる「キューバ危機」である。この危機は、ソ連船が方向を変えて戻っていったため回避された。

「キューバのミサイルで米国が攻撃されたときにはソ連を攻撃する」というのがジョン・フィッツジェラルド・ケネディの公の説明であったが、ソ連の輸送船がキューバに近づきつつあった段階で彼の指は核ミサイル発射ボタンにかかっていたという話もあるから、実際の所は、キューバにミサイル基地が建設されたならばケネディは核戦争を開始していたということになる。ソ連の政治家達を擁護する気はみじんもないが、トルコなど、米国とキューバとの距離に相当する距離の場所に米国のミサイル基地を抱える(という表現は変だが)ソ連の政治家が、ジョン・フィッツジェラルド・ケネディのようであったなら、私たちは今、生存していなかったかも知れない。

キューバ危機にあたってのケネディの行動は、米国の政府と軍部内で先制攻撃を唱えるタカ派を抑え、ぎりぎりのところでソ連の譲歩を引き出した適切な決断として米国で評価された。また、その後ケネディはフルシチョフと会談し、核軍縮への先鞭をつけたと言われている。しかしながら、なぜ、米国とソ連がそもそも自ら所有している(そして他のほとんどの国々・人々が所有していない)核を使わなかったことで誉められるのであろうか。キューバ危機を巡ってのケネディについての議論では、この単純な事実が抜け落ちている。

(三)「進歩のための同盟」と「平和部隊」

地域的な紛争を巡る対立は重要であるとはいえ全面的な東西対決に突入するには及ばないことを意識したジョン・フィッツジェラルド・ケネディは、特に米国の「裏庭」であるラテンアメリカ諸国とカリブ地域で、より少ない危険(むろん米国の一部の人々にとって)で米国の利権を維持する方法を考えることになった。ラテンアメリカ諸国に対して、それまで軍やCIAを通したかなり直接的な侵略と干渉を繰り返してきた米国は、ケネディ時代以降、ラテンアメリカ諸国の軍隊の国家保安軍化による各国の軍事・警察国家化によって米国の利権を維持するという政策をとり始める。これと並行して、いかに政治的な非難を浴びせようと否定しがたい、キューバでの住環境・教育・医療の改善に対抗するために、一定の経済構造改革をラテンアメリカ諸国に適用しようと試みた。本来、別の主権国家に対して何らかの政策を適用するということ自体問題のあるところではあるが、一九世紀の特に末以来、ラテンアメリカ・カリブ地域に直接的な介入を繰り返して来た米国には、そのような感覚は全くないのであろう。

ケネディ政権下でラテンアメリカに対してとられたこの奇妙な政策は、公式には一九六一年八月一七日に調印された「進歩のための同盟（Alliance for Progress）」と言う枠組みで進められた。公に述べられた目標は、経済社会的発展及び農地改革と、大変印象的である。しかしながら、各国の土地所有者達が反対したこともあり、農地改革は行われなかった（政治的自由を謳いながらベトナムにおける政治的自由をあらゆる手段で抑圧してきたケネディであるから、ここでも農地改革を謳ったのはレトリックに過ぎないと考えることも可能であるが、キューバの存在とキューバ危機により、最初は少なくとも一定程度の農地改革を行う意図が少しはあったらしい）。その変わりに、農業の「近代化」が進められ、米国から輸入された農業機器と肥料に基づく、米国への輸出向けの農業パターンが急速に形成される（Williams, 1986）。

その結果、輸出用作物を作る一方でとうもろこしや大豆などの国内生産用の作物生産を減らすという体制がラテンアメリカ諸国に広まり、定着した。「進歩のための同盟」のもとで、牛肉の生産と輸出は増えたが国内消費は減った。これが国内に飢えが広まる一方でGNPが増加するという「経済の奇跡」を引き起こしたのである。米国の側から見ると、これは米国国民の税金を米国企業につぎ込むメカニズムということになる。実際、ケネディは「進歩のための同盟」設立直後に、二五名のビジネスリーダからなる「進歩のための同盟のための通商委員会」を設置している。結局の所、「進歩のための同盟」は「大企業の進歩のための同盟」に他ならなかった。

ラテンアメリカ諸国で米国企業の利潤を追求するためには、国の「安定」が必要である。国民の多くを飢えに追いやることを伴う「進歩のための同盟」下では、国の「安定」のためには、各国を「安全保障国家」化する必要があった。ケネディ政権下で、ラテンアメリカの軍隊は、国家安全保障軍として体系的に再組織化された。米国からの武器輸出パターンも如実に変化し、それ以降現在に至るまでラテンアメリカの多くの国で特徴となる、もっぱら国内の「反乱分子」を標的とする軍隊が各国に誕生する。同じ頃、南ベトナム内では米軍が直接手を下すかたちで同様のことを行い、ノウハウを蓄積させていたのである。同時に米国国際開発局を通して、ラテンアメリカ各国警察の公安化も進められた。

米国による、ラテンアメリカ国家の「安全保障国家化」は、軍や警察を通して行われたのみではなかった。米国国防総省が述べているように、「あらゆる反政府的運動を破壊するために」、「軍、準軍、政治、経済・心理的及び市民的行動」を全て用いたのである。ジョン・フィッツジェラルド・ケネディが提唱した「平和部隊」もその一環であった。平和部隊は「進歩のための同盟」締結直後の一九六一年九月に発足した政策で、表向きには、ボランティアを発展途上国に送るものであったが、実際は米国国際開発局やCIAのための諜報ネットワークであり、そのように機能した。ケネディは大統領就任時に「米国が自分のために何をしてくれるか問うのはやめましょう。自分が米国のために何をなしうるかを問いましょう」と述べた。この言葉に熱狂したと思われる米国の青年達が、まさに米国（企業）のために平和部隊に続々と参加したのである。米国（企業）のために、米国の青年達がボランティアで働いてくれ、しかも、そのための政府援助というかたちで米国国民の税金を利用できるのであるから、まさに、すばらしい政策であった。

最近日本の文部省や何かが「ボランティア」の奨励を熱心に行っている。本来税金を利用してすべきことをせずに、人にただ働きさせる枠組みとしてのボランティアは大変望ましいものであるが、文部省提唱のボランティアには、「平和部隊」のような単純なスローガンが欠けているようである。

当時、対ゲリラ政策の直接指揮にあたったチャールズ・マチェリングは、ケネディ政権のもとで、米国は「ハインリヒ・ヒムラーの皆殺し部隊式やり方」と「直接の共犯関係」を持つことになったと述べている(チョムスキー,1994)。国内の「治安」維持を主要な役割としたこれらの国々の軍隊は、一九六〇年代以降次々とクーデターを起こしていく。現在まで続く政治的虐殺・誘拐・拷問、環境破壊と累積債務の直接の起源はここにあると言ってよい。

ジョン・フィッツジェラルド・ケネディが「平和的な革命を不可能にする者達が暴力的な革命を不可避にする」という有名な言葉を述べたのは、進歩のための同盟一周年の講演においてである。実際のところ、ケネディこそが、彼自身が述べた「平和的な革命を不可能にする者」として他に類を見ない存在であった。

(四) 国内問題

ジョン・フィッツジェラルド・ケネディが大統領に就任していた時期の最も大きな米国の国内問題は、いわゆる「公民権」問題であった。ケネディの大統領就任時には、特に一九五五年末のモントゴメリー事件もあって、黒人の抗議行動が高まり、それに対する白人の暴力行為が続いており、既に人種問題は爆発寸前のところまで来ていた。法的に言うならば、バスにおける隔離のような人種隔離は連邦政府により以前から不法とされていたのであり、単に連邦政府は南部にこうした法律を強制しようとしてこなかったのである。また、いわゆる「公民権問題」は、世界的な文脈では、マルコムXも指摘したように、人権問題であった。ジョン・フィッツジェラルド・ケネディは、大統領就任後、この問題について、何一つ積極的な手を加えなかった。爆発を避けつつ現状維持につとめ何もしない、というのが彼の基本政策であった。何かして南部の白人の支持を失うのはまずい、一方、状況が爆発して彼への批判が高まるのもまずい、という判断だったのである。それゆえ、ジョン・フィッツジェラルド・ケネディは、公民権委員会議長のシオドア・ヘスバーグ神父に対して、どうしても行動せざるを得なくなるまでは何もするなと言っていた。

また、一九六一年に学生達が「フリーダム・ライダーズ」を組織して北部から南部へ人種混成バスを走らせた時には、ジョン・フィッツジェラルド・ケネディの弟であり司法長官であったロバート・ケネディは、ミシシッピ警察と談合し、ミシシッピ警察が彼らを暴徒から保護することと引き替えに彼らの逮捕に同意したのである。米国の他の地域でも、人種差別反対と公民権の確立に向けて活動している人々が暴行を受け続けたが、連邦政府は、ケネディの方針通り、これに対して何ら積極的な手だてを講じなかった。

一九六三年夏には、有名な「ワシントン大行進」が行われる。もともとこれは、公民権運動の黒人指導者達が、政府による問題解決の失敗に抗議するために組織されたものであった。この集会が爆発の契機となることを恐れたケネディは、それを友好的なものとすべく資金をつぎ込み、環境を整え、大行進内での行動を穏健にするような検閲体制を作り出した。例えば、何度も逮捕され殴打されていたジョン・ルイスが集会で出そうとした意見は事前に「大行進」の指導者により変更を要求された。「公民権問題」は基本的に白人による差別の問題なのであるから、それに対する抗議行動の穏健化（のみ）に奔走したケネディの政策が問題解決を促すはずがない。実際、ワシントン大行進をあざ笑うかのように、その一八日後にはバーミングハムの黒人教会で爆弾が爆発し、四人の少女が殺された。

結局、新たな公民権法が制定されたのは一九六四年の七月であった。公民権法の制定を先送りにし続けたケネディ自身が暗殺された一九六三年一一月二二日よりも後であり、また、人種を巡る対立の解決を大統領就任中先延ばしにし続けた結果、黒人を中心とする多くの人々の命がさらに奪われた後のことであった。

(五) 整理

ここまで、ジョン・フィッツジェラルド・ケネディの大統領就任期間中の主要な出来事を駆け足で見てきた。他にも、彼が大統領就任中に手を染めた色々な犯罪を指摘することができる。例えば、インドネシアによる西パプア併合への道筋をつけたこと、ジョージ・ワシントンとイロコイ族との間に締結された条約を無視してダムを建設し、セネカ族の土地を水没させたこと、などである。

こうした悪事は、けれども、歴代の米国大統領が行ってきたこととあまりかわりばえのしないものであった。実際、ハワード・ジンは『民衆のアメリカ史』の中で、ケネディの政策を次のように要約している（ジン, 1993:734）。

（ケネディの）中道的基盤の上では、すべてが安定するかに見えた。黒人のためには何もするにおよばなかった。経済構造を変えるようなことは何もする必要がなかった。侵略的な対外政策は継続しえた。この国は統制下に入ったかに見えた。

上で見てきたように、ケネディが国内及び国外各所で犯した犯罪は巨大なものではあったが、歴代米国大統領の中でとりわけ突出しているというほどのことでもない。それにも関わらず、彼は二〇世紀の悪党として他の米国大統領以上に重視されるべき理由がある。それは、ケネディを巡る表象の政治学の存在である。

三　表象の政治による犯罪

ジョン・フィッツジェラルド・ケネディの行ったことのみを観察するならば、例えば他の多くの米国大統領と比べてとりたてて何か特徴があるわけではない。それにも関わらず、彼は歴代米国大統領の中で最もたくさん語られた大統領である。例えば、ざっと見ただけで、ケネディについての英語の図書は六〇〇点あまり、日本語でも一〇〇点あまりあることがわかる。ここでは、これについて「何故か」という問いを発してケネディを巡る不毛な言説に参加するのではなく、ケネディを巡る表象を観察することにより、そこで発動している犯罪のダイナミズムを多少なりとも明らかにすることを試みる。大まかに言って、最も強く感じられるのは「選択的前景化」およびそれに伴う情報の刷り込みと、その上での「痴的ゴリ押し」である。

(一)　選択的前景化及び（後景での）前提の刷り込み

ケネディを巡る議論は、大まかに言って、次のように整理できる。まず、一方に『ケネディからの伝言』、『ケネディの遺産：平和部隊の真実』『ケネディ：英知と勇気の大統領』『ケネディ：勇気と決断の大統領』

『ケネディの道：未来を拓いた大統領』のような、嘘と隠蔽を交えて語られるケネディ賞賛の言説があり、他方に、『ケネディ家の悪夢：セックスとスキャンダルにまみれた三世代の男たち』『マフィアとケネディ一族』『ケネディ家の女たち』『ケネディ王国：権力に憑かれた男たち』のように私生活に限られたケネディへの（しばしば誹謗的な）ゴシップがある。その中間に、『ケネディ：栄光と苦悩の一千日』のようなケネディは政治家として辣腕であったかナイーブであったかという議論、及び映画『ＪＦＫ』、『ケネディはなぜ暗殺されたか』、『ケネディを撃った男たち：現代史の謎』、『二〇三九年の真実』といった暗殺ものゴシップが位置する。これら全てを大枠で支えるものとして、『ケネディ演説集：アメリカの課題と挑戦』、『ケネディ語録』、『絶叫するケネディー：その最重要演説16編』、『ケネディ大統領演説集：英和対照』、『ケネディは生きている：名演説21篇とその背景』といったケネディ語録ものがある。

タイトルからだけでもわかるように、ケネディを巡る出版や議論の全体的傾向自体が、既に選択的前景化の結果であり、ケネディを巡る議論のマクロなスペクトラムは、既に非常に狭く限定されている。このような枠組みにあらかじめ限定されているため、出版されたものにおける議論は、「朝三暮四」の茶番にしかならないようになっている。さらに個別の本や議論のレベルに降りて、ケネディを巡って言われていることを観察すると、典型的なミクロのダイナミズムがいくつか観察できる。

ケネディの全体像を解説しようと意図された新書や子供向けの人物伝などは、マクロな構図の中でバランスを取っており、ミクロな前景化と刷り込みのメカニズムを「偏りなく」示していて興味深い。例えば、『ケネディ：銃弾に倒れた若き大統領（学習まんが人物館）』を見てみよう。何よりも目に付く（かない）のは、本漫画中でベトナム侵略が扱われていないことであるが、細かい言葉の効果も興味深い。一例のみを挙げると、キューバ侵略が失敗した後、ジョン・フィッツジェラルド・ケネディ大統領はテレビに登場し、「私は政府の責任者であり、今回の失敗の全責任は私にあります」と述べる。次のコマでは、米国風家族が登場し、女の子が「きちんとあやまるのってえらいと思うわ」、母親らしき人物が「いさぎよいことは、すばらしいことなのよ」とのたまう。しかし、大統領は何を謝っているのだろうか。侵略の「失敗」をである。そもそもの侵略が国際法違反であり、米国自身が批准した米州機構憲章違反であり、従って、失敗か成功かに関わらず米国政府は国際的な犯罪行為を犯していたという単純な事実は、ここでは全く消し去られている。

ジョン・フィッツジェラルド・ケネディについて書かれた二つの新書、『JFK：大統領の神話と実像』（ちくま新書）及び『ケネディ：その実像を求めて』（講談社現代新書、ともに一九九四年刊）も非常に興味深い。前者は、ケネディを「個人的な問題はあったものの時代の変革の中でたくみに生き、またその変革を助長した大統領としてとらえ」（あとがき）たものであり、まさに、上記のケネディを巡るスペクトラムの中心に位置する。一方、後者は、「自信はない」が「なるべく客観的な観点に立って」執筆したという。新書という普及しやすい形態に加え、折衷的あるいは客観的なものと自称されていることからも、ケネディを巡る典型的言説の特徴を見るには都合の良い本である。両者に見られるトーンの違いにも関わらず、後景に滑り込ませている論調には共通点が多い。

最も重要なものは、画一的なアメリカ（米国）観である。『ケネディ』は、ケネディ暗殺を契機に「アメリカ人は、古き良き時代が終わりかけていることをはっきりと認めざるを得なかった」と述べており、また、『JFK』は、五〇年代を「アメリカ的な考え方が世界を制したかに見えたパックス・アメリカーナの時代」

（九頁）で「世界でも有数の豊かなライフスタイルを楽しむことができたし、その豊かさは希望する者にはすべて分け与えられるものであった」（一三一頁）と述べている。

ここで前提とされている「アメリカ人」はアングロサクソンを中心とした入植者であり、「アメリカ」とはそれらの入植者の世界に過ぎない。当時差別され、貧困におとしめられていた黒人や、インディアンはどこへ行ったのであろうか。こうした前提を適度に盛り込んだ上で、例えば「大統領という地位はアメリカに生まれた者が一度は心の中に描いてみる、野心の究極の姿である」（『ＪＦＫ』八七頁）といった独りよがりの説明が可能となる。

しかしながら、もし仮に、ジョン・フィッツジェラルド・ケネディが、これらの著作が描き出すように「社会的弱者のための福祉政策」（『ＪＦＫ』八七頁）を取ったのだったら、そもそも、ケネディについて述べる著者の目は、黒人や先住民を考慮したものであるべきではなかったか。また、一方で、もしこれらの著者が言うように、「豊かさ」が「希望する者にはすべて分け与えられる」ような社会であったなら、「社会的弱者」などそもそも存在しておらず、「社会的弱者のための福祉政策」など不要であったはずではなかろうか。

このような論理の破綻を覆い隠し、全ての記述を暗黙のうちにアングロサクソン系入植者の米国という視点でまとめあげ、あからさまな犯罪を隠蔽するための準備として、「アメリカ」に対する視点が固定される。都合のよいことに、ケネディを巡る本はケネディを主題としているのであるから、「アメリカ」そのものは背景に留まり、それゆえ、読者の視点を後ろからからめ取り、ここでの「アメリカ」の視点に固定する（本当のところ、筆者自身は、そのようなことで惑わされる程知的レベルの低い読者がいるとは信じられないのだが）。

このような記述の過程で、「全て人間は平等に作られている」と書く筆の乾かぬうちに「辺境の住民（＝入植者）に対してインディアン蛮族の過酷な攻撃をもたらしめた」としてインディアンを人間から除外した米国独立宣言の差別精神が反復され強化されると同時に、「アメリカ」建国において犯された入植者たちによるおびただしい犯罪は免責されることになる。これで、後述するような痴的ゴリ押しのために必須の視点は形成されたというわけだ。これはケネディについて書かれた非常に多くの本に共通することである。

さらに、細かくケネディ関連書を読むと、背景での刷り込みはより微細にわたって観察される。例えば、より専門的な（装いの）書物である『一九六一ケネディの戦争』という本がある。『ペンタゴン・ペーパーズ』を始めとする膨大な資料にあたってまとめた「実証的」な著作であるらしいのだが、ここでも「ケネディの死がアメリカにとって繁栄と平和の終わり、未曾有の困難の始まりを告げる弔鐘となったことである」（五頁）等々、「アメリカ」観の背景における刷り込みはしっかりとなされている。その結果、ケネディについて「困難な評価」（p.7ff）が問題として前景化され、明白な侵略行為は議論の中心から除外されていく。

このような前提のもとで、そして、それに基づきあらかじめ論証抜きでケネディのベトナム介入を（犯罪ではなく）「愚行」と定義した上で、「ケネディ外交の本格的実証研究」たる自己規定を行っている同書は、当然のことながら、ケネディ外交以外についても、驚くべき「非実証的」見解を記述の中に滑り込ませる。例えば、ベトナム戦争について「かつてはフランス人の戦いであり、その後は南ベトナム人の戦いだったはずのものが、この年（一九六一年）を境にアメリカ人自身の戦争に転化した」（一五頁）といったものである。一体いつ、「南ベトナム人」が、フランス人やアメリカ人と同じ範疇で、「戦い」の場に身を置いたのであろう（あるいは「だったはず」という表現に対応するならば、置きえたのであろう）。「実証的」に見ると、大多数の「南ベトナム人」がフランスやアメリカに対して闘っていたにもかかわらず、このように述べる「実証的」根拠はどこにあるのだろうか。むろん、ジェムを始めとする仏米の傀儡である「南ベトナム人」は存在したが、そうした少数の傀儡南ベトナム人を「南ベトナム人」として一般化する論拠はどこにあるのであろうか（人数的に言うならば、白人入植者に「アメリカ」を代表させるのと較べてすら、遥かに無理がある）。

一旦このようにして、語ることの範囲を狭く規定する視点が確立されてしまえば、あとは痴的ゴリ押しで論旨を展開することが可能になる。そして、そうした痴的ゴリ押しは、一回りして前提の強化を促して行く。かくして痴的トートロジーは自己増殖と強化を続けることになる。以下、駆け足でそれを見ていくことにしよう。

(二) 痴的ゴリ押し

痴的ゴリ押しのレベルにも色々あるが、多少なりとも工夫を凝らしたものに、「彼は正義の人だった、というのも彼は悪魔ほど悪くないから」とでも表すべき（レ）トリックがある（「正義」を「知性」に、「悪魔」を「蠅」に置き換え、「悪く」の前に「頭が」を挿入したバージョンもある）。都合の悪いことはかくしてしまう選択的前景化と表裏をなす手法である。例えば、前出の『ケネディ：銃弾に倒れた若き大統領（学習まんが人物館）』巻末解説では、ベトナム戦争について、次のように述べている。

大統領になったとき、ベトナムに送られていた米軍事顧問団は一五〇〇人ほどでしたが、六三年には、一〇倍以上の一万六〇〇〇人にふくれあがていました。もちろん、ケネディは、実戦部隊を送ってベトナム解放戦線（ベトコン）と戦おうとする、軍部の圧力ははねのけましたが、軍事顧問団を増やしたことが、ケネディの死後、アメリカがベトナム戦争に全面的に介入するきっかけになったことは事実でしょう。

ここでは、一万六〇〇〇人にふくれあがっていた米国人が「軍事顧問団」であったといったあからさまな誤り（あるいは嘘）に加え、それを相対化するために、「もちろん」「軍部の圧力ははねのけた」という妙な記述が見られる。一万六〇〇〇人には増やしたけれど、五万人には増やさなかったことは、彼が平和と正義の使者であることを示しているというわけだ。

「もちろん」、「限定的にではあるが」、「以外に方法はなかった」などは、痴的ゴリ押しを後押しする表現としてケネディについて論じた本で多用されるものである。例えば、『ケネディ：その実像を求めて』にはジョン・フィッツジェラルド・ケネディのベトナム政策について、次のような記述がある。

「……したがってわれわれは南ベトナムに踏みとどまるつもりである」とケネディははっきりと記者団の前で述べている。だがもちろんそれは、アメリカがベトナム人に代わって戦うためではなく、そこに駐留し、その存在を知らしめることが目的だった。（一五一頁）

さらに、同書では、枯葉剤の使用について、次のように述べる。

限定的にとはいえ、軍の要求に妥協して、最初に枯葉剤やナパーム弾の使用を許可したのも、ケネディだった。それがのちに、そうした残忍な兵器の使用の拡大につながったといえば、そのとおりである。だが、見落としてはならないのは、ケネディがベトナムに派遣したのは、あくまでも軍事顧問団であり、彼は常に実戦部隊の投入には懐疑的だったということである。（一五七頁）

『ケネディ：銃弾に倒れた若き大統領（学習まんが人物館）』と同様である。「残忍な兵器の使用の拡大」というより大きな問題のもとでは、最初に許可したことは問題ではなく、むしろ許可しただけで拡大しなかったことは（実証的観点からのこれらの正確さは取りあえず問うまい）ケネディが正義の人であったことを示していると言いたいかのようだ。同じ論法を使うならば、東チモールで人口の三分の一にものぼる二〇万人もの人々を、西洋諸国と日本の熱心な協力のもとで死に追いやったインドネシアのスハルト元大統領は、残りの四〇万人もの人々を殺さなかったために正義の英雄ということになりかねない。

また、軍事顧問団（であったかどうかもここでは問わない）を大量に派遣したことの侵略的性格は実戦部隊の投入よりも弱いから……しかしそれを見落としても見落とさなくても、ケネディが実際に犯した犯罪には変わりはないのではなかろうかという正論は、ここでは通用しない。なにせ、米国は「アメリカ」であるし、ジョン・フィッツジェラルド・ケネディは「ＪＦＫ」なのであるから。かくして知性の影は限りなく薄くなっていく。

『ケネディ：その実像を求めて』における次の記述は、その輝ける標本である。

ケネディはアメリカン大学の演説でも述べたとおり、「各国がその将来を選択するにあたっては、それが他国の選択を侵害しないかぎりにおいて、それぞれの国にみずからの将来を選択させるべきである」と考えていた。したがってケネディのベトナム政策の根本目標は……国民に自分たちの将来を平和的に選ばせることだった。だが問題は、南ベトナムの政府がひとり立ちできるほど強くはないということだった。（一四八〜一四九頁）

同様の論理は繰り返される。同じく『ケネディ：その実像を求めて』では、まず「話し合うために武装する」という、チャーチルの言葉をケネディが好んで引用したことを確認した上で、次のように述べる。

ケネディはたしかにベトナムにおけるアメリカの軍事顧問団の数を飛躍的に増大させた。だがそれは……「話し合うために武装している」に過ぎなかったのである。（一四九〜一五〇頁）

ジュネーブ協定で合意された、平和的にベトナム国民の将来をベトナム人自身で決めるための一九五六年統一選挙を妨害するために南ベトナムに傀儡政権を設置し、南ベトナムの人々に対する残虐な弾圧を強化してきたのは米国であるという事実、そしてその政策をケネディが引き継ぎ、全面的に拡大したという事実は、ケネディについての「客観的」記述にとっては意味がないらしい。何しろケネディにおいては、彼が言ったという事実自体が、言った内容が事実であることの「客観的」な証明となるのである。

こうした痴的ゴリ押しは、「もちろん」「限定的にではあるが」「以外に方法はなかった」といった「言い訳語」を使わなくなることにより完成する（著者達が言い訳語の使用を必要と考えているトピックと必要と考えないトピックが見られるのは面白いが、ここでは残念ながら扱えない）。キューバ侵略に関する『ケネディ：その実像を求めて』の次のような記述を見てみよう。

つまりは、この計画を引き継いだ時点で、ケネディには選択の余地はほとんど残されていなかったのである（一一七頁）

亡命軍は勇敢に戦い、カストロ軍に重大な損害を与えたが、やがて弾薬がつきた（一一八頁）

ケネディは比較的小さなこの失敗によって、多くのことを学んだということができる（一二一頁）

ここでは、痴的ゴリ押しは、偉大なるケネディの成長という前提の刷り込みに、見事に、しかも直接的に環流している。「亡命軍」の多くがバチスタ独裁政権のキューバで残虐行為を欲しいままにしたことも、キューバ侵略が米州機構憲章違反だったことも、そして何よりも、多くの命が失われたことも忘れ去られ、ケネディは「小さなこの失敗」により成長を遂げるわけだ。

キューバ危機についても、核ミサイルのボタンに手をかけ、全世界を危機に巻き込んだ当事者は、いつのまにか、危機を回避した英雄にまつりあげられる。

このとき、ケネディは第三次世界大戦、つまり核戦争の危機のふちにおいこまれてぎりぎりの選択を

せまられましたが、けっきょく、キューバに対する海上封鎖で、危機をだっすることができました
（『ケネディ：銃弾に倒れた若き大統領（学習まんが人物館）』一五〇頁）

たしかにケネディはアメリカや世界を危機から回避させることに成功した（『JFK』二一三頁）。

(三)「アメリカ」に還るケネディ

こうした記述をちりばめつつ、ケネディを巡る言説は、予定通り「正義と平和の象徴」であるケネディ自身に送り返される。米国の対外干渉政策を引き継ぎ、軍事費を増加させ、ラテンアメリカとベトナムを始めとする各所で直接・間接の武力介入と経済・政治介入を続け、膨大な人的犠牲を生み出したケネディの軍事政策は、「話し合うために武装する」（『ケネディ』一一六頁）ためだったことになり、膨大な数の犠牲者の存在を抹殺するとともに、そもそも話し合うために武装しなくてはならないこと自体狂っているのではないかという常識的懐疑をも抹殺する。ケネディは「繁栄の時代にあって犠牲の精神を、対決の時代に和解を説いた」、「命を賭して信念を貫き人々に勇気と希望を与え続け」「あらゆる人々の魂を揺り動か」す（『ケネディからの伝言』裏表紙）人物となり、そして「キラキラと輝いて無数に存在」する「ケネディをめぐる事実《ママ》」（『JFK』二一七頁）とともに、「死んで本物のアメリカの仲間入り」（『JFK』二二六頁）を果たすのである。かくして、大量の犠牲者を生み出しつつ、犠牲者を生み出した犯罪についての正当化を強化しながら、ケネディはそもそもの前提で刷り込まれた「古き良きアメリカ」に、しかも「本物のアメリカ」に戻っていく。

そうして世界は「ケネディの歴史認識どおりに進」んでいく。今や、「（一部の人間の）繁栄の時代にあって（他者には）犠牲の精神を」説き、「（自ら煽りだした）対決の時代に（他者に対しては）和解を説」く言

説がまかり通り、ケネディの言葉に心動かされない人は「あらゆる人」の範疇から、つまり人間から除外される。インドネシアで、ニカラグアで、東チモールで、イラクで、旧ユーゴスラビアで、ケネディ的正義のための虐殺は、ケネディを巡るレトリックと全く同型のレトリックを伴いつつ続けられていく。

ニカラグアで一九八四年に行われた民主的選挙を認めず、「ニカラグアの人々の民意を反映させるために」テロと虐殺を続け、脅迫のもとで一九九〇年に行われた選挙を「民主主義の大勝利」と讃えたレーガンの振る舞いは、まさにベトナムにおけるケネディそのままであるし、イラクや旧ユーゴに対する爆撃を行ったクリントンは、「ジョン・ウェインの映画で育って、ＪＦＫの軍服姿に憧れ」て育った人間である。二四年間の東チモール侵略と不法占領で大量の死者を生み出し、拷問や強姦を繰り返し、一九九九年になってテロと虐殺を強化したインドネシア軍は、日本政府によって「東チモール問題」の「平和的解決」のために「努力を継続」するよう励まされ、歓迎されることになる（高橋他，1999）。

「ケネディ」の表象は、そしてそこで強化された言説のパターンは、ジョン・フィッツジェラルド・ケネディが生きた時代以降、二〇世紀も終わりになった今日まで、犯罪の行使のために、そして犯罪に対する正当化のために「偉大な」貢献を果たしているのである。

時折しも、一九〇〇年代最後の年、一九九九年の七月に、ジョン・フィッツジェラルド・ケネディの長男が事故死するという事件が起こり、ニューズウィーク誌（日本版）を初めとする各紙は、大々的にこれを取り扱った。ケネディ自身の犯罪とそれが属する大きな流れにおける犯罪を覆い隠すために用いられてきたケネディの表象は、多様化しつつも変わらずに引き継がれている。

四　おわりに

ジョン・フィッツジェラルド・ケネディ。一九一七年に生まれ、アングロ・サクソン系米国人に対する強いコンプレックスとルサンチマンを持つアイルランド系家庭に生まれ育った彼は、父の考えを内面化し、父の手助けもあって、二〇世紀生まれの最初の米国大統領となる。一九六一年のことである。大統領就任後、彼は基本的には米国の政策を引き継ぐ。むろん、状況に応じた変更を加えながら。彼はキューバに侵略し、ベトナムへの侵略を強化し、ラテンアメリカ諸国を軍事＝警察国家化する。これらの政策は、その過程で多数の犠牲者を生み出し、更なる犠牲者を後に生み出す出発点・中継点ともなった。また、核戦争の危機を煽る。当時の時代背景から考えて、米国大統領として特に特別なことを行ったわけではない。彼の行為は、米国大統領と米国政府の政策のスペクトラムの中に納まっている。その意味で、最初に述べたように、他の米国大統領と比べて、特に二〇世紀の悪党として特権化する必然性はさほどない。

ところが、暗殺された後、ジョン・フィッツジェラルド・ケネディの表象は大きな力を持ち始める。朝三暮四の議論は、体系的にケネディの神格化に貢献する。他の多くの米国大統領と何らかかわることのない犯罪を犯していたに過ぎないケネディの神格化における議論の前提の狭隘化は、同時に米国大統領一般、「アメリカ」一般、アメリカ的なもの一般の位置を固定し、その名の下で行われる犯罪をその名のもとに隠蔽する。「ケネディが生きていれば、アメリカはベトナム戦争の泥沼に引きずり込まれることもな」かったのではないか、いや「ケネディこそ、アメリカをベトナム戦争の泥沼に引きずり込んだ張本人だ」（『ケネディ』二五八〜二五九頁）。明らかなのは、このような無意味な議論を繰り返すことによって問題が隠蔽されたために、もう少しマシなものであり得たかもしれない二〇世紀の特に後半の可能性はますます狭められてしまったということである。

ジョン・フィッツジェラルド・ケネディを巡る議論の量にちょうど比例して、「ケネディの犯罪」は増大する。これは、ジョン・フィッツジェラルド・ケネディ個人の犯罪の遺産であり、また、犯罪を行い隠蔽する政治文化を作るため「ケネディ」の表象のもとに集結した多くの遺産相続人の集合的犯罪でもある。まさに、ケネディを巡る議論の量により、米国大統領としては取り立てて特徴的な犯罪者とは必ずしも言えなかったケネディは二〇世紀の悪党列伝に名を連ねることができるまでに押し上げられたのである。

大統領就任演説の中で、ジョン・フィッツジェラルド・ケネディは次のように語る

地球の半分はいまだに貧しい生活を強いられており、悲惨な状態のなかであえいでいます。私たちはここに、みずからを救済するために立ち上がる人たちに対しては、いかなる形にせよ援助を惜しむものではないことを誓います。

「Everything I do, I do it for you（私がすることは全て貴方のため）」というブライアン・アダムズの歌をテーマに、干渉と侵略、虐殺が行われる。日本という国でも、「他のアジア地域のために戦おうとしていたんだ」という言葉とともに、侵略の歌と旗が再び公に歌われ、揚げられる。二〇世紀が終わり、次の千年紀が始まろうとしている今、私たちは、そろそろこうした犯罪的な茶番、そして茶番による犯罪の促進と隠蔽を終わりにしなくてはならない。

参考文献（直接言及・引用したもののみあげる）

井上一馬（一九九四）『ケネディ：その実像を求めて』（講談社現代新書）東京：講談社。

ギャリー・ウィルズ（一九八三）『ケネディ王国：権力に憑かれた男たち』東京：ＴＢＳブリタニカ。

（Wills, G. (1982) The Kennedy Imprisonment: A Meditation on Power. Boston: Little Brown.）

落合信彦（一九九三）『ケネディからの伝言』東京：小学館。

落合信彦（一九九三）『二〇三九年の真実』（集英社文庫）東京：集英社。

きりふち輝（一九八三）『ケネディ：勇気と決断の大統領』（講談社火の鳥伝記文庫）東京：講談社。

栗木千恵子（一九九七）『ケネディの遺産：平和部隊の真実』東京：中央公論社。

『ケネディ演説集：アメリカの課題と挑戦』東京：世界日報社、一九八〇。

『ケネディ語録』東京：しなの出版、一九六八。

『絶叫するケネディー：その最重要演説16編』東京：学習研究社、一九六四。

『ケネディ大統領演説集：英和対照』東京：原書房、一九六四。

『ケネディは生きている：名演説21篇とその背景』東京：原書房、一九六四。

Ａ・Ｍ・シュレジンガー（一九七一）『ケネディ：栄光と苦悩の一千日』（改訂版）東京：河出書房新社。

（Schlesinger, A. M. (1965) A Thousand Days: John F. Kennedy in the White House. Boston: Houghton Mifflin.）

ハワード・ジン（一九九三）『民衆のアメリカ史』（全三巻）東京：ＴＢＳブリタニカ。（Zinn, H. (1980) A People's History of the United States. New York: Harper & Row.）

シオドア・ソレンセン（一九八七）『ケネディの道：未来を拓いた大統領』東京：サイマル出版会。（Sorensen, T. (1988) Kennedy. New York: Perennial Library.

高橋奈緒子他（一九九九）『東ティモール：奪われた独立・自由への闘い』東京：明石書店。

ノーム・チョムスキー（一九九四）『アメリカが本当に望んでいること』東京：現代企画室。(Chomsky, N. (1993) What Uncle Sam Really Wants. Monroe: Odonian Press.)

ジョン・H・デイヴィス（一九九四）『マフィアとケネディ一族』東京：朝日新聞社。(Davis, J. H. (1989) Mafia Kingfish: Carlos Marcello and the Assassination of John F. Kennedy. New York: McGraw-Hill.)

鳥越俊太郎（監修）（一九九六）『ケネディ：銃弾に倒れた若き大統領（学習まんが人物館）』東京：小学館。

仲晃（一九九五）『ケネディはなぜ暗殺されたか』東京：日本放送出版協会。

中屋健一（一九六六）『ケネディ：英知と勇気の大統領』（旺文社文庫）東京：旺文社。

檜山良昭（一九九三）『ケネディを撃った男たち：現代史の謎』東：東京書籍。

ネリー・ブライ（一九九六）『ケネディ家の悪夢：セックスとスキャンダルにまみれた3世代の男たち』東京：扶桑社。(Nellie, B. (1996) The Kennedy Men: Three Generations of Sex, Scandal, and Secrets. New York: Kensington Books.)

松尾弌之（一九九四）『ＪＦＫ：大統領の神話と実像』（ちくま新書）東京：ちくま書房。

松岡完（一九九八）『一九六一ケネディの戦争』東京：朝日新聞社。

ローレンス・リーマー（一九九六）『ケネディ家の女たち』（上下）東京：早川書房。(Leamer, L. (1994) The Kennedy Women: The Saga of an American Family. New York: Villard Books.)

Chomsky, N. (1993) Rethinking Camelot: JFK, the Vietnam War, and US Political Culture. London: Verso.

Hilsman, R. (1967) To Move a Nation: The Politics of Foreign Policy in the Administration of John F. Kennedy. Garden City: Doubleday.

Newman, J. M. (1992) JFK and Vietnam: Deception, Intrigue, and the Struggle for Power New York: Warner Books.

US Department of Defence. (1971-72) The Pentagon Papers: The Defence Department History of United States Decisionmaking on Vietnam. 5 vols. Boston: Beacon Press.

Vidal, G. (1998) The American Presidency. Monroe: Odonian Press.

Williams, R. (1986) Export Agriculture and the Crisis in Central America. North Carolina: University of North Carolina Press.

益岡賢（ますおか・けん）一九六四年生まれ。東京東チモール協会所属。著書に『東チモール——奪われた独立・自由の闘い』（明石書店、一九九九年、共著）、訳書にノーム・チョムスキー著『アメリカが本当に望んでいること』（現代企画室、一九九四年）がある。

サラザール「偉大さ」に憑かれた独裁者

市之瀬　敦

一　一九九八年リスボンにて

バスコ・ダ・ガマのインド到着からちょうど五〇〇年後にあたった一九九八年五月二二日、今世紀最大の「万国博覧会」がポルトガルの首都リスボンで開幕し、九月三〇日に幕を閉じるまでの四ヶ月間、数多くの訪問客を迎え入れた。「海洋——未来への遺産」に捧げられたこの世界博を実際に訪れた方も読者の中にはいるかもしれない。かくいう私も終盤を迎えた同年九月上旬にリスボンを訪れた際、安からぬ入場料を払い、いくつかのパビリオンを覗いてきたのである。ＥＵの統一通貨「ユーロ」に一九九九年一月から参加することが決定された直後に開幕した時は、ポルトガル国民の自尊心は大いに高揚し、展示内容に対し寄せられた、未来より過去の大航海時代にこだわりすぎるという批判など、完全にかき消されてしまっていた。

しかし、その開幕から二ヶ月ほど前、万博会場に近い旧倉庫を改造した展示場で開かれたある写真展を見学した日本人万博訪問者は何人いただろうか。いや、ポルトガル人ですら少ないだろう。私が足を運んだ際も、会場内は閑散としていたのだ。それはマリオ・ノバイスというポルトガル人写真家の展示会で、テーマは一九四〇年にやはりリスボンで開かれたもう一つの万博「ポルトガル世界博」であった。「ポルトガル世界博」とは、一一四〇年のポルトガル独立（正確には一一四三年だが）と一六四〇年のスペインからの独立回復、それぞれの八〇〇周年と三〇〇周年を記念するために、旧国家宣伝庁により企画された、当時のポルトガルにとり、国威発揚のための一大国家イベントであった。

光と影のコントラストを巧みに使った白黒写真の数々はどれも、華美ではなかったが目的意識のはっきりとしていたその博覧会の荘厳な雰囲気をしっかりと伝えていた。ポルトガルのメディアでもあまり話題にならなかったようだが、その写真展は私には十分に堪能できるものであった。そして写真展会場の片隅に置かれていたテレビ画面には、当時作成されたビデオ映像が繰り返し映し出されていたのだが、「明日のポルトガル」という題字の後に、ヒトラーユーゲントを真似て一九三六年に創設された、深緑のシャツに茶色いズボンを履いた「ポルトガル青年隊」の行進風景が出てきたときには、不謹慎だとはいえ、思わず吹き出しそうになってしまった。どこまで本気だったのかわからないが、彼らは、当時のポルトガル政府がファシズムに惹かれていたことの生き証人のような若者たちであった。

とはいえ、何よりも私の注意を引いたのは、展示された写真やビデオ映像ではなく、会場中央付近に配置された衝立てに掲示されていた当時の新聞記事であった。その記事の見出しには「偉大化の時代」という言葉が控えめながらも存在感を放ちながら踊っていた。一五世紀以降のいわゆる大航海時代、ポルトガルは世界の中心国となったものの、その後は衰退のプロセスに入り、ヨーロッパの辺境に位置する小国にすぎなくなってしまい、一九世紀には実際に衰退論が広く流行したりもした。だが、今世紀の三〇年代から六〇年代まで、ポルトガルはもう一度「偉大」な国になろうとしていた。少なくともそうあらねばならぬと信じ込んでいた一人の、たった一人の政治家が国家を指導していたのである。

二 サラザール直前の時代

いわゆる国民国家はその統合と存続のために「偉大さ」を自らに求めてやまないものである。国民そして国家の「卑小さ」を標榜する国民国家など、この世に一つもない。それは、そもそも自己矛盾ですらあるだろう。ヨーロッパ最古の国民国家の一つと言われるポルトガルにも「偉大さ」を体現する国民的英雄がいる。ローマ人のイベリア半島進出に抵抗したルシタニアの首長ビリアト。ポルトガル海外進出最大の貢献者エンリケ航海王子とインド航路の発見者バスコ・ダ・ガマ。一六世紀の国民的大詩人カモンイス。一六四〇年スペインからの独立を回復するために立ち上がった戦士たち。一八世紀ポルトガル政治を大胆に改革したポンバル侯爵。少し唐突かもしれないが、スポーツの分野では、一九六〇年代ポルトガル・サッカーの第一期黄金時代を支えた天才プレーヤー、エウゼビオ。この中でも、エンリケ航海王子とバスコ・ダ・ガマの名は世界史の教科書にも出てくるため、日本人にとっても、お馴染みであろう。

ポルトガル史の最大の栄光はこの二人に象徴される「大航海時代」にあるのだろうが、平均的な日本人の知識がそこで止まってしまうように、それ以降のポルトガルは華やかさを失い、衰退の道を辿り、英国やフランスという外国への依存を増していくのであった。そして大航海時代以降ヨーロッパの列強諸国が、奴隷貿易を中心に搾取してきたアフリカ大陸を自分たちの領土として分割し、実効支配しはじめた一九世紀末には、すでにかつての栄光はすべて遠い過去のものとなっていた。一八九〇年には、モザンビークとアンゴラを東西の両端とし南部アフリカ地方を横断する領土を確保しようという野心的な「バラ色地図」計画を、イギリスからの「最後通牒」という脅迫により、屈辱のうちに断念せざるをえないくらい国力は減衰していたのであった。

二〇世紀に入り、一九一〇年にはポルトガルは王制から共和制に移行するが、政治も経済も混乱するだけで、国力低下に歯止めはかからなかった。政治的テロリズムの頻発により政権が四〇回以上も変わり、財政も破綻を来たした。第一次世界大戦に軍を派遣したものの、多数の犠牲者を出すだけで、得たものは何もなかった。また共和主義者によるキリスト教弾圧により、社会不安が広がり（最近その最後の予言が明らかにされ話題となった有名な「ファティマの予言」がなされたのもこの時代であった）、伝染病の蔓延も重なり、国民に安寧な生活がもたらされることはなかった。今世紀初頭、ポルトガルは文字通りカオス的状況下にあったのである。

ただし、一九一〇年から二六年まで続いた第一次共和制の時代は、否定的にのみ捉えられるべきではない。共和党政府は、中世時代から続くポルトガルの伝統を破り、非中央集権化を進め、アジア、アフリカの植民地に一定の自治を認めるなど、後世からも評価されるリベラルな政策を実行している。また、教育改革の一環として識字率の上昇が試みられ、そのために政府は正書法改革も実施した。文化面でも革新的な動きが見られ、ポルトガルの代表的詩人、フェルナンド・ペソアが活躍したのもこの時代であった。ポルトガル国民にとり、共和主義者が少なくとも当初は救世主になりうるかに思われたのは否定できないのである。

こうした肯定的な側面があったとはいえ、やはり第一次共和制がもたらした混乱はそれだけでは被い切れないくらい大きなものであった。そこで、一六年間の混乱を収拾させるべく、一九二六年に右翼の軍人たちが救国に立ち上がったのであった。軍人による政治への介入はポルトガルの伝統でもある（最近の例は七四年の「四月二五日革命」)。だが、クーデターに成功したものの、軍人たちは経済運営に関してはまったくの素人にすぎず、専門家の力が必要であった。そして軍事政権に請われ政界の表舞台に登場したのが、すでに財政学者として名を成していたコインブラ大学教授アントニオ・デ・オリベイラ・サラザール(以下サラザール)であった。

サラザールは大蔵大臣に就任するや否や、他の全省庁の予算に対する大蔵省の拒否権を認めさせ、徹底した緊縮財政を実施、国家財政のバランスを短期間で回復させることに成功した。彼は財政政策の柱は予算の均衡でしかないと固く信じていた。そして、ポルトガル経済の建て直しに成功した彼は、「財政の魔術師」あるいは「財政の独裁者」と呼ばれるようになった。だが、ポルトガルの将来を思えば、それだけですめばよかったのだが、サラザールはそんな人間ではなかった。野心の塊なのであった。大臣になる数年前すでに、親友であり後にリスボンの総大司教になるゴンサルベス・セレジェイラに告白していたように、彼はいわば絶対君主的首相になろうとし、後にその夢をかなえて見せた。あらゆる政敵を倒し、あらゆる政争を乗り越え、彼は「王のいない君主制の絶対的な指導者」となった。つまり独裁者となったのである。

蔵相に就任してから四年後の一九三二年七月五日、サラザールはとうとう首相の座を射止めた。彼が築き、意外なまでに長持ちした、どこか全体主義的な香りを漂わせた権威主義的な体制は「新国家(エスタド・ノボ)」と呼ばれ、民主主義でもファシズムでもない「第三の道」を、国家観の動揺に苦しみ、社会秩序を求めていたポルトガル国民に提供した。しかもナチズムのドイツとファシズムのイタリアが第二次世界大戦で破れ、ヨーロッパの権威主義的体制は次々と消滅していったのだが、「新国家」はその後も長く生き残り、西ヨーロッパで二〇世紀最長の独裁制となったのである。

なぜ「新国家体制」はおよそ半世紀も生き延びることができたのだろうか。その理由には様々なことが指摘できるだろう。大土地所有者と財界人というポルトガル社会のエリートの支持、大きな利益を保証された植民地輸出入業者からの支援を得たこと。小商店主が物価の安定を保証されサラザールの政策を受容したこと。サラザールを支持する教会関係者が精神面で社会をコントロールしきったこと。政治警察（PIDE）による監視が国民生活全般に行き届いていたこと（前大統領マリオ・ソアレスの言葉を借りれば、ポルトガル人は猿轡を嵌められていたのだ）。国軍の後ろ盾を得ていたこと。連合国と枢軸国の間で微妙にバランスを取りポルトガルが第二次世界大戦の惨禍に直接巻き込まれなかったこと。サラザールが反共の姿勢を取るため、欧米の民主主義国家も民主化への圧力をかけにくかったことなどが挙げられるだろう。

しかし、半世紀におよぶその長寿の秘訣を説明するには何かが足りない。サラザールがいなくなったら自分たちはいったいどうなるのだろうと不安になるくらい、国民がこの一政治家に服従そして依存したのは、彼が常にポルトガルとポルトガル人の「偉大さ」を、国民に納得させる術を知っていたからではなかっただろうか。一九世紀末から今世紀初頭にかけて形成された「偉大なポルトガル」のイメージをサラザールはさらに発展させ、そして自らの地位を維持した。「卑小さ」を運命付けられていたかに信じ込んでいた小国民は、「偉大さ」を幻想させてくれるサラザールを消極的だったにせよ支持し続けた。彼らはサラザールがいなくなり、卑小な存在に逆戻りすることを恐れたのだ。そして、どこにあるのかわからない「偉大さ」により、サラザールは生き伸びたのであった。

サラザールがポルトガル人に「偉大さ」を刷り込むため、すなわち自らの生き残りのために何をしたのかを見る前に、続く二つの章ではまず彼の経歴と業績の検証を行っておこう。

三　権力への階段

サラザールは一八八九年四月二八日、ポルトガル北部のビゼウ県サンタ・コンバ・ダゥン郡ビミエイロ村の貧農家庭に生まれた。五人の子供のうち唯一人の男子だった彼は、倹約家だった母親から強い影響を受けて育った。小学生の時点ですでにその優秀さ、勤勉さ、規律正しさを周囲から評価され、一一歳になると、ビゼウの神学校に入学した（一九〇〇年）。神学校での八年間がサラザールの人間形成にとり重要な時代であったことは本人も認めており、強いカトリック信仰と反共和主義思想を身につけたのは、その頃のことであった。一八歳の時には、ビゼウのカトリック系新聞『ア・フォォリャ』に記事を数多く投稿し、反共和主義的思想を開陳したりしていた。一方で、興味深いことに、サラザールはその頃、母親や花に捧げる詩を発表し、ロマンチストの一面も見せていたのであった。

一九一〇年夏、サラザールは人生の一大決心を行った。彼は神父への道を棄て、コインブラ大学法学部への進学を決めたのである。憎悪の対象だった共和主義者たちが政権の座に就く直前のことであった。そして、同年一〇月五日、リスボン市役所の二階の窓から共和制宣言が行われたのだが、後に続く混乱のさ中、サラザールはコインブラ大学法学部にその名を登録したのである。在学中、彼はフランスの政治家であり作家でもあったシャルル・モーラスの右翼政治思想に触れ、コインブラ在住の保守層と親密な関係を築いていった。とはいえ、その四年間は政治的な発言は控え、むしろキリスト教教義の説教者としての発言のほうが目立ったくらいであった。一九一四年一一月、サラザールは一九点という驚異的な成績で（満点は二〇点）大学を卒業、カトリック教会関係者の間では早くも国会議員候補者として噂されたりもした。だが、彼の関心は大学教授になることであり、一六年三月にはコインブラ大学で経済学と財政学を教えはじめた。

反共和主義的な姿勢を問われ、大学での授業停止処分を受けたこともあったが、一九一九年五月にはその処分も解け、サラザールは北部の都市ギマランィスから立候補し、国会議員に選出された。ところが、間もなく国会そのものが機能を停止してしまい、議員としての経験は非常に短いもので終わってしまった。しかし、その後も彼の政治への関心は衰えるどころか、どんどん強まっていった。そして一九二三年一一月、サラザールはその後の運命を決定付ける重要な演説を商工会議所で行っている。その題目はずばり「公共支出の削減」、五年後蔵相に就任してすぐに着手することになる予算均衡の必要性を説いた演説で、彼の意見は聴衆から強く支持されたのであった。このスピーチは次のステップを踏み出すうえで、大きなきっかけとなった。

一九二五年一一月、サラザールは総選挙に三度目の立候補をしたが、二度目の敗北を喫してしまった。だが、サラザールはもはや後退することはなかった。そして「一九二六年二八日」がやってきた。すでに触れたように、ポルトガルでは政治が行き詰まったとき軍人が国家の救済に現れるのが常だが、その日もゴメス・ダ・コスタ将軍率いる軍がクーデターを起こし、混乱しきった国を救うため軍事独裁制を始めたのである。彼らの関心事はただ一つ、「社会秩序の維持」であり、経済政策などなきに等しかった。それゆえ、経済音痴の彼らが作った政府は対外債務を増やすだけで、財政状態を悪化させる一方であった。

そこで軍人政権は、すでに名声を博していたコインブラ大学の財政学教授サラザールに救いを求めた。サラザールは救世主の救世主となったのであった。

ところが、一九二六年六月に大蔵大臣に就任したサラザールであったが、メンデス・カベサダス内閣は五日間しか持たなかった。それから、軍事政権が深刻な政治・経済危機を解決できないままおよそ二年が過ぎたが、強く蔵相就任を請われたサラザールは大蔵省に強い権限を与えることを条件に一九二八年四月二七日再び蔵相に返り咲いたのである。時に三九歳であった。その就任式典で彼は歴史に残る有名な言葉を口にしている。

「私は自分の望みも進路もよくわかっている」

他者の言葉に耳を貸さない、その後のサラザール体制の頑迷さを見れば、この言葉に嘘はなかったといえるだろう。しかも、おそらくサラザールは国民の心の底に沈む願望もわかっていたのだろう。だが、およそ半世紀がすぎて明らかになったのは、サラザールに導かれたポルトガルが行きついた先は、独立を求めて武器を手にしたアフリカという袋小路であったということだった。

蔵相就任から四年間はあっという間であった。あらゆる政治抗争に勝利し、体制内のあらゆる政敵を倒し、サラザールは「王のいない王制の絶対的君主」となった。権力を望み、その征服のためにならなんでもした男は、一九三二年七月五日、遂に首相の座を射止めた。そして、それからのサラザールの歩みは、ポルトガルの歩みでもあった。蔵相として入閣して以来、一九六八年八月三日に安楽椅子から落ち（実際は違うという見解もある）意識不明の重傷を負い、同年九月二七日辞職に追い込まれるまで、四〇年と四ヶ月二八日間、一日の中断もなく、政府の中枢メンバーであり続けたのだった。

四　サラザリズモの功罪

サラザール体制に終止符を打った「四月二五日革命」から四半世紀が過ぎた今でも、「サラザリスタ（サラザール主義者）」という言葉はポルトガル人にとり侮辱的な意味合いを帯びている。そう呼ばれて喜ぶ人は皆無といってもよいくらいである。民族主義的な団体も、サラザリズモ（＝サラザール主義）との違いを強調しなければならない。しかし、そうした言論状況下でも、敢えてサラザールを褒め称えることもできないことではない。

たとえば、すでに触れたが、財政の均衡を取り戻した金融政策、第二次世界大戦時に中立を維持し国土の荒廃を免れた外交政策、さらにアフリカ植民地を長く維持し得た植民地政策などをサラザールの業績と見なす人は少なくない（最後の点は、あくまでもポルトガル人の視点に立ってのことだが）。また、四〇歳代以上のポルトガル人からは今でもしばしば聞かされるのだが、サラザール時代の都市にはゴミひとつ落ちておらず、現在と異なり清潔な街並みを誇っていたという。つまり、「革命」以前は、社会に規律があったということだ。

だが、冷静に振り返って見れば、どれも業績といえるほどのものではないのではないだろうか。独裁的な権力を握ればどんな指導者でも、財政の均衡を回復させるための金融政策を強行するだろう。新しい税金を課し、政府支出を抑制する時、問題は庶民の反乱であるが、サラザールには反乱を抑圧するに十分なだけの軍事力が背後に控えていた。軍事力は貧困を富に変えることも、発展途上国を先進国に変えることもないが、少なくとも財政赤字、対外債務の解消には特効薬となりうるだろう。彼は魔術を使ったわけではなく、その特効薬を処方したにすぎないのである。

第二次世界大戦中の中立の維持は今日までサラザールの業績の一つと考えられているが、それは当時のポルトガルにとり宿命だったのであり、とりたてて卓抜な外交能力は必要なかったのである。連合国側のイギリスにとりポルトガルの参戦は、アゾレス諸島・マデイラ島という大西洋諸島の防衛を強いるだけで見返りはなかった。枢軸国側のドイツから見れば、それらの大西洋諸島を攻撃する能力はあっても防衛する力はなかった。一九四三年、サラザールは連合国側にアゾレス諸島のラジェス基地の使用を許可したが、その時すでにドイツは敗色濃厚だった。平凡な政治家に指導されていたとしても、ポルトガル政府は同じような政策を取ったにちがいないのである。

植民地を長く維持したことは彼の業績でもなんでもない。あえて業績という言葉を使うとすれば、それは「負の業績」であった。確かに、もしアフリカ植民地が独立すれば、もたらされるのは内戦、部族主義、悲惨だけであるという彼の予言は、アンゴラやモザンビークのその後を見れば、正しかったのかもしれない。彼にして見れば、六〇年代にアフリカ植民地を次々と手放したイギリスやフランスは白人の責務を無責任に放棄した裏切り者であった。だが、二〇世紀後半において植民地支配の維持は歴史の潮流への逆行にすぎず、一〇年間以上にも及んだ植民地戦争（アフリカ人にとっては解放闘争）は独立後のアフリカ諸国だけでなく、ポルトガルにも社会・経済・政治的に悪影響を残したのであった。

このように、頻繁に指摘されるサラザールの数少ない業績も、実はその言葉には相応しくない。あの状況を生きれば、官僚的な人物でも十分に可能な政策だったのである。今世紀初頭の大詩人フェルナンド・ペソアが、サラザールは凡庸な政治家に過ぎなかった、と言ったのも無理はなかった。ペソアはまた、ポルトガルの救世主として「独裁者」を待望したが、サラザールに関しては、「先見の明」はあるかもしれないが、一国のリーダーに不可欠な「想像力」を欠いているとも酷評していたのである。

また、本当にファシストであったのか否かは議論が今も分かれるところだが、サラザールがファシスト政権の真似事をしたことだけはまちがいない。その象徴的な例がナチス・ドイツのヒトラーユーゲントを模倣した「モシダデ・ポルトゲザ」すなわち「ポルトガル青年団」である。深緑のシャツに茶色いズボンを履いた青年たちが一斉にローマ式に右手を斜め上に伸ばしている姿は、今見ても無気味であり滑稽でもある。また現在も使用されるリスボン郊外の国立競技場はファシストたちがギリシャの様式を模倣したのと同じ様に、U字型にスタンドが作られているのである。

もしサラザールの「業績」として敢えて挙げるとすれば、それはおよそ半世紀間にもわたり政権を維持し得たこと、そのものということなのかもしれない。ナチズムのドイツ、ファシズムのイタリアが第二次世界大戦で破れ、ヨーロッパの権威主義的体制は次々と消えていったが、サラザールの「新国家」はその後も長く生き残ったのである。これはサラザールが単なる政治家の枠に収まる存在ではなかったということの証でもあるだろう。

五　国民の教育者サラザール

ファシスト、独裁者などという言葉を聞くと、大群衆を前に拳を突き上げて演説を打つ軍服姿の扇動家を思い起こすかもしれない。だが、サラザールはそもそも軍人ではなかったし、できるだけ質素な背広姿で国民の前に現れ、シビリアンであることを強調した。名誉や勲章にも関心を示さず、群集の面前で派手な演説を打つこともけっしてなかった。むしろ、どこか近寄りがたい雰囲気を醸し出し、その神秘性により国民に敬意を抱かせた。諸外国の指導者たちも、サラザールの新鮮味のない思想には魅力を感じなかったが、国民から受ける敬意の大きさには驚きと羨望の念を禁じ得なかったという。

今世紀前半の二つの世界大戦の間、経済危機を克服できない政治に対し、国民は苛立ちを募らせ、国家の在り方に関しても見解が対立した。そんな中、大土地所有者や財界人からなるエリートたちは政治的に強い国家、市場介入的な国家の可能性を再発見していった。秩序崩壊の元凶と考えられたリベラリズムの限界を悟り、彼らはあらゆるレベルで秩序を課すことができる権威主義的な国家を模索したのであった。国民生活に何よりも安定と秩序が求められた時、その回答として出てきたのが、民主主義でもファシズムでもない、「第三の道」たる「新国家」体制であった。

権威主義を求めたのはエリートだけではなかった。一般的にポルトガル人は、理性に従って行動するより、感情に浸り無力感にとらわれる傾向が見られ、また未来より過去への思いに縛られることを好み、そして権威にも弱い。諦観に支配されるメンタリティーを持つこの国民は、たとえ抑圧的であっても、安定と秩序をもたらすサラザール体制を受け入れてしまったのである。サラザールの死に際し作家ミゲル・トルガは、サラザールはポルトガル人の欠点をうまく利用したと述べたが、その言葉は正しかったといわざるをえない。

だが、サラザールが国民にもたらしたのは安定と秩序だけではなかった。その二つだけではいずれ国民に見離されてしまったかもしれない。そこで彼は国民の教育者、指導者さらに救世主として、ポルトガル国家とポルトガル民族の「偉大さ」を宣伝し続けたのであった。しかも、サラザールは一筋縄でいくような単純な人物ではなく、国民の教育者そして指導者として、独自の「方法論」と「宣伝戦略」を持っていたのである。

サラザールが行った国民教育を見る時、そこに一貫しているのは、ポルトガル人は潜在的には偉大だが、その真価を発揮するには、まずは自らが卑しく小さな存在であることを自覚し、サラザールの指示に従わなければならない、と国民に納得させることであった。そのために彼はしばしば神に言及し、自らの権力と権威を正当化しようとした。サラザールは「神意」を受け、ポルトガルを統治するリーダーであった。国民に許されるのは、観察し、討論することだけ、だが、サラザールが指導力を発揮しようとする時は、絶対的に服従しなければならなかった。個人より組織の利益を重視する、犠牲の政治を信奉したサラザールは、「国家には何も逆らわず、全て国家のために」生きるよう国民に要求したのであった。

さて、サラザリズモは反民主主義、反リベラル、反議会政治を特徴とし、その意味で、混乱を極めた第一共和制に対するアンチテーゼという側面があったのだが、この二つの体制の教育政策にはひとつの共通点が見られた。すなわち、教育において知識を広く国民に提供するというよりは、精神面そして道徳面を特に強調したのである。共和制時代には「新しい人間」の形成が求められ、サラザールの時代には、アルファベットを教えることさえ軽視され、「精神を形作る」ことの方が教育においてより重視された。つまり教育そのものより「教化」が目的とされたのである（余談だが、ポルトガルの政治家は「新しい人間」を作のが好きらしく、「四月二五日革命」後の共産党も「新しい人間」を作ろうとしたし、EC加盟後の社会民主党政権も「新しい人間」を作ろうとした。ここにポルトガル人の自虐性を見ることができるだろう）。

一九三〇年代から七四年まで、教育政策には国家の権威主義的な姿勢が色濃く反映され、道徳・宗教教育が重視され、社会に順応させることに主眼がおかれた。大切なのは知識の伝達ではなく、意識の形成であったのだ。サラザール時代の基本的な認識は、教師は精神の鋳型製作者であり、新しい世代の彫刻家なのであった。まさにパターナリズムである。そして何よりも、知識の伝達の軽視がはっきりと表れたのが、義務教育の期間を五年間から三年間へと短縮させた教育政策の変更である。社会の秩序と安定を第一目標としたサラザリズモにとり、教育の普及による社会移動は危険な兆候だったのである。

六　サラザリズモのレトリックとトリック

サラザリズモの国民教育は学校を介してだけ行われたわけではなかった。それはサラザールの「声」によっても実施されたのである。アカデミズムの世界の人間だったからというよりは、彼自身のパーソナリティーによるのだろうが、サラザールは他のポルトガルの政治家によくありがちなレトリック過剰の言葉遣いで大衆相手に演説することを嫌った（一九八六年から九六年まで大統領を二期つとめ、国民からつねに敬愛されたマリオ・ソアレスが演説を得意としていたのとは正反対である）。そもそもサラザールはポルトガル人には稀有な人間性の持ち主で、粘りがあり、原則に忠実で、長期的な視野に立って物事を考えることができる人物であった。そして、目立つことを嫌ったサラザールは言葉もけっして飾らなかった。逆に、彼はいつも記述的な乾いた文章を淡淡とした口調で読み上げるに止めたのである。サラザールの演説の特徴は、国民の魂を揺さぶるために、敢えて理性的で冷めた表現を好むというところにあった。

だが、サラザールのこうしたレトリックを排除したレトリックの効果は、実は十分に計算し尽くされたものだった。所詮アジ演説とは制度化された言葉にすぎず、時間が過ぎれば、意味を失い、人の心に何も残さない言葉にしかならないものである。大声で語られる言葉ほど信頼できないのである。一方、語りかけられる演説とは異なり、ただ読み上げられるだけのサラザールの演説は、教育のない国民にも理解しやすく、説得力に富み、しかも影響力が長続きするものであった。サラザールはポルトガル人には教育はなくとも物事の本質は理解できることを知っていた。彼の言葉は国民の心の奥深くまで浸透していったのである。よくポルトガル人はセンチメンタリストであり、「考える」より「感じる」ことに向いた国民だといわれるが、サラザールの国民教育は、その感受性に訴え、ポルトガル人の心の奥底で眠らされたままになっていた「ポルトガル精神」を覚醒させようとしたのであった。

そこで、サラザールは国民に向かい、ポルトガルという国とポルトガル人という民族の「偉大さ」を様々な手段を使って訴えることにした。例えば、サラザール政権は、ポルトガルの歴史上の偉人、重大な出来事を記念する行事を何度も繰り返し、中でも、一一四三年のポルトガル建国、一六四〇年のスペインからの独立回復、この二つの記念すべき年号のそれぞれ八〇〇周年、三〇〇周年を祝うために一九四〇年七月から一二月まで開催された「ポルトガル世界博覧会」は、過去の神話により現在を正当化するという意味で際立った催しであった。サラザールは、国家の名の下に、集団的な記憶を再確認する行事、記念日を大いに利用したのである。

サラザールの国民心理の操作の中できわめて象徴的なものとして、国家宣伝庁により製作された、「ポルトガルは小国ではない」という、一見単純だが実は意味深長な言葉が記されたヨーロッパの地図を指摘することができるだろう。中央ヨーロッパと西ヨーロッパの領域にすっぽりと、当時はポルトガル領であったアンゴラとモザンビークを収め、ポルトガルはこんなにも大きい国なのだと国民に納得させようとしていたのである（昨年メディアを賑わした東ティモールはスペインの一端をぽつんと占めていた）。サラザリズモにとり、地図は現実の科学的抽象化などではなく、国民の想像力を掻きたてるための（そして国民を騙すための）道具でもあったのだ。サラザール時代、アフリカに植民地を五つ所有することは、ポルトガルの「偉大さ」を国民に納得させるためだったといっても過言ではないかもしれない。かつてポルトガルでは、コロニアリズム（植民地主義）はけっして悪などではなく、ナショナリズムと同義語だったのである。

しかし、その地図には言葉のレトリックと図柄のトリックが隠されていた。まず、「ポルトガルは偉大である」というもっと勇ましく率直な表現が使われていないのは何故だろうか。「ポルトガルは小国ではない」と国民に訴えるということは、国民がポルトガルは小国だと思い込んでいるからである。そして、言外で、その思い込みは正しいといっているのだ。だが、指導者（＝サラザール）の言うことを従えば、ポルトガルは「小国ではない」国になれるといっているのである。また、そもそも、その地図は、視点を変えれば、ポルトガルの小ささもよく表わしている。もしポルトガルを中心にして見れば、アンゴラとモザンビークという広大な植民地を抱えるポルトガルは偉大な国に見えるだろう。だが逆に、アンゴラとモザンビークに焦点を合わせれれば、ポルトガルは本当に小国である。植民地よりずっと小さな本国なのであった。ポルトガルの「偉大さ」はその「卑小さ」と裏表であり、その差は紙一重なのであった。だからこそ、「四月二五日革命」後、アフリカの植民地を失ったとき、ポルトガル人は、ポルトガルは小国に過ぎなかったのだ、というコンプレックスに苦しめられることになったのである。

サラザールの狡猾さとは、このように、ありのままのポルトガルとポルトガル人は「偉大」だとは単純に考えさせなかったことである。彼によれば、ポルトガルとポルトガル人は潜在的に偉大ではあるが、その本来の偉大さを発揮するには他の誰かの助力が必要なのであった。潜在力はありながら国難に陥っているポルトガルを救う救世主（メシア）が現れなければならなかった。そして、その救世主とは、もちろんサラザール自身であったのだ。

しかも、サラザールはそのままの自分を救世主としてアピールするほど無策な政治家ではなかった。彼は自身をエンリケ航海王子に喩えることを好んだが（実は二人とも国外を殆ど旅していない。特にサラザールはヨーロッパ諸国だけを訪れ、アフリカとアジアの土地を自らの足で踏むことは一度もなかった）、ポルトガル国民の深層心理に今も生きるセバスティアニズモを利用した。セバスティアニズモとは、一五七八年モロッコのアルカッセル・キビルの戦いで行方不明となったポルトガル王セバスティアンの帰還を信じるメシア的な信仰のことであるが、王は「待ち望まれる者」であり「姿を見せない者」なのである。

サラザールは、自らをセバスティアン王になぞらえ、国民から「待ち望まれる者」であると見せようとし、同時に「不可視」の支配者であろうともしたのであった。フェルナンド・ペソアの詩にもあるように、彼は「目に見えぬ」存在として、「命令する口調でも、脅す口調でもなく」、「しかしまた嘲る口調でもなく」、国民を「意のままにあやつ」り、「恐怖させ」、「何者にも存在していないのを感じ」させた。サラザール体制を「独裁者のいない独裁制」とはよく言ったものである。そして、見えないからこそ、彼を誰も批判できないのであった。サラザリズモの約半世紀とは、サラザールという生身の人間ではなく、その言葉、その三音節の名前（ＳＡ・ＬＡ・ＺＡＲ）が支配したのであった。それはすでに一政治家の名前ではなく、一国の精神状態さえ表したのだった。

サラザールが自身を救世主と見立てるうえで用いた技法は、イニシエーションの儀式に喩えることができるかもしれない。つまり、サラザール登場以前のポルトガルは無秩序そしてカオス的状況にあり、秩序あふれ、尊敬される国家として再生するには一度現世から消える、すなわち死ななければならなかった。もちろん、その「死」とは生物学的なものではなく、一人ひとりが「犠牲」となることであり、各自の野心や願望を抑制することであった。サラザール時代なら、日本語の「滅私奉公」という言葉をポルトガル語に訳せば、きっと指導層から広く歓迎されたにちがいない。ポルトガル人が一度死ねば、救世主サラザールが彼らを救い、偉大なポルトガル国民として再生させるはずだったのである。

ポルトガル人は「偉大」になるためには、一度死ななければならなかった。野心、願望を抑える。つまり、サラザールの前で、卑しく小さな存在であることを示す必要があったのである。サラザールのポルトガル人へのメッセージは、「卑小たれ、さらば偉大になれる」という逆説的なものだったのだ。このようにして、サラザールはポルトガル人に「偉大」であり同時に「卑小」なメンタリティーを植え付けていったのである。サラザリズモの長命の秘訣の一つが、「卑小」なる国民は国家権力に逆らってはならない、しかも逆らわないことで「偉大」になれるという考えを植え付けることに成功したという点にあったとは言えないだろうか。

しかし、ポルトガルとポルトガル人の「偉大さ」を執拗に唱えたサラザールは、偉大なポルトガルを実現することもポルトガル人を偉大な国民にすることもなかった。サラザリズモという袋小路の先には、植民地を失い縮小されたポルトガルだけが残されたのである。

七　今もなおサラザールの影が……

筆者のポルトガル人との直接的な付き合いも、かれこれ一五年を越えようとしているが、どうも二種類のポルトガル人がいるように思えてならない。それは老若とか男女とかいったものではなく、彼らの自己認識に基づくものである。すなわち、あるポルトガル人は、「ポルトガル人は偉大である」、「最高である」、「天才である」という類の、無条件のポルトガル賛美を繰り返す。別のポルトガル人は、「ポルトガル人はダメな国民である」、「何の価値もない」というような卑屈ともいえる侮蔑の言葉を繰り返す。

前者は、過去の栄光にしがみつく哀れな国民として日本人が時に辟易し時に嘲笑するポルトガル人であろうし、後者は、日本人に親しみを抱かせる、鼻の高くないヨーロッパ人としてのポルトガル人となるのだろう。ポルトガルと関わった日本人のポルトガル（人）観を耳にしていていつも思うのだが、それは蔑みか親しみかの両極端に分かれてしまう。だが、それは無理のないことのようにも思われる。なぜなら、そもそもポルトガル人の自己イメージそのものが分裂しているのだから。

ただし、ポルトガル人に関し興味深く思えるのは、矛盾する内容の言葉が、同一の人物から発せられることがあるという点である。一人ひとりのポルトガル人の中に二種類のポルトガル人が共存するかのように見えるのである。つまり、同じポルトガル人がある時はポルトガル人を過剰に賛美し、聞く者の鼻を白ませ、またある時はポルトガル人を必要以上に嘲り、自虐的な国民という印象を与えるのである。

ポルトガル人自らが描く自画像がなぜこうも矛盾したものになるのか、その答えの一端はサラザリズモにあると見なすことはできないだろうか。一九九五年に出版された『サラザール　不可視のレトリック』の中で著者ジョゼ・ジルは「(サラザールは)人々を両極端で、互いに対立する自己判断の間で揺れるように導いた。『我々は何でもない、何の価値もない』というのが一つ。それに対し『我々は最良であり、天才そして英雄である』という自己規定も植え付けたのである。だが、深層意識の核心部において、理解不能な沈黙に包まれ、この二つの見解の狭間でポルトガル人の存在は腐食されていったのである」と述べている。ポルトガル人の精神を分裂させたのが、サラザールが説いた、ポルトガル人は潜在的には偉大であるが、その本領を発揮するには卑小さを自覚しなければならない、という教えであったことは間違いないだろう。

しかし、サラザールは白紙だったポルトガル人の精神を二色で色分けしたわけではなかった。逆に、彼はすでに存在していたポルトガル人の精神の分裂をさらに深め、国民心理の把握、利用に活かしたのであった。そして、その分裂とは、ポルトガルの建国の歴史と同じくらい古いといわれる、「大西洋主義」と「ヨーロッパ主義」の分裂であろう。

「大西洋主義」と「ヨーロッパ主義」の分裂とは、ポルトガルの地政学的な位置、その「周縁性」に由来する。ユーラシア大陸の最西端に位置するポルトガルは、キリスト教、ローマ文明、その地理上の位置という意味ではヨーロッパであるが、大航海時代以降、南米とアフリカに植民地を長く維持してきたという意味では大西洋国家である。ヨーロッパ国家なのか、大西洋国家なのかという議論は、常にポルトガル人の心を揺さ振り続けてきたのである。

注目すべきは、この「揺れ」が「卑小さ」と「偉大さ」の揺れでもあるということである。つまり、フランス、ドイツ、イギリスなどの先進ヨーロッパ諸国に対しては、ポルトガル人は常にコンプレックスを抱き、「卑小さ」を意識してきたのであり、一方、ブラジルやポルトガル語公用語圏アフリカ諸国に対してはかつての支配者としての傲慢さが今もどこか残り、宗主国であったという記憶は彼らの「偉大さ」の証なのである。すでに見たが、アンゴラとモザンビークの地図をヨーロッパの地図に重ね合わせ「ポルトガルは小国ではない」と言ったのは、ポルトガル人にとり「偉大さ」と「卑小さ」がコインの裏表のように切り離せない資質であることをよく表わしている。サラザールはこの相反し分裂するメンタリティーを利用し、ポルトガル人の精神を操ったのだ。彼はただの財政学者ではなかったのである。

サラザール体制に終止符を打った一九七四年の「四月二五日革命」は、ポルトガルを大西洋世界から引き離し、社会全体のヨーロッパ化を推し進めることとなった。八六年のEC（現EU）加盟はそのプロセスを一層加速化することになった。「革命」後のポルトガルはヨーロッパ主義者優勢の時代なのである。それは生っ粋のヨーロッパ主義者マリオ・ソアレスが「革命」後のポルトガル政治を総体的に支配してきた点にはっきりと見て取れる。また、イギリス・アメリカとの関係を重視した「大西洋主義者」カバコ・シルバ元首相のソアレスに対する政治的敗北にもそれを見ることができるだろう。

だが、ポルトガル人がよく使う表現「ヨーロッパと我々」が物語るように、ポルトガル人はヨーロッパ人に完全になりきることはできない。ヨーロッパが近づいてくる時、あるいはそこに接近する時、必ず大西洋からの揺り戻しがポルトガルを襲う。例えば、一九九六年七月に創設された、ポルトガル、ブラジルそしてポルトガル語公用語圏アフリカ諸国から成る「ポルトガル語諸国共同体（CPLP）」は、EUの裏返しのような国家集合体であり、ポルトガルはその中でリーダーシップを取ることを意図している。また、九八年の「リスボン海洋博」にも大西洋世界での偉業を懐古するような傾向が見受けられたのである。ポルトガル人は、「卑小さ」を感じざるをえないヨーロッパだけを自らの安住の地とすることができない。どうしても、精神的な優越感を与えてくれる大西洋を求めてしまう。分裂した自己認識を持つポルトガル人は今もなお、ヨーロッパにも大西洋世界にも安定した地位を築くことができないままでいるのである。

サラザールが死して三〇年になる。サラザール体制に終止符が打たれすでに二五年が経った。しかし、不可視であるがゆえに、どこにでもいたサラザールはポルトガル人の心の中に今もいるのではなかろうか。誰にも頼らず、国民に対してのみ言葉を発したサラザールの言葉による呪縛からポルトガル人はまだ解かれてはいないのではないだろうか。通貨としての「ユーロ」、サッカーの「ユーロ二〇〇四」（二〇〇四年ヨーロッパ選手権）開催、全てが「ユーロ」一色となる昨今、ポルトガル社会に見られるその一語へのこだわりは、サラザリズモという執拗な桎梏を振り切ろうとする無意識の足掻きのようにさえ思えてくるのだ。

ポルトガル人の精神を分裂させたサラザリズモの遺産は、今もなおポルトガル社会に影を落とし続けている。そう、ポルトガル人はサラザールが落とす影の中を今も生きているのだ。

市之瀬敦（いちのせ・あつし）一九六一年生まれ。上智大学外国語学部ポルトガル語学科助教授。著書に『クレオールな風にのって――ギニア・ビザウへの旅』（社会評論社）などがある。

【書斎の煌き】

呉人渡来製作説の波紋

藤田友治著『三角縁神獣鏡――その謎を解明する』

室伏志畔

本書は『好太王碑論争の解明』（新泉社）以来、『天皇陵を発掘せよ』（三一書房）ほか多くの共著を組織してきた藤田友治の久々の主著である。

四畳半に伏して、忘れられた世の観念に形を与え、影を組織する以外に何の楽しみも失った私などから見れば、運動家として市井の研究会を組織し共著を発表し続けている藤田の活動は、今生を捨て難く悪あがきする悪鬼の所業にも見えるが、本人は至って本気なのは人の温もりを求める藤田の業なのであろうか。私は意地悪だから「共著より主著だぜ」と昨年から呪文をかけ続けたところ、霊験たちまちに結果し、一年余りして本書とこれに続く姉妹書『前方後円墳―その起源を解明する』（ミネルヴァ書房）をもって藤田は応えたのである。その凄腕に敬服しながら、いささか体を痛めさせたのではとしきりと心配するこの頃である。

本書は邪馬台国・大和説の最後の牙城となっている三角縁神獣鏡を卑弥呼の鏡とする、いわゆる富岡謙蔵から梅原末治へ、そして小林行雄に受け継がれた魏鏡説（後藤守一・樋口隆康・田中琢・近藤喬一・岡村秀典）に始まり、魏以外の中国鏡説（三木太郎・高坂好・白崎昭一郎）、国内外の国産説（覚峰・森浩一・松本清張・古田武彦・奥野正男・王仲殊・陳舜臣）の懇切な紹介とその説の背景な及ぶ検討をした第Ⅰ部に続き、第Ⅱ部で椿井大塚山古墳出土鏡と黒塚古墳出土鏡及び日本出土の紀年銘鏡の全面の銘文の検討を行い、独自の解釈を加えることによって、最後に三角縁神獣鏡についての藤田の結論を置いた手間暇かけた労作である。

これによって七〇年近くに亙って行われた三角縁神獣鏡についての全面的な論と実物についての検討が初

めて成ったわけであって、藤田説の是非に拘わらず、三角縁神獣鏡といわず鏡論を検討する場合、この書を外して行うことはありえないのである。

藤田は三角縁神獣鏡について、先行説と鏡の全面の検討を踏まえ、五点にまとめているが、それをさらに簡潔にまとめると、

①三角縁神獣鏡は中国本土から一面も出土しないから中国鏡ではない。

②卑弥呼は魏より百枚の鏡をもらったとあるが、すでに五百枚以上の出土を見ている三角縁神獣鏡は卑弥呼の鏡ではなく、その大きさから見て日中の用途には違いがある。

③三角縁神獣鏡には日本独自の傘松文様があり、化粧具ではなく、葬送用具である。

④中国ではありえない「景初四年」の年号から見て、中国製作ではない。

⑤三角縁神獣鏡の銘文の中に、呉の鏡製作者が、青銅をもって海東（倭国）に亡命した記述が読み取れる。

ここから藤田は「呉の工匠が日本に亡命してきて、倭国の地で国産品を製作した」とし、その渡来ルートを稲の道に求め、中国・朝鮮のルートでも柳田國男の島伝いの「海上の道」でもなく、華中（呉）からの海上ルートであるとする。そして『史記』の徐福が海中の三神山（蓬来・方丈・瀛州）に不死の薬を求めたのを引き継ぐように、『三国史』の呉書、黄龍二年（二三〇年）の条に「将軍の衛温と諸葛直とを派遣し、武装兵一万を率いて海を渡り、夷州と亶州とを捜させた」が、亶州を捜しあぐね「夷州から数千人の住民を連れ帰っただけであった」という記事を拾う。

この往還一万人と数千人との差こそ、近畿を中心とする日本に亡命した呉人の技術者集団を語るものであり、彼らのもたらしたハイテク技術によって三角縁神獣鏡と前方後円墳（壺形古墳）の形成は可能になったのだと藤田はいう。

換言するならこれは、これまでの「大和朝廷による全国統一の証拠」を否定し、不老不死の思想に基づく日中合作の新興宗教による日本の文化制覇という瞠目すべき新しい視点の提示なのである。それはまた邪馬台国大和説に最後の引導をくれるものであったともいえよう。

さてその上で、いくつかの愚見を呈すなら、三角縁

神獣鏡は化粧用具ではなく葬送用具とするが、それは、黒塚古墳でいえば剣と共に頭部に添えられた画文帯神獣鏡にこそふさわしくあっても、三角縁神獣鏡は遺体を照らす発光用具という利器としての一面を見落としてはいないか。これを強調するのは、藤田に至るこれまでの鏡研究は裏面に対する蘊蓄は聞けても、表面の研究が皆無だからである。

現在までに発見を見た古代鏡とよく磨き上げて検証するなら、鏡が発火用にも戦争や陸・海交通における光通信と古代のハイテク用具として日鉾とも日槍と記録され、生産用具にも用いられていたであろうと指摘したのは下里正樹である。勝れて実用的な利器であったからこそ「宝」として珍重され、葬送にも用いられたので、単に葬送用具としてのみ所蔵されたとは私には思えないのである。

また藤田はこの本の中で毎日新聞が黒塚古墳から出土した三角縁神獣鏡をいち早く『卑弥呼の鏡』として持て囃し、朝日新聞が「今回の調査で邪馬台国と大和朝廷をつなぐ確かな資料が加わった」という太鼓を打ち、またその発掘責任者・河上邦彦が「私は、日本の考古学の研究者で邪馬台国に一番近いのは自分だ、と自負している」との言葉を拾っている。わたしは戦時中、大新聞がこぞって日本の戦いを「聖戦」と媚び、「天皇の辺にこそ死なめ」と競った皇軍兵士の姿を見る思いでこれを読んだが、はからずも今日における日本の知識人の見事な戯画となっているのが印象的であった。

しかし有り体に言えば、私は藤田によって日本スコラ学を見学させてもらっている思いでこの本を少し苦痛の思いで読んだ。藤田の中には先人の研究に対する特別な尊敬の念があり、それがこうしたひとつも落とすまいとする網羅的な研究を可能にしたのであろうが、その優しい付き合いは時として藤田を消耗させているように思えてならない。中世のスコラ哲学が神学の僕であったように、日本の古代学としての官学は天皇制の僕であり、それは今日、先験的な「悠久の大和」史観としてそそり立っており、その土台に対する壊疑なき古代学は来るべき時の到来と共に、再び顧みられることのないスコラ学として捨て去られることを私は疑わない。

それと共に、文献史学が魏書は読んでも呉書を読まないというのはやはり怠慢でしかない。蜀書にはとても手が及ばなかったのでといった言い訳は、御免蒙りたいものである。
最後に、この三世紀の半ばに呉人の集団を受け入れた組織とは一体、何であったかについて藤田に聞いてみたい思いが私にはある。七世紀の後半、天武を大和飛鳥に招いたのは思いもせぬ物部一族であったことをわたしは壬申の乱後の死後功賞を検討することによって『大和の向こう側』（五月書房）で明らかにしたが、約四世紀の彼方からの藤田の足音は私に近づいてくるのであろうか、それとも免れて行くのであろうか、期して見守りたいと思う。

〔室伏志畔〕 一九四三年生まれ、現在、高校で教鞭を取る。文学・思想・歴史方面についてその幻想表出から独自の分析を展開、実証史学に対し幻想史学を提唱する。
著書に「天皇制の向こう側シリーズ」として『伊勢神宮の向こう側』（三一書房）、『法隆寺の向こう側』（三一書房）、『大和の向こう側』（五月書房）があり、今秋、それに続く『万葉集の向こう側』（五月書房）が上梓される。共著に『知識人の天皇観』、『知識人の宗教観』（三一書房）があり、香椎幻州の名で『野村阪神の球運を占う』（葉文館）がある。

【クレオールな旅立ち】第二回

海を越えたクレオール　アメリカ東海岸

市之瀬敦

はじめに

クレオール語を雑草に喩える研究者がいる。つまり、雑草に似て、クレオール語も素早く広がり、そして土壌が悪くともしっかりと成長するというのである。しかも、最初は悪いイメージしか抱かれなくとも、クレオール語は後に貴重な言語として研究され、擁護されるようになることもある。こうした点で、雑草と似ているというのである。

なかなか面白い比喩ではないかと思う。ならば私は、失礼を承知の上で、クレオールの人々を、やはり雑草に喩えてみたい誘惑に駆られる。

例えば、カボ・ベルデ人である。大西洋に浮かぶ島国カボ・ベルデ共和国は、アフリカの最西端であると同時に、アンティル諸島の最東端であるとも言われる。ポルトガル人とアフリカ人の混血が国民のおよそ七割を占め、言語もクレオール語が全国民によって話され、文化もポルトガルとアフリカが融合している。カボ・ベルデ人こそ、クレオールと呼ばれるに相応しいだろう。

カボ・ベルデ人が誕生したのは、大陸からアフリカ人を連れて来たポルトガル人が入植するまで無人島だったカボ・ベルデ諸島の南部ソタベント諸島であり、その後カボ・ベルデ人の生活圏は北部の島々へと広がっていった。カボ・ベルデ人は首都プライアがあるサンティアゴ島を基点とし、次々と他の島へと拡散していったのである。ただし、火山の多いカボ・ベルデ諸島の土壌はけっして農業に適したものではなく、かつてはむしろ奴隷貿易の中継点として栄えたのであった。

しかも、カボ・ベルデ人は世界地図上に撒かれた芥子粒くらいの島々を満たすだけでは満足しなかった。かつては世界の海を航海し、その後は世界中に移民を送り出したポルトガル人が大西洋の小さな島々に生み出した社会では、ポルトガルと同じく、強い遠心力が働き続け、住民たちを外部の世界へと押し出してきたのである。「クレオール」に加工されてからすぐにまた西アフリカ側へと送り返された者もいた。植民地時代、便利な労働者として他のポルトガル領植民地へと送り込まれた者もいた。一九七五年の独立後、ヨーロッパ諸国にチャンスを求めた者もいる。大西洋上の長い船旅を経て、アメリカ合衆国へと渡ったカボ・ベルデ人もいる（現在はボストンとの間に直行便がある）。そして、世界に広がった彼らは、それぞれの行き先で数多くの困難を乗り越え、地位を築き上げていったのである。雑草の強さと粘りを持って……

長い海外への移民の歴史の中で、一九世紀前半に始まるカボ・ベルデ人のアメリカ移住はまず、捕鯨船の乗組員となった青年が東海岸に定住したことから始まる。当時、カボ・ベルデ人がアメリカの捕鯨船にとりどれだけ重要だったかは、メルヴィルの『白鯨』に出てくる銛打ちがカボ・ベルデ人であることからも推測できる。カボ・ベルデは雨が少なく、干ばつによる飢餓に何度も襲われ、移民を余儀なくされてきたのだが、一度その扉が開かれると、鎖につながれていたかのように、カボ・ベルデ人は次々とアメリカ大陸へと引き寄せられていった。旧宗主国ポルトガルより早く、アメリカはカボ・ベルデ人にとり格好の移民先となったのである。

そして現在、アメリカ全体では、およそ三〇万人のカボ・ベルデ人が暮らしているという。本国の人口が四〇万ほどであることを思えば、きわめて大きな数字である。

東海岸のカボ・ベルデ人

ロード・アイランド州プロヴィデンス。アメリカ好きの日本人なら、ニューヨーク州南東のロング・アイランドは知っているだろう。けれども、東海岸の小さな州ロード・アイランドはどうだろうか。知らない人がかなりいそうである。したがって、その州都プロヴィデンスも、あまり知られない都市名であろう。「神の摂理」、素晴らしい意味の名を持つ州都ではあるけれど。しかし、小さな州の州都だけあって、私が降り立った空港もきわめて小さかった。人口は二〇万もいないのだ、見栄で大空港を建ててみてもしかたがない。

プロヴィデンスには、ブラウン大学というアメリカを代表する名門校がある。しかし、私が訪ねようと思ってきたのはロード・アイランド・カレッジ（RIC）という日本ではまったく名を知られない単科大学である。RICには、独立二〇周年を記念して九三年にギニア・ビサウ共和国で開かれた国際会議で知り合ったアフリカ研究者リチャード・ロバン教授がおり、彼の助けを借りておよそ一ヶ月間、ロード・アイランド州にいるカボ・ベルデ移民と接触するというのが旅の主な目的であった。それまで私はアメリカを訪れたことは一度もなく、いきなりプロヴィデンスに行くというのは日本人としてはきわめて珍しい部類の人間だろう。乗り継ぎをしたシカゴ空港で、警官からしつこく旅の目的などを訊ねられたのも仕方がなかったと思う。

これと言った観光名所もないプロヴィデンスにはホテルの数もあまりなく、私はホリデー・インに泊まることにした。私がプロヴィデンスに着いた時、ロバン教授はちょうどカボ・ベルデに調査に出かけていて、代わりに彼の友人であるカボ・ベルデ人オーリン・ジャクソン氏が私充てにメッセージを残してくれていた。名前から判断する限りでは、全然カボ・ベルデ人らしくない。私はどんな見掛けの人なのか想像を逞しくした。翌日、ジャクソン氏がホテルに顔を見せてくれた。インド系の父とカボ・ベルデ人の母親の混血だそうで、名前だけでなく、見かけもあまりカボ・ベルデ人らしくなかった。そういわれると、ちょっとガンジーを思わせる風貌をしているようにも見えた。プロヴィデンスの街を案内してもらうついでに聞いた話だと、ここにはいわゆるカボ・ベルデ人街というものはなく、みんなばらばらに暮らしているそうだ。これでは、もし独りで来たら、カボ・ベルデ人を見つけることじたい難しそうだ。それに比べ、イタリア人街はフェデラル・ヒル地区にはっきりとわかる形で存在するから、その辺りにもカボ・ベルデ人がアメリカで不可視の存在となっていった理由の一端がありそうだった。もっとも、カボ・ベルデ人が不可視となった一番の理由は、ホワイトでもブラックでもない彼らにとり、白黒をはっきりとさせたがるアメリカの二元的社会ではぴったりと収まる居場所がなく、それで見えなくなっていったからであるけれど。

カボ・ベルデ人はアメリカへはポルトガル人と同じような地域にやってきた。今日でも、アメリカ全体でカボ・ベルデ人がいるところにはポルトガル人を見ることが多い。東海岸から遠く離れたカリフォルニアやハワイにもポルトガル人とカボ・ベルデ人が暮らしている。したがって、カボ・ベルデ人はかつて「黒いポルトガル人」と呼ばれたこともあった。カボ・ベルデ人も自分をポルトガル人だと思いこみ（そう教育されていた）、ポルトガル人は白人だから、「私は白人である」と公言し、アメリカ人を唖然とさせた非白人のカボ・ベルデ人もいたという。

けれど、最初は同じ教会に通っていたポルトガル人とカボ・ベルデ人だが、前者がアフリカ系の人間と一緒にいると白人から蔑まれるという理由で接触を忌避し始めると、後者も自分はポルトガル人ではないという自己認識を要求されるようになっていったのである。カボ・ベルデ人とポルトガル人の関係は今も一筋縄ではいかないらしく、カボ・ベルデから戻ったロバン教授がＲＩＣから帰る車中で私にしてくれたのだが、ポルトガル人は人種差別的な感情を棄てきれないから、カボ・ベルデ人との関係がアメリカでもギクシャクしたものになってしまうのだと言う。今では、ポルトガルとカボ・ベルデが共存しているのは、カボ・ベルデ料理をいつでも出してくれるポルトガル料理店くらいなのかもしれない。

プロヴィデンスに到着してから数日経ったある日、ロバン教授やオーリン・ジャクソン氏の友人であるカボ・ベルデ人女性ビルジリアさんと話す機会があった。彼女は母親がカボ・ベルデ出身で、自身はカボ・ベルデに行ったことがないといっていた。私とは主に英語で話したが、こちらが片言のクレオール語を使うと、それに合わせてクレオール語を話してくれた。おかげで「マルチリンガル・アメリカ」を僅かだけれど実感できた。カボ・ベルデ人のアイデンティティーの問題は長い議論の対象となっているので、彼女に、あなたのアイデンティティーは何ですか、と訊ねたところ、自分はカボ・ベルデ人であり、そしてアフリカ系アメリカ人であると答えた。後者の認識は公民権運動以降と比較的新しく、カボ・ベルデ人の中にも承認しない人が今もいる。カボ・ベルデのアフリカ性を認めたくない人が、なおも存在するのだ。アフリカ系アメリカ人であるかどうかは別として、彼女のカボ・ベルデ人という意識はそうとう強いらしく、今でもカボ・ベルデに残っている親類に毎月なにがしかの米ドルを定期的に送金し続けているのだと言う。

その後、フォックス・ポイント地区の図書館で働くイボンヌさんというカボ・ベルデ人女性と会った。彼女は真っ白な肌、青い目という絵に描いたような白人であるが、自分のアイデンティティーはカボ・ベルデ人であり、そして「ブラック」なのだそうだ。ここまでくると、かなり意図的なものを感じるけれど、この場合の「ブラック」は人種概念ではなく、文化概念なのだろう。

私は最初はホテルに泊まっていたのだが、一〇日もすると、ロバン教授の紹介で知り合った女性トルーディーさんの家の居候となっていた。オーストリア出身の彼女もカボ・ベルデ人社会の研究者である。東海岸のカボ・ベルデ人社会の連絡網はかなりしっかりしているらしく、居候が始まって二、三日も経つと、ジョアンというボストン在住のカボ・ベルデ人青年が私を訪ねてくれた。彼はカボ・ベルデにおけるプロテスタンティズムの導入に関する博士論文を準備中だと言っていた。ボストンからわざわざどうも、と言うと、カボ・ベルデに関心を持ってくれる人に会うためなら何処にだって行くさ、と答え、笑った。

物腰の穏やかな青年であったが、自分の意見はしっかり持っていて、アイデンティティーについて話題が及ぶと、ビルジリアさんが自分はカボ・ベルデ人でありかつアフリカ系アメリカ人であると言う時、そこには政治的なニュアンスが感じられると言っていた。実際、アフリカなのか否かは、カボ・ベルデ本国の政府与党と野党の間で繰り広げられるイデオロギー上の対立の一因でもあるのだ。ジョアンは、自分はカボ・ベルデ系アメリカ人、いやカボ・ベルデ人なのだ、と胸を張って言った。この「カボ・ベルデ人」という一語の曖昧さを引き受け、むりやり厳密な定義を行う必要はないということなのだろう。

このように、カボ・ベルデのアイデンティティーの問題は本当に複雑で、研究者が関心を示すのも当然である。ただし、最近はカボ・ベルデ人も研究者に利用されているだけではないかと猜疑心を強め、以前とは違い、自宅に気軽に人を迎え、インタビューに応じるといったことは減ってしまったそうだ。自分の業績を上げることだけを考えていては、研究者のモラルが問われるところである。

ジョアンが暮らすボストンという街は名門大学が立ち並ぶだけあって、エリート達の顔ぶれも国際色に溢れている。その中で、カボ・ベルデ人もプレゼンスを示すために頑張っている。私はマサチューセッツ大学で教育学を講じるカボ・ベルデ女性ジョルジェットさんに会うためにプロヴィデンスからボストンまで出かけた。電話で会う約束をした時、どうやってお互いを見分けようか、という話しになった時、彼女が赤いバラの花束でも持ってきてくれる？　と冗談めかしていった。私はその手の冗談には真面目に答えることにしているので、本当に花束を持ってボストンでバスを降りると、彼女は心から喜んでくれた。ジョルジェットさんの名刺を見て面白いと思ったのは、名字のゴンサルベスの「サ」の部分がポルトガル式にヌではなく、Sで書かれていることだった。それはアメリカ人に「カ」ではなく「サ」と読ませるためらしい。私はそれも正しいと思うけれど、ポルトガル人との違いを出すためでもあるのではないかと想像してみた。勘繰りすぎだろうか。

彼女は他のカボ・ベルデ人らと協力し、東海岸地区に暮らすカボ・ベルデ人児童が学校で英語とクレオール語の二言語教育を受けられるように尽力してきた。彼らが中心となりカボ・ベルデクレオール語協会も設立され、アメリカそしてカボ・ベルデ本国におけるクレオール語の維持・発展・研究が行われている。アメリカにいるカボ・ベルデ人は経済的な援助だけでなく、文化的な支援も本国に対し行っているのである。

エルネスティーナ号で航海士気分

トルーディーとはロバン教授の紹介で知り合った。というより、私が彼の勤務先であるロード・アイランド・カレッジの図書館で資料に目を通していた時、電話でいきなり、「明日エルネスティーナに乗るから、今夜一緒にニュー・ベッドフォードに行こう」と誘ってくれたのが彼女であった。その時、私たちはまだ一面識もなかった。行動派の女性であるトルーディーは小麦色の肌をしていたが、金髪で瞳はブルー、本来は真っ白な肌をしていることを想像させた。彼女は元々オーストリア人で、イタリア移民二世の御主人との結婚をきっかけにアメリカに帰化し、ずっとこちらに暮らしているのだ。母国にいる家族はかなりのエリート一族らしく、例えばお兄さんは有名な医学者で、国際会議に出席するため、日本にも何度も行ったことがあるという。トルーディーの御主人も医者で、彼女自身もMBAを持っている。良い意味で類は友を呼んでいる一族だ。

トルーディーが日焼けしているのは、彼女が主婦であるかたわら、「船乗り」でもあるからだ。その船の名がエルネスティーナ号、一九世紀末に建造されたスクーナーである。辞書を見ると、スクーナーとは二本以上のマストを持つ縦帆式帆船のことだとある。エルネスティーナはただの古い帆船というだけでなく、特別な感慨をカボ・ベルデ人に起こさせる名である。なぜなら、エルネスティーナはカボ・ベルデ移民をアメリカに運んだ帆船のうち、最後の生き残りだからである。元々はアメリカ東海岸で使われた船なのだが、一九四八年、カボ・ベルデ人が購入し、カボ・ベルデとアメリカを結ぶために利用されたのだという。

一九世紀後半、蒸気船が活躍するようになるとスクーナーは舞台を降りていったのだが、あまり利益の上がらない路線では使われ続けたことがあった。エルネスティーナが最後に移民を運んだのは一九六五年の航海で、アメリカに暮らすカボ・ベルデ人に訊ねれば、この船で大西洋を越えた人が一人や二人必ず家族・親族にいるものである。現在は近代的な装備を施され、普段はマサチューセッツ州南東部の港市ニュー・ベッドフォードの港に停泊し、航海の体験授業や、鯨見学、海洋文化史の船上講義などに利用されている。トルーディーはそこで「航海士」でもあり、「講師」でもあるのだ。

電話を受けた日の夕食後、プロヴィデンスでバスに乗った私とトルーディーがニュー・ベッドフォードに着いたのはすでに深夜も近かった。その辺りはポルトガル人、カボ・ベルデ人移民が多く、誰もいない石畳の静かな夜道を歩いていくと、何となくポルトガルの街並みを思い出した。アメリカ＝危険という観念を刷り込まれている私が彼女に「こんな夜遅くに歩いて危険ではないのですか?」と訊ねると、「ポルトガル語とクレオール語を話す人間がこの街で危ない目に遭うわけがないでしょう」と強い口調で言い返されてしまった。確かに静寂に支配された港町には、賊の居場所などなさそうに思えた。港に停泊していたエルネスティーナに乗り込んだが、辺りが暗くて、どの程度の船なのかよくわからなかったし、船内では全員がすでに寝込んでおり、私もすぐに寝心地の悪い三段ベッドに横になるだけだった。

船の朝は、やはり早かった。六時頃周りのざわめきに起こされ、すぐに船室内の食堂での朝食となった。料理人はアフリカ系の中年男性と若い女性だったが、共にカボ・ベルデ人ではなかった。甲板に上がり、ざっと数えてみると、乗組員と私のような体験乗船者を合わせると二〇人くらいのようだった。かなりごっつい体の青年がいたり、痩せ細った老人がいたり、バラエティーに富んでいて、船上の風景はなかなか楽しい。出航準備だけでも色々な作業があり、船長が遠くの方で指示を出すのだが、はっきりとよく聞き取れないので、トルーディーの側にくっついて彼女の作業を手伝うことに専念した。とはいえ、船上の行動様式など何も知らない私にできたことなど、高が知れていたのだが。

間もなく、エルネスティーナ号は、かつての捕鯨基地ニュー・ベッドフォード港を出航した。半日かけて北上し、マサチューセッツ州のグロスターという街まで行くのである。初めて聞いた地名であった。船はケープ・コッド運河を滑るように進んだ。ケープ・コッドはカボ・ベルデ人がかつてはクランベリー農場で働いた場所である。自分がこれから働くことになる土地を初めて目にした時、移民たちはどんな感慨を抱いたのだろうか。

体験乗船者は単なるゲストではないので、実際の船員たちと同じような作業もさせられる。私も船首に立ち、何が進行方向にあるのか確認し、船尾にいる操舵手に手で習い立ての合図を送ったりもした。またその後はほんのわずかだが、操縦もさせてもらった。思いもよらず、ちょっとした船乗り気分であった。

船上には思わぬ出会いが待っている。背は私よりちょっと高いくらい、小太りで、褐色の肌をした青年が船員として忙しなく働いていた。何となく気になったので、トルーディーに聞いたのだが、やはり彼はカボ・ベルデ人であった。エルネスティーナで活動する唯一のカボ・ベルデ人であった。ずっと忙しそうで、なかなか話しかける機会がなかったのだが、ケープ・

コッド運河を出て、大西洋を北上し始めると、余裕が出来たのか、彼の方から私に話しかけてくれた。

彼はアメリカに来る前に、アンゴラやポルトガルでも暮らしたことがあるカボ・ベルデ人で、ポルトガル語とクレオール語（もちろん今は英語も）話せると言う。トルーディーから私が日本でポルトガル語を教えていると聞いてきたらしく、主にポルトガル語での話しとなったが、時々クレオール語が混ざるのが愛らしかった。エルネスティーナが航海する時は必ず乗船するが、それ以外の時は、言葉の能力を生かし通訳や翻訳の仕事をしているのだと言う。ちょっとたれぎみの目に愛敬があって、話していて楽しい若者であった。確かに、私の知るポルトガルと彼の知るポルトガルには違いがあった。アフリカ系移民がポルトガルで作った社会の本当の姿を私はまだ知らない。でも、アメリカで船に乗り、ポルトガル語やクレオール語（しかもポルトガル語の！）を使って、同じ土地にまつわるそれぞれの思い出を語り合うなんて、やはり不思議な体験だと思うし、英語にうんざりしていた私には清涼剤のようなものであった。

そのうち、辺りの人々がまた仕事に取り掛かり始めた。エルネスティーナ号の船旗を掲げる時が来たのだ。船上にいる全員で太い綱を掛け声に合わせて引っ張り、黄色に赤い縁どりをし、緑でＥＲＮＥＳＴＩＮＡと書かれた長い旗を少しずつマストの天辺まで揚げてゆくのであった。共同作業だったからなのだろうか、いやそれ以上に、旗を共に掲げるという作業を行ったからなのだろう、それまで何とはなしに私のことを怪訝そうに眺めていた白人青年が笑顔を浮かべて私を見るように態度が変わった。そして、旗とは不思議な心理効果があるようで、アメリカ海軍の艦船とすれ違った時でも、大きさでは圧倒されても、旗を見上げると、何となく誇らしげに思え、卑小感にとらわれることがなかったのである。

空の色が薄暗くなった頃、エルネスティーナはグロスターの波止場に着いた。船はさらに北上するのだが、私はプロヴィデンスで別の約束があったので、そこでみんなと別れ、電車でまずボストンまで行くことにした。グロスター駅で元ヒッピーと言った感じの痩せ細った白人男性が、何処から来たのか？　と訊ねてきたので、日本だ、と答えると、今度は、どうやって来た？　と繰り返した。船で来たんだ、と答えると、しばし考え込んでから、よくわかる、とだけ答えて立ち去っていった。私は何がよくわかったのかよくわからなかったけれど、彼が私を理解してくれたことはうれしかった。

ほどなくして、プラットフォームの片隅で青年が二人取っ組み合いの喧嘩を始めた。舞台はすぐに線路上へと変わった。様子から見て、心配そうに見つめる女性をめぐる三角関係のもつれによるもののようだった。すると、さっき私に声をかけて来た男性が仲裁に駆けつけて来た。こんな頼りない男性に喧嘩の仲裁がつとまるのかと不安になったが、熱しやすく冷めやすい二人だったのか、喧嘩はあっという間に終わってしまった。なんだ、つまんない、ちょっと不謹慎な言葉が思わず私の口から漏れた。

電車の到着を待ちながら、アメリカだな、私はそんな思いを感じていた。

アメリカのクレオール語

当たり前のことを言うようだが、人の移動は言葉の移動でもある。ボーダーレスの時代の到来を称える人々は、人が境界を越えた後に出会うことになる言語の問題を考慮したことがあるのだろうか。国境は障壁にならなくなったとしても、言葉が壁になることはまだ十分にあり得るはずである。ならば、世界中どこでも、みんなで英語を話せばいい、というのは安易すぎる発想である。金になるなら、自分の母語を棄てて別の言葉に切り替えることを厭わない人もいれば、多少の便利さを犠牲にしても、母語を大切に守りぬきたいと願う人もいるはずなのだ。

かつて、カボ・ベルデ人は外国に移民しても、自分たちの母語すなわちクレオール語を簡単には手放さず、移民先で身につける言語と並んで、それを話し続ける傾向が強い、という話を聞いたことがあった。確かに、ポルトガルにあるカボ・ベルデ人街を歩いてみると、子供たちがクレオール語を話している姿をよく目にする。そのことが学校に通い始めてからの障害になることも事実なのであろうが、私のようなクレオーリストにしてみれば、クレオール語が異国でも生きている情景を見るのは嬉しいことでもある。

ところで、アメリカのカボ・ベルデ人はクレオール語を話しているのだろうか。今回の旅の最大の関心事はそこにあった。短い旅では二〇万以上の人々を対象に言語調査を行うことなど無論できない。そこで一つのヒントになるのが、ラジオのFM放送である。主に東海岸をカバーしているポルトガル・ラジオ・クラブという放送局があるのだが、週末の午後になると、クレオール語の番組が二、三時間オン・エアされる。主にカボ・ベルデ音楽が流されるのだが、間にときどき男女二人のアナウンサーのクレオール語での語りが入る。やはりアメリカでもクレオール語放送を楽しみにしている人がいることがそれでわかる。また、合間のコマーシャルに、「〇〇法律事務所、ポルトガル語とクレオール語を話します」なんていう文句も聞かれる。生活上の複雑な問題を、英語では解決できないカボ・ベルデ人が、やはりまだいるのだろう。

確かに、プロヴィデンスやボストンで出会ったカボ・ベルデ人の中には、英語のみを話し、クレオール語を話せない人もいた。しかし、アメリカにおけるクレオール語が退潮傾向にあるとは一概には言えない。なぜなら、カボ・ベルデからの移民の流れは今も止まっておらず、クレオール語話者は常に「補充」されているからである。クレオール語の新陳代謝は絶えず行われている。正確な数は把握できないけれど、まちがいなくアメリカでもクレオール語は生き続けているのだ。

クレオール語をテーマに私が色々な人々と会っているうちに、CABO・TVというケーブル・テレビ局が私に関心を持ってくれた。その局のプロデューサーはカボ・ベルデ人でロバン教授の友人と言うこともあり、あっという間に私の番組出演が決まってしまった。CABO・TVのCABOはもちろんカボ・ベルデのそれだが、ポルトガル語のCABOにはケーブルという意味もあり、したがって、二つの言葉がかけられたなかなか洒落た会社名なのである。

三〇分番組のうち半分が、日本からきたカボ・ベルデ研究者である私のインタビューに当てられ、そのうち一〇分間はカボ・ベルデの公用語であるポルトガル語で、残りの五分はクレオール語で行われた。といっても、私はカボ・ベルデのクレオール語はあまりよくできず、かなりギニア・ビサウのクレオール語に近くなってしまったのだが、十分に通じるから心配しないようにと言うことであった。

女性アナウンサーが最後にメッセージをどうぞと言

ったので、「クレオール語はカボ・ベルデ人のアイデンティティーにとり重要な要素であり、しかもけっしてポルトガル語の方言ではありません。一つの独立した言語です」とクレオール語で答えた。彼女は最後の言葉がとても気に入ってくれたらしく、番組後も食事に誘ってくれたのだが、残念ながら、私の方に先約があり、それは実現しなかった。けれども、カボ・ベルデ人に自分の考えを評価してもらい、本当に嬉しかった。帰宅途中、ロバン教授の家に寄ると、奥さんが待っていてくれ、「TVスターの到着ね！」と言って私をからかった。私は、「この次はCNNに出るつもりです」と答えておいた。こちらも残念ながら、まだ実現していないけれど……

クレオール語に対する否定的な見解も海を越えたことは事実だろう。あるカボ・ベルデ人教育関係者と話した時、その人はアメリカにいるカボ・ベルデ人は皆ポルトガル語を話せると述べたが、実際はそんなことはなく、むしろ、その発言の背景にあるのは、ポルトガル語を上に見て、クレオール語を見下す心性なのである。しかし、一方で、ヴィルジリアさんのように、クレオール語を話すことを誇りに思うと口にする人もいる。クレオール語をポルトガル語の崩れた一方言にすぎないと蔑む人には、「もしクレオール語が言語でないなら、クレオール語しか話せなかった自分の母親は人間でないことになってしまう。なぜなら人間は言語を話すのだから」という言葉を噛み締めて欲しいものである。

数年前、カボ・ベルデ大統領がアメリカを訪問した際、カボ・ベルデ人移民とは当然のようにクレオール語で話したという。クレオール語はアメリカのカボ・ベルデ人を故郷に結びつける臍の緒のようなものなのだ。不可視の移民が話す見えない言語＝クレオール語、その生き残りは悲観論一色ではなさそうだ。

【古典の森散策】

バイブルの精神分析（その五）

やすいゆたか

序説
第一章　アダムとエバの人間論
第二章　審きの神とアブラハムの信仰
（本稿は第二章の続きです）

家族愛のトーラー

わたくしの少年時代にソ連のスプートニク一号が軌道に乗りました。宇宙時代の幕開けです。きっと近い将来に月や火星や金星に人が住み、自分たちも宇宙旅行ができるようになると信じていました。ところが科学技術の進展は遅々として進まず、不本意にもわたくしの五十年間の長屋暮らしは変わっておりません。いろいろ便利なものができていても、暮らし向きに大差はないのです。そして資本主義の不況・失業などの矛盾は相変わらず厳しいものがありますし、ソ連などの現存「社会主義」は人権無視の恐怖支配のせいで人々のやる気を引き出せず、腐敗堕落して大崩壊を遂げました。しかし世界市場の統合によって、経済のグローバル化が進み、世界は国民国家の近代から世界統合の脱近代へと大きく転換しようとしているのです。「宇宙船地球号」の乗組員の自覚を持って、環境・資源・食糧・安全保障などの人類的課題に取り組む熱い夢を息子たちの世代に持って欲しい、これは父としての若者たちへのメッセージです。

最愛の妻の子が大活躍するというのも、広い意味で「家族のトーラー」に含まれるのです。だから夫婦は心から深く愛し合って結ばれ、愛の結晶として子を作らなければならないということです。大変感動的な面もありますが、最愛の妻以外の妻の子にとっては残酷なトーラーですね。そこで釣り合いをとる意味から、偏愛への戒めのトーラーも含まれるのです。こういう

『バイブル』の教えは、夫婦の愛が冷めたらあっさり離婚するという欧米人の行動様式に無意識的に影響を与えているかもしれません。

その最大の見本がヤコブの最愛の妻ラケルの長男ヨセフの物語です。彼は父の偏愛を受けたため兄弟に憎まれ、売り飛ばされてエジプトで奴隷になりますが、神がついていて夢判断でエジプトの危機を救い、宰相に取り立てられます。そして飢饉で苦しむ家族をエジプトに迎えました。それでヘブル人（後のユダヤ人）はエジプトで繁栄して増加することになったという英雄伝なのです。ここには家族のトーラーとして親の偏愛についての戒め、兄弟愛の大切さの教訓などが盛り込まれています。そして兄弟の愛憎物語の中に神の巧智が働いて最終的にはイスラエル（神の兵士、後のユダヤ人のこと）をエジプトの中で増やし、後の出エジプト・カナン入植の大スペクタクルのお膳立てが整えられるのです。

ヨセフの物語の成立も、バビロニア捕囚以後と考えられますから、出エジプト伝説のお膳立てのために全くの作り話である可能性も大いにあります。実際ヨセフの夢占いの話は出来過ぎで、神の力の凄さを信じさせるための創作のような気がします。最近の聖書考古学ではエジプトからのユダヤ人の大量脱出は考古学的な資料から見て、あり得ないとする見解がユダヤ人の聖書考古学者の間でも有力になってきました。出エジプト説話がフィクションなら、そのお膳立てのヨセフ伝説もフィクションである可能性は強くなります。とはいえヨセフ伝説によって伝承したかったトーラーとその思想は、ユダヤ民族の歴史と共に生きつづけてきたのです。

ひれ伏す束

ヤコブは最愛の妻ラケルの息子ヨセフを偏愛しました。ヨセフが十七歳の時に、ヨセフにだけ長袖の着物を作ってやったのです。それで十人の兄たちはヨセフを憎んでつっけんどんな言い方しかできなくなったのです。

ところでヨセフはよく夢をみました。そしてその夢の話を兄達にするとよけいに憎まれたのです。だってそれが兄達には腹が立つ夢なのです。**「畑でわたしたちが束を結わえていると、いきなりわたしの束が起き上がり、まっすぐに立ったのです。すると兄さんたち**

の束が周りに集まってきて、わたしの束にひれ伏しました。」「太陽と月と十一の星がわたしにひれ伏しているのです。」いかにも家族の中でヨセフが出世して、両親や兄達がヨセフを拝むという内容です。

夢は潜在意識の中にある願いや恐れが、意識に浮上してきたものだと思われますから、生意気だと感じたのは当然です。シケムで羊を飼っている兄たちの元に父から遣わされたヨセフを、兄たちは殺して獣に食べられたことにしようと相談したのです。でもルベンが殺すのには反対して、穴に投げ込もうと提案したのです。彼はヨセフを後で救い出すつもりだったのです。ところがそこに運悪くイシマエル人（アラビヤ人の祖先）の隊商がやってきたのです。そこでユダが兄弟を殺すわけにはいかないから、ヨセフをイシマエル人に売ろうと言って、結局銀二十シケルで売ってしまったのです。兄たちはヨセフが獣に襲われたように細工して、父を騙しました。

弟を殺すとか売り飛ばすとか、なんてひどい連中なのでしょう。デナの件では町を蹂躙して大虐殺をしたばかりです。今度は弟を売り飛ばしたというわけです。ソドムの住人と大差ありませんね、これでは。これが神に選ばれたイスラエルの息子たちというのだから呆れますね。

そうなんです、でも第三者的にみれば大変身勝手きわまりなくても、そこが当のイスラエルの民にとっては大きな慰めになるところです。つまりイスラエルの民は自尊心が強くて、自分たちだけが神に選ばれていると思い込んでいます。それでもやっぱり普通の人間なんです。他の民族の民と違いはありません。まして寄留民の生活だけに、争いにも関わりがちで気性も相当荒くできていました。たくさん問題を起こすのです。だからあまり先祖の説話を敬虔で躾のよく行き届いた、優しく善良なように描いたのでは、現実の自分たちとギャップが大きく成りすぎます。それでは自分たちが神に選ばれ、守られているという確信が持てなくなります。ですからむしろ正直に描いた方が、身近に感じられていいのです。兄を騙して家督を奪ったり、怒りに任せて人を殺したりする、弟だって売り飛ばす、そういう不良として描いているのです。そういう連中だって神に選ばれ、神に守られていたんだから、われわれだって守ってくださるに違いないということになるでしょう、それが狙いです。

でもそういう考えだと、トーラーを守らなくてもいいことになっちゃって、逆効果ですね。だからそうは簡単には土地も獲得できないし、イスラエルの栄光もこないのです。神は辛抱強く何千年でもトーラーの成就を待たれるのです。

七頭の雌牛と七つの穂

さて、話を続けます。ヨセフはエジプトのファラオ（王）の侍衛長ポテバルに買い取られました。ポテバルは神がヨセフについていて、なんでもヨセフがするとうまくいくので、とうとうヨセフに家政を任せてしまいます。ところが、主人ポテバルの妻がハンサムなヨセフに目をつけて、不倫を強要しようとしたのです。ほら、据膳食わぬは男の恥なんていいますね、普通の男ならつい誘惑に負けてしまうかもしれません。

でも彼は清廉な青年でしたから、好きでもない女から迫られると気持ち悪かったのでしょう。それでね、どうしてもヨセフが拒絶するものですから、彼女は逆恨みして、ヨセフが彼女にいやらしいことをしようとしたと夫に訴えたのです。おかげで、ヨセフは王の獄屋につながれたのです。そういうの「可愛さ余って、憎さ百倍」って言います。

それでね、その獄屋で王の給仕役や料理役と一緒になりました。それで彼らの夢判断をしてあげました。その夢判断通りに給仕役は元の地位に戻され、料理役は木に吊るされたのです。給仕役はヨセフを牢から出すようにファラオにとりなす約束をしてたのに、それをすっかり忘れていて二年たってしまっていたのです。でもファラオが不思議な夢を見て、その夢判断をだれもできないで困っていたので、給仕役はやっとヨセフを思い出したのです。それでヨセフが三十歳の時、ファラオの為に夢判断をすることになったのです。

ファラオがヨセフに告げた夢の内容はこうです。肥えた七頭の雌牛が葦を食べていた後に、痩せた七頭の雌牛が登場して、元の七頭を食いつくしたという夢と、一本の茎に七つの良い穂が出ましたが、その後、痩せた七つの穂が出て元の良い穂を飲みつくしたという夢なのです。ヨセフはこの夢は、これから七年の大豊作が続いた後、七年の大凶作が続いて、備蓄がなくなってしまうというお告げだと、見事に夢を解読したのです。それでファラオに至急賢人を探し出して、エジプトを治めさせ、豊作の内に五分の一の産物を取って、備蓄しておけばなんとか凌げますと忠告してあげたのです。

ヨセフ、エジプトの実権を握る

あまりの夢判断の見事さと事の重大さにファラオは仰天しました。この事態を乗り切るには、神がついていて夢判断ができたヨセフが国政を執る以外にはないとファラオは決意したのです。ファラオは地位こそ象徴的に王位にとどまりますが、政治の実権はすべて譲るから、この危機を救ってくれるようにとヨセフに頼んだのです。こうしてヨセフは奴隷に売られましたが、夢判断のオカルト的な能力でエジプトの支配者に成り上がったのです。これは神に守られていればどんな境遇になっても、その境遇を活用して大成功を収めることができることを示しています。

まるで夢みたいな、夢のお話ですね。でも本当に未来のことが夢で分かったらいいですね。ところであなたは夢に見たとおりに現実が起こる正夢を見たことがありますか？　わたしなど最近は悪い夢をみたら、その通り悪い結果になるくらいで、いいような結果になる夢を見て、現実にも大成功したなんておめでたいことはここ数年ありませんね、残念だけど。ところでファラオの側近にユダヤ人がいて、その人が呪術や夢占いの技術を使って統治していたことはあり得るかもしれません。

このヨセフの夢判断には神がついています。神のスケジュールに従って行われたのですから、もちろん百発百中です。実際に七年の大豊作の後、七年の大飢饉が来たのです。でもエジプトはヨセフの統治のおかげでなんとか持ち堪えました。この飢饉はエジプトだけでなく、全地に広がりました。もちろんカナンにもね。

エジプトでの兄弟の再会

そこでエジプトにはまだ穀物があると聞いたヨセフの兄たちが、買い付けにやって来ます。ヨセフは兄たちとすぐ分かりますが、兄たちはヨセフのことは気付きません、だってすっかりヨセフは大人に成っていたし、立派に成って変身したものですから。さあー、複雑なのはヨセフの気持ちです。懐かしい気持ちもあるけれど、自分を殺そうとしたり、奴隷に売り飛ばした仇でもあるわけでしょう。だから昔の過ちを反省しているかどうか調べてやろうと思ったようです。

そこでヨセフは、兄たちを取り調べて、おまえたちはスパイだろうと言うのです。そしたら自分たちは十二人兄弟で末の弟はカナンに父と一緒にいます、もうひとりはいなくなりました、と素性を明かしました。じゃあその末の弟を連れてきなさい、その間、ひとりは監禁所に残りなさいと命令しました。その時、シメオンが残され、他の兄たちは穀物をたくさん買って帰りますが、支払いに渡した筈の銀の袋がそっくりあるのです。それで今度は兄たちは、泥棒の罪も背負わされると恐れました。

ところで父ヤコブは末の弟ベニヤミンも偏愛していたのです。だって彼も最愛の妻ラケルの子だったからです。だから穀物を食いつくすまでエジプトには行かせなかったのです。でも食糧がつきたので仕方なく、ベニヤミンを連れて、贈り物や倍額の銀を携えてエジプトに行くことを認めました。

するとヨセフは恐れる兄や弟を家に招いて歓待したのです。そしてたくさんの食糧と銀を与えて帰したのです。これでおしまいじゃ、兄弟や親子の名乗りをしていないから、物語になりませんね。ところでヨセフは弟を窮地に追い込んで、兄たちがどう反応するかを見て、兄たちがヨセフに対する仕打ちをどれだけ反省しているか試そうとします。銀の杯をベニヤミンの袋にいれておいて、自分の家司に捕らえさせるのです。そしてベニヤミンを罰として奴隷にするって脅すのです。そうすると兄たちにすれば、かつてはヨセフを売り飛ばして父を悲しました、その上、こんどはベニヤミンまで失うと、父は死んでしまうと思ったものですから、ユダは自分をベニヤミンの身代わりにしてくれるように頼んだのです。

兄たちが自分たちの過去の罪を反省しているのが良く分かったので、ヨセフは感極まって、自分があなたたちの兄弟のヨセフだと打ち明けます。そして兄たちが自分を奴隷に売り飛ばしたのも、自分を先にエジプトに行かせる為の神のはからいだったと、慰めてあげるのです。こうしてヨセフは一族をカナンから呼び寄せ、エジプトに住まわせたというお話なのです。これは次の「出エジプト記」の前置きになっています。

イスラエルの一族はヨセフの権威のおかげでエジプトで優遇されましたから、富み栄えて人口がどんどん増えたのです。これが後にエジプトにとって脅威と感じられました。それで圧迫されることになったのです。

ヨセフの神がかりの活躍話はとっても波瀾万丈、痛快無比という感じでおもしろいのですが、ところでこのお話、何がテーマなのでしょう。もちろん「出エジプト」説話の前置きとして作られたものかもしれないけれど、家族関係のトーラー（律法）を物語にしたものでもあるわけです。「創世記」全体がトーラーなのですから。

イスラエルには神がついているのだから、しっかり信仰して、力強く生きていけば必ず守って下さるということが最大のトーラーです。それから子に対する偏愛を戒める物語でもあります。兄弟愛の大切さと難しさを諭しているとも言えますね。また兄たちの罪は最後には露見するわけで、罪を隠しおおすことはできないというトーラーでもあります。

ヨセフのエジプト統治

ところでヨセフの統治は神がついていたにしては良心的とは言えません。飢饉を利用して、だから人に弱みにつけこんで、食糧を国民に買わせ、財産が尽きたら、家畜と食糧を引換えにし、さらに土地と食糧を引換えにするという形で、祭司を除くすべての国民から土地を取り上げて、ファラオの総奴隷化してしまうのです。そして収穫の五分の一を租税にしました。何かすごい大改革をやったって感じですね。恐ろしい男じゃないですか？

ヨセフの改革は東洋専制国家の完成と言えるかもしれません。マルクスの用語では総体的奴隷制と呼ぶのです。日本の古代でも公地公民の制に基づく班田収授の法なんて律令制度でありましたね。ともかくそれを飢饉を利用した商業的な取引で成し遂げたというのはすごい手腕です。でもこれがエジプトの人民にとって良い改革だったかどうかは大いに問題があるでしょう。それにモーセの実在性にも疑いがかかっているのですから、ヨセフやその大改革についても、エジプトの土地制度をユダヤ人の手腕の結果と思わせる為に物語に含めたということも考えられます。

「創世記」は人類の始まりの叙事詩であり、家族のトーラーでもあります。「神」と名付けられたものは愛と希望の光、固く結び合う部族の絆に他なりません。いかなる苦難をも耐え抜き、一族が生き残る道を求めていくには、時として厳しい試練を乗り越えていかなくてはならなかったのです。偶像に頼る事を拒否して、愛と団結の力をこそ頼みにすべきなのです。そうすれば常に神はリフレッシュされてイスラエルの叙事詩を奏でてくれるのです。


［やすいゆたか］一九四五年生まれ。立命館大学講師。著書に、『キリスト教とカニバリズム』（石塚正英との共著、論創社）、『歴史の危機』（三一書房）、『人間観の転換—マルクス物神性論批判—』（青弓社）など。

〔追記〕ホームページアドレスが変わりました。

http://www.geocities.co.jp/College Life-Cafe/2663

【歴史知の小径】

イロニーの脅迫——福岡発——

鯨岡勝成

はじめに

近代のうねりがようやくにして日本に届き、やにわに日本の身体を席捲していくその時、貫かれる近代化にいかにして立ち向かうかという問いは、さながらアクエリアンエイジを生きる世紀末においてややボケ気味のきらいはあるが、「人生」という符牒の更新にまとわりつく現在をもってしてもある人間とある生の軌跡が慮られるということはあるだろう。より普遍にそして特殊にとなぞるものでもないのに紀伝体という手法は、モノローグの後先で道連れている。美学といわなくてもいい。醜悪なるモノのそばにはいつでも清冽で甘美な叙情がつきそっているのだから。しかしこうした叙情の発露を見事に回避する術はないのかとも考えてしまう。それはおそらく〈イロニー〉と〈脅迫〉とでしかないのであるが、日本近代の黎明に産まれた民俗学をしてリアクションとするのは王道であり、また日本の大正文学の漠たる不安に象られる内応の世界も真であったのだろう。

かびすましさでは威勢をはらうかのような九州のパフォーマンスはことに近年目立つものなのであろうか。芸能人の多出に国立博物館から野球球団にサッカークラブチームを抱え、下関を越えんとする気持ちは沖縄同様のものがある。彼らは中央に入り込むことができると固く信じ込んでいるようだ。辺境と中央の二重性を持つ九州は歴史上大和と対の関係ということになろうか。源平から南北朝と西南戦争と九州へ落ち延びるモノタチは一度ならず成功の札をつかんでいるのが気にかかる。一方東国では平将門から鎌倉・江戸という京都から離れる姿勢が見受けられるのだ。東北に落ち延びるものは、やはり内向的に過ぎるのだろうか。南島文化論の土壌が推し量れそうだ。それほどにも遠い陸奥は東国の果てにある。

一 博多の大日蓮銅像

そんな東北の太平洋側に住む筆者が初めて一九九九年九州の地を踏んだ。わずかばかりの滞在であったが、福岡市東公園に立つ大日蓮像を実見するためである。何故に日蓮（一二二二～一二八二）なのか。この九州の中心地に日蓮が獅子吼する姿は、元寇退散の祈祷をなしたといわれる日蓮が日本海を向いているのだ。旭日に題目を高唱する日蓮は元寇退散のバックボーンとして近代日本の大陸進出の象徴にされたというわけである。九州の地を一度も踏むことがなかったばかりか、日蓮の元軍調伏の確たる証拠はないものの、この大日蓮像の側にある元寇資料館には日蓮真筆と伝えられる退散曼荼羅が保存されている。実際に元軍の退散祈祷をしたのは真言律宗の叡尊（一二〇一～九〇）と忍性（一二一七～一三〇三）であり、日蓮宗において九州布教を成し遂げたのは鍋冠日親（一四〇七～八八）は、中山門流より破門されたほどのラディカルな人物は諫暁行の伝統をひく人物であった。日蓮宗の祈祷を中心とする火を使わない密教体系は不可分であるも、諫暁の方が中世日蓮宗の戦略であったし、個人にかかわる行でもあったのだろう。

しかしこの福岡の大日蓮像は異様である。あまたの日蓮像よりも巨大でフォルムがなによりも他のものと違うのである。大抵の日蓮像は若々しい青年僧の姿が取られるのが普通であるが、祈祷によって蒙古軍を撃退したと一説に伝えられる日蓮の晩年をこの銅像は、鈍重にして堅固な黒光りする日蓮が、不動の体で目を細めているのであり、守護神としてこれほど大きな像があるものかと想像してしまう。高さ一一・五五メートル、「立正安国論」と配された台座も一一・五五メートルと全長二三・一メートルもの巨大なものである。しかしいかにして大日蓮銅像がここ九州は博多に出現することになったのだろうか。

この銅像の正式名称は日蓮聖人銅像であり、福岡市博多区東公園内にあり、福岡県庁のそばである。日蓮聖人銅像護持教会の管理の下、元寇資料館も併設されていて、同公園の中央部には亀山上皇像が立っている。

この亀山上皇（一二四二〜一三〇五）はおそらく日蓮宗とはさほどかかわりはないものと思われるが、上皇は元寇の折伊勢神宮に追御難を祈願した天皇として記憶されている。つまりは国難に対して二人の英雄が近代に入り、祭り上げられたというわけである。折りしも突きつけられた近代化を選びざるをえない明治政府の方針は、藩閥政治と殖産興業による富国強兵政策をとり、急激な西欧化をもって対峙していこうとしたが、西洋からの輸入であるキリスト教思想から自由民権運動に浄土真宗を母体とする精神主義さらには国体と仏教を結びつける日蓮主義の台頭が近代のリアクションとして展開される。どの運動をとってみても近代を引き受けなければならない日本人のジレンマに満ちた試みであったが、どの運動にしても民間の勢力として特筆に価するのではなかろうか。お仕着せの近代に抗うには自らが脅迫とイロニーの間を交錯していかねばならなかった。

この中で最後に登場するのが、近代日蓮主義である。日蓮門徒の気勢は近世においても衰えることがなく、とりわけ町民層に傑物を輩出してきたし、朱子学・陽明学さらには国学の浸透にたいしても仏主神従の法華神道をもって対処してきた歴史があり、江戸時代に発達していた。しかし幕末の機運はついには大政奉還にいたり、廃仏毀釈の嵐に仏教界はさらされることになる。これにいち早く呼応したのが浄土真宗であった。また日蓮宗もこの機会を逃さなかったのである。というのも日蓮宗は、受難・迫害の歴史をキリスト教同様に持ち、最も危険視された仏教宗派であり、町民層に強い日蓮宗は、浄土真宗ほどの拡がりを見せていなかった。しかしながら本山が甲斐の身延山と江戸に近いことから、信者を江戸に拡大させていたのであろう。にわかに「南無妙法蓮華経」の集団は、幕府の権力が失墜し、世情が乱れてくると活況を呈してきた。深見要言や小川泰堂らの法華の啓蒙家が活躍し、明治新政府へと時代が移ろい帝都が東京という段になってはますます日蓮門徒は自由を得たようだ。その中心にいたのが田中智学（一八六一〜一九三九）その人である。近代日蓮主義の創始者にして、天皇即国体と日蓮即日本膨張論を直結させた田中は東京に生を受け、日蓮宗の僧侶となるも還俗し、昭和の軍国主義のバックボーン的存在である「国柱会」を大正三年（一九一四）に発足させている。いわば日蓮主義とは在家運動であり、高山樗牛に宮沢賢治、北一輝と石原莞爾と文・軍とかたよりつつも行動家をひきつけてきたのである。

さて福岡の大日蓮像に戻れば、この銅そばに田中智学が絡んでいる石碑がある。ちなみに福島県いわき市の勿来の関後に立つ源義家像の隅に智学の影がまといつき、(1)おそらく博多の大日蓮像にも少なからず関わったことであろう。銅像の発願は当時の日蓮宗の傑僧とされる佐野日管。発起は明治二一年(一八八八)起工式は同二五年、序幕式が同三四年と実に一四年もの歳月をかけて銅像が完成される。鋳造には全国の信徒から古鏡が奉納されたものだという。(2)日管と智学の関係は明らかではないが、九州という最も日蓮宗と縁の浅い場所でこれほどの大事業を支える情熱とはなにか。まさしく日蓮の情熱を近代日本への便乗ということで押し上げる日蓮主義者の一世を風靡し、遅れてきた宗派の情念の放出であったのだろうし、近世このかたまで仏教界の新勢力にして最小勢力の日蓮宗の面目を一気に取り戻そうとするものであったことは間違いない。征韓論以来日本の近代にとって必然とされた海外膨張論・植民地確保の選択に乗じて「立正安国」は海を睨んで他を睥睨するのだ。

おもえば国家神道を軸とする皇民政策を進め、海外派兵を任務とする日本近代の歴史は、仏教界においては酷なはなしであった。国家という江戸幕府に替わるものに忠誠を示さなければならなかった。それは旧来の朝廷と結びついていた仏教宗派にとってもまた鎌倉仏教宗派でもおなじものであったろう。とくに後者の宗派では江戸幕府に気にせず宗祖の大師号を皇室に求めることができるようになった。明治九年(一八七六)親鸞が見真大師に、同一一年には道元が承陽大師号を勅せられた。しかし日蓮は大正一一年(一九二二)にようやく立正大師の号を賜ることができた。この遅れてきた宗派は、激烈に近代へと飛び込まなければならなかったし、政府の大陸政策や皇民化の道を必然に選び取ったともいえる。もとより法華神道という伝統があり、これを転倒させ拡大解釈させることによって大衆化せんとする戦略は、神道との妥協から国体への進展にまで達するのだ。一度たりとも歴史の中央部にいたことのない日蓮宗は近代日蓮主義という仮面をつけて昭和の暗い時代を席巻し、それ以前に多くの門徒たちによって幕末・明治からの努力の結晶であったことがわかる。

そのシンボルに博多の大日蓮像が位置するというわけだ。亀山上皇とのセットはまさに皇国史観と日蓮を組み合わせたオリジナルな発想であり、近代における強烈な習合化は、国士的気風を今なお残す九州という素地が、日蓮の仏主神従という信念を曲げてあるいはかえって皇国史観を使って日蓮を法華経をさらに広めたのである。日蓮を標榜しながらも日蓮をはみだしていく時代精神は曲解とはいいきれない。ともかくも日蓮は近代日本の拡張政策を補完し、皇国たる日本の守護なぜなら思想なり行動なりがドグマを抱えこんで表出する場を求めるのは自然の流れであり、表出を求めない思想・行動とはいかなるものか。神とされたのである。また宮崎市の県立平和公園には、高さ三六・四メートルの巨大な石塔が立っていて、「八紘一宇」の文字が刻まれている。(3)この悪名高きスローガンは田中智学の造語であった。通称「平和の塔」、昭和一五年(一九四〇)に天孫降臨伝説の、地宮崎に総力戦を覚悟した日本の状況が読み取れる。これら各地に残る兵どもの夢の後先はいかばかりか。これらのモニュメントの意味するところはほとんど知られることもなくなったのだろう。しかし「平和」という契機が戦後社会に立ち現れる。

昭和二八年(一九五三)東京神田の共立講堂で宮城道雄(一八九四〜一九五六)作曲の箏曲「日蓮」が初演されたという。(4)日蓮聖人銅像五〇周年記念事業として神戸に生まれ、日蓮宗の篤信の信徒の家に育った道雄に白羽の矢があたったというわけである。果たしてこの日蓮銅像が博多のものなのか五〇周年では計算があわないのであるが、この箏曲「日蓮」を詞は福岡県本仏寺の住職佐野前光によってなされている。博多大日蓮像の発願者は佐野日管であったが、彼の後継者または血族とも考えられるが確証はない。それにしても宮城道雄に作曲を依頼し、LPとしたほどであるから大事業であるならば、博多の日蓮像を除いては想像できまい。もしこの事業が博多の大日蓮像についてのものだとすれば、戦後社会おいて軍靴の響きを遠のかせる役割を担っているともいえるだろう。死の三年前に道雄は大曲「日蓮」を精魂込めて作ったのである。終曲には「南無妙法蓮華経」の大合唱がバックに流れるという壮大なものであるが、前光の歌詞からは苦難の歴史をたどり敗戦によって再度気勢をそがれた日蓮門徒の行く末を照らしださんとでもする静かなものである。曲自体を実際聞いていないのでなんともいえないが、日本の近代に踊り出た日蓮主義者はことごとく挫折したことを思い返して見なければなるまい。近代の日本的イロニーは革命と挫折という襞の中に絶えず閉じ込められてしまっているのだ。巨大な日蓮銅像を想って宮城道雄の箏曲を聴いたならおそらくわびしいものに違いない。その歌詞なりとも味わっていただこう。

胎動
御法のままに　生くべきと　みほとけの道
証しゆく　わかひじりの　祈りこそ
汚辱の現世　寂光の　花の香りに　つつむべし

黎明
卯月もすえの　暁天に　大日天子　おろがみて
ひらく七字の　秘密こそ
人世を救う大真理　宇宙を照らす　大光明

予言
まどうともがら　正法を　誘ればまねく　国難に
日輪かげり　国昏し
ただみさとしに　還るとき天地に光　和ぎて充つ

受難
刀杖瓦石　生命をもめさるはかねて　みほとけの
みさとしとして　受くところ　よろこびなにに
たとうべき　先ゆくものの　さだめなれ

旋風
街に巷に　説くところ　いよよにつのる　大旋風
やぶれし肌の　血しおさえ　真紅にたぎり
とこしえに　聖火ともえて　消ゆるなし

自覚
雪に閉されし　北海の　流され人の　そのかみに
みつかいとして　みほとけの　末法流布の
みむねをば　かしこみうけし　人ぞかし

静寂
父母をとむろう　経声に　鹿も和し蹄く　山の庵
いよよに澄める　みこころに
しるす真理の　みさとしは　末法濁世に

沁みるなり(5)

日蓮主義者は自らの脅迫をもって近代日本しいては世界への見果てぬ夢を追いつづけた。その夢が壮大であればあるほど開祖日蓮の法華経西暫の願いを託したのであり、日本国内での劣勢さがそれに拍車をかけた。あたかも日本ファシズムの裏面を担う日蓮主義はやはり法華神道を代表とする理論伝統を待って日蓮以来の潜勢を国体という受態をさらに受けて花開いた徒花であったのだろうか。積極的な受動とは日本古来の生き方である。なし崩し的な転向無数者よりもしかし煽り煽られする行動者の一群は、信念をかけすぎたその分だけ忘れ去られてしまったようだ。

【注】

(1) 鯨岡勝成「近代法華密録」『いわき地方史研究』一九九九年九月　いわき地方史研究会

(2) 日蓮聖人銅像護持教会　パンフレット「日蓮聖人銅像」

(3) 読売新聞社編「国民生活　官民挙げ『総力戦』」『二〇世紀　どんな時代だったのか　戦争編　日本の戦争』三〇一頁　一九九九年　読売新聞社

(4) 荒俣宏「五(箏曲)」『本朝幻想文学空間』二七五頁　一九八五年　工作舎

(5) 同右

二　夢野久作『ドグラ・マグラ』の理性批判

博多の大日蓮像から福岡県庁と大通りを挟んで九州大学医学部が立っている。ここを舞台に展開される世紀の精神病理的大舞台が夢野久作(一八八三〜一九三六)『ドグラ・マグラ』(昭和一〇年)である。なぞの多い久作は本名杉山泰道。明治期右翼結社玄洋社の巨頭杉山茂丸の長男として生まれる。玄洋社は明治一四年(一八八一)旧福岡藩を中心にした頭山満が設立。国家主義を標榜した団体で、昭和二一年(一九四六)に解散。国士的家系に育ち、謡曲・能を好み、慶応大学文学部に進学するも父の命令で退学。その後、雲水、農園主、能教授、新聞記者と職業を変え九州日報紙上に『白髪小僧』等を発表、大正一五年(一九二六)「新青年」に寄稿した『あやかしの鼓』で本格的な作家生活に入る。これが彼の略歴である。その傑作とされる『ドグラ・マグラ』の評価は、内実さほどの定説を見ていないし、マインドコントロールがオウム真理教をはじめとするカルト教団の報道が一般化した現在においても久作が何を伝えようとしたものか。

この物語にはお得意の新聞記事、報告書、映像、診断書、絵巻物に手紙と物語に挿入されるあらゆるものを詰め込み、多視点の構成によって読者を翻弄する。これらの構造をいちいち検討して全体に還元することは可能であるが、果たして著者の目論見が全体と個のいわく、絶ちがたい連関にあるものではないであろう。物語を生ききるのではなく、このばらばらな取り合わせこそ傑作の名に付随するひらめきと重みを感じるのだ。なによりも研究室・学問のヨーロッパ的密室の世界と九州の田舎とのギャップは科学と宗教とりわけ仏教の世界という対比をもって展開されるこの物語は、遍く冥界からこの世まで連なる生命のめくるめくくしい記録なのだ。正木・若林両教授の確執にはさまれていた呉一郎とその母、許婚たちは絶えず踊らされている存在でしかない。事件の多角性は、かえって事件自体を昏迷の渦に引き込んでいく。実際この物語は、正木の言ってみれば呉一郎の父の一人芝居に宿敵若林と呉一家の盾代わりとして立ち向かうということなのであるが、現実と仮想のあいだがことごとく封じられるというメタフィクションと心理学・精神病さらにきちがいとの類語を織り交ぜることで、物語自体のサスペンスをかもしている。

しかしながら学問と田舎にジャーナリズムとあらゆる層からの視点でつむぎだされる究極のところは呉一郎という実験台とは何も者なのかとところに行き着いてしまいそうである。一郎は誰であるべきなのか。おそらくこの物語の危うさは主人公が親子関係に位置することからくるのだろう。どちらが主導権を握るということもなく、表層においても二人の関係が最後まで解き明かされないジレンマに読者は不可解にも丹念に読み進めていかなければならない。

ひるがえれば久作とその父との関係に思い至るのは自然なことであろう。芸事や文学の素地を生かしきれない久作の生い立ちはなかなかに晴れなかったに違いない。国士の気風九州は福岡に育ち、かの田中智学とほぼ同世代の久作は大物右翼の長男として絶えず不自由に身を甘んじていたことだろう。そんな田舎の生活から一転大学生活に入るも、父親の威光には逆らうべくもなかった。おそらく久作は博多の大日蓮像の建設過程をどのように眺めていたのか。日蓮主義者の加勢と父たち右翼人との共通点をいち早く見抜いていたとしてもおかしくはない。禅僧に身を一時なりとも沈めていた彼であれば近代の脅迫そして故郷九州という磁場に立ち向かい、逃れるすべは書くことしかなかった。童話から始まり探偵小説への変貌を遂げた久作の怨念の矛先が社会の暗部を切り取ったグロテスクにして甘美な小説世界は、近代と前近代のハザマに喘ぐ身にはもってこいのものであった。この書くという行為が『ドグラ・マグラ』に結実しているといえる。それも多くの短編に採用された物語への挿話という異化効果と美と醜の交錯し、秩序の絶えず外側にいる面々を描く姿勢には近代の生んだ新たな職種や階層の人生が恐怖とともに盛り込まれることになる。それはまた快楽のなせる技でもあった。なぜなら変身願望がむくむくともたげ、かりそめにも市民平等の世の中で絶えず引き起こされる悲劇・惨劇の事件の数々。この現代の最も生々しい部分に生の営みを見るということは極めて近代的な試みであった。

しかしそこには幻想と現実の織り成す耽美なるものであり、新聞という媒体が国家という規模を確定していく過程で探偵小説はいわば少年の新聞という意味合いがあったのだろうし、全国の少年たちを席捲するだけのものであった。探偵小説として発表された『ドグラ・マグラ』は、さほどのインパクトをあたえるものではなかったというが(1)、近代を江戸川乱歩、久生十蘭をはじめとする作家群はムーディーに感じる媒体であった(2)。また夢野は『近世快人伝』なる玄洋社の面々を扱った人物伝が存在する。その中には父茂丸伝を含む(3)。夢野の活写した右翼群像は徹底した傍観者の眼差しで描ききっているように思われる。それなればこそ右翼の資料価値を持ってもいる。題名どおり面白おかしな人物伝というわけだ。夢野の韜晦振りをみるまでもなく、トリックスターに肉薄せんばかりの人物伝は戯曲化された九州のすがたでもあった。

『ドグラ・マグラ』の構造とドラマの顛末はさておき、物語に一貫して流れているのは正木教授の精神病学とそれを取り囲む世間一般への痛烈な批判である。その目玉が、「キチガイ地獄外道祭文　―一名、狂人の暗黒時代―」である(4)。この一〇文節からなる別名「阿呆陀羅経」は、説教という宣伝効果を配した独特の節回しのある祭文ではあるが、おどろおどろしくもキチガイのたどってきた歴史を語り、近代の科学万能主義においてもその構造が少しも変化せず、科学精神病の名のもとに利用され、現実を謡いのリズムに取りこんでいるのだ。この説教節は明治一七年（一八八四）に松方政権のデフレ政策による農村の荒廃から秩父困民党が蜂起した一件を揶揄した『時勢阿房太郎経』[5]からの転用とも推測される。秩父はこの年自由民権運動の激烈さから秩父事件がすぐに思い起こされよう。新謡曲に深く造詣があり、かつ新聞記者で鍛えた久作の眼力は、精神医学の開放を心密かに期していたのではなかろうか。精神医学といわないまでも心の開放という近代になってもなお許されない自由な言論や精神の発露を望んだればこそ祭文の訴える力が与えられるだろう。まして文学や哲学を目指すことの無理解は田舎であればあるほど身に沁みていたであろう。この祭文はまさに近代と前近代に揺れ動く日本の内実に呼応したものなのである。

　また精神病というキーワードによって近代を見通そうとするアイデアは、おそらく明治一六年から二八年（一八八三～一八九五）にかけてスキャンダルの的となった「相馬事件」をふまえたものであろう。平将門の流れを汲む現在の福島県相馬藩最後の藩主誠胤は精神病として座敷牢に監禁されていたが、これをめぐって御家騒動にまで発展。誠胤は病死するも毒殺説が流れるというものであり、精神病を盾にとる家老の志賀直道（志賀直哉の祖父）と藩主の開放をもとめる忠臣錦織剛清との確執に多くの政界財界の大物ばかりか当代きっての医学者を巻き込むところとなった。[6]精神病の密閉が座敷牢をとおして法律的にも推し進められ、いわゆる家族・家庭にキチガイを押し込めることとなり、それによって精神病が遺伝的なるものとして定着するようになる。[7]もともとこうした患者は真言宗や日蓮宗の施設で預かる習慣があったが、その内実はおしてしるべしの状況であったろう。しかし近代日本はこれらあぶれるものを臣民平等のもとに閉じ込めようとしたのである。大陸進出と活気付く右翼や日蓮主義者と精神病をめぐるスキャンダラスな報道に揺らめいて久作の思考は、祭文の後の来る「脳髄論」に彼の文明論は結実する。「絶対探偵小説　脳髄か物を考える処にあらず　＝正木博士の学位論文内容＝」[8]は正木博士がインタヴューを受けて自らの学説を開陳する。

……「物を考える脳髄」はにんげんの最大の敵である。

人間の脳髄は自ら誇称している。

（中略）

「脳髄は物を考える処である」
「脳髄は科学文明の造物主である」
「脳髄は現実世界における全知全能の神である」

……と……

（略）

曰く……脳髄の罪悪史は左の五項に尽きている……と……。

「人間を神様以上のものと自惚れさせた」
これが脳髄の罪悪史の第一ページであった。
「人間を大自然に反抗させた」
これが脳髄の罪悪史の第二ページであった。
「人類を禽獣の世界におい逐した」
というのが第三ページであった。
「人類を物質と本能ばかりの虚無世界に狂い廻らせた」
というのがその第四ページであった。「人類を自滅の斜面へおい逐とした」

それでおしまいであった。(9)

今でこそ脳化社会が叫ばれるもののヨーロッパ近代理性の考えるというそのものの中に人類の矛盾を見てしまう久作は、一気に人類の原始（幻視）へと突き進む。大二次世界大戦後熱気をもって迎えられたフランクフルト学派のM・ホルクハイマー／T・W・アドルノの『啓蒙の弁証法』が理性の自己省察によって啓蒙自らが退行へと必然的に地込んでいき、それは神話の時代から現代の文化産業まで続く過程であったとする衝撃的な見解は、西洋理性を生んだヨーロッパにおいてこそ理性による理性の自己検証は袋小路に当然ながら行き着くこととなる。果たして夢野久作の戦略とは。西洋文明をいかに引き受けなければならなかったのか。日本近代の草創期に生まれた久作の思弁は続く。

この「脳髄論」の解説に続けて展開されるのが「胎児の夢」であり、人間ばかりか生命一般にわたる究極の論理は夢へと解消されるという。(10) 森羅万象ことごとく種が種を伝達する要として細胞一つ一つの夢見る様を提示する。今では遺伝学の詳細や物質酵素機能にとって替わられてしまうのかも知れないが、遺伝学そして精神分析学の黎明期においてかつ日本という場所でこれらのタームを駆使する小説『ドグラ・マグラ』は、智の全体性あるいは個と全体性という観点が保持されていた時代精神を彷彿とさせる。久作がフロイトの精神分析をどこまで理解していたかははなはだ覚束ないところだ。しかしそれによってこの小説の特異性が増していることだけは違いない。夢を通した人類史あるいは生命誌の根源に遡ろうとする試みは、同時代人C・G・ユング（一八七五～一九六一）を想わせないでもない。久作のいう夢論は潜在意識あるいは太古の起源夢と言い換えてもいいのである。

鑑みれば二〇世紀初頭の思想は欧州において人類の起源史を尋ねることでもあった。M・ハイデガーのギリシャ以前の段階にフランクフルト学派のプレ・アニミズムへの投げかけにノーベル文学賞作家E・カネッティの変身、ミメーシスへの遡及と第一次世界大戦後におしよせた市民社会の到来に対して再度共同体における個体の有り様が原始が問われたということであろうか(11)。文明開化を無条件に驀進する近代日本にあっても急激な変化、西洋化に喘ぎ近代に獅子吼する人々を眺めてきた久作にとって脳髄と夢との葛藤という問題が浮上してきたということになる。ユングに志向性が近いというもののユングの背景知がキリスト教世界、ギリシャ・ローマのエートスに支えられていることは当然としても多くの二〇世紀思想家は仏教理解を鏡として立てていることも注目される。先のハイデガーやユングは勿論世界観の哲学者実存主義のK・ヤスパースも多く翻訳ながらも仏教に接してきた人物である。久作の脳髄―夢論は仏教における輪廻あるいは縁起というモチーフで通底するものと思われる。何故ならば、遺伝なり細胞なりと近代科学とりわけ生物学の用語を用いながらも胎児に収斂する発想はそのなによりの証拠であろうし、夢の段階は人類史の血なまぐさく壮絶な歴史の襞をトリップして明滅するものでもある。ただし全体意識とつながれた個という魔圏に落ち込むかといえばそうともいいきれない。悪夢という進化の過程でとおりざるをえない文明のなかで脳髄の働きが呼び起こされてしまうというのだ。そして悪夢の続きが胎児の出生とともに開始される。

では脳髄の支配する文明世において我々はどうすればよいのであろうか。夢という太古以来の生命あるいは意識をゆがめる脳髄の専横は自死という古来の教訓によって達成される。「祭文」の近代理性批判は一つの戦略ではあり、市民社会の発達につれて説教節とパンフレットにおける啓蒙は潜在意識と脳髄両方に働きかける手段としてはあるジレンマを抱えている。やはり言葉によってしかあるいは理性に訴えるしかないからである。それにしてもおどろおどろしい人間世界を説明したものである。この「胎児の夢」にさらに「空前絶後の遺書—大正一五年十月十九日夜—」ときて、正木博士の架空の自殺遺書が残される。物語の最後にやはり正木の自殺記事を読む呉一郎の眩暈で小説は閉じられるのであり、時間あるいは記憶の非時間性は物語全体に守られている。しかし自殺を選んだ正木の本音はまさに輪廻あるいは因果を断ち切りにあったのではなかろうか。狂人の「開放治療」とはおそらく狂人を拘束せず、の考え方であり、狂気こそ脳髄社会凶器という構図を見て取っていたのである。してみれば閉じ込められる狂人の塀を境にして外側の方が地獄絵図と化す逆転現象を生みだしていくのだ。近代という牢獄はM・ヴェーバー以来の指摘だが、M・フーコーの権力論を含めて二〇世紀の状況を映し出している。

　日本の近代は科学文明の流入によって催眠術やコックリサンとオカルトやブームとして科学にまとわりついて無意識の部分が表出してくるのであるが、ここには術と学との不明確なもたれかかりや相互依存が見受けられる。[12] 理性を掲げる近代科学と民間信仰や大衆心理の間でオカルトが芽吹くのであり、科学に傾けばそれは学問ぽくなるだろうし、因習に事寄せれば迷信であるが、危うい立場に立つオカルトや神秘主義はあらゆる近代の反対物として出てくる可能性を秘めている。科学や社会に寄り添っているうちはいいが、この矛先が何かをきっかけに走り出したらこれは大衆社会の予想もつかない運動となるかもしれない。自由民権運動に米騒動さらにはファシストの闊歩する日本近代のうねりなかでいまもって『ドグラ・マグラ』が啓示を与えるとすればオカルトの可能性ではなく、近代理性批判の側面をもっていることである。オカルト科学や政治運動からも距離をとっていた久作の警告は寓話に名を借りたイロニーでしかなかったし、その警告は冒頭の「巻頭歌」に如実に示されている。

　胎児よ
　胎児よ

何故踊る
母親の心がわかって
おそろしいのか

畢生の大作同じ年に発表された『ドグラ・マグラ』はカネッティ『眩暈』（一九三五年）ともども二〇世紀の社会記録小説なのである。イロニーの煙に巻かれて『ドグラ・マグラ』をオカルトましてやSF小説ととらえるのも勿論かまわないだろう。SFお得意の夢や幻想へのパーターンは珍しくもない。しかい今まで見てきたように久作なりの近代をむかえた人類の総括はペシミズムどころか、結局五里霧中にあるのだ。正木と一郎の好対照な挙動にもかかわらず一切が不明の夢と化す。

【注】

（1）中島河太郎「ドグラ・マグラ」『世界のSF文学総解説』一二八頁　一九九二年　自由国民社　粗筋をたどるにも便利である。
（2）川崎賢子『蘭の季節』九頁　一九九三年　深夜叢書
（3）犬塚彰『右翼の林檎』一七六頁　一九九九年　社会評論社
（4）夢野久作『ドグラ・マグラ』一三五頁　一九七六年　教養文庫
（5）川村邦光『幻視する近代空間』八五頁　一九九〇年　青弓社
（6）同右　一二四頁
（7）同　一二七頁
（8）夢野前掲書　一七四頁
（9）同　一八四～一八五頁
（10）同　二二三頁以下
（11）拙稿「『啓蒙の弁証法』と『群集と権力』およびフェティシズム」『一瞥的観光』一七一頁　一九九九年　竹禅庵文庫
（12）一柳孝『催眠術の日本近代』一九九七年　青弓社

三　花田清輝のものぐさ日本論

福岡の東公園に聳える大日蓮像を生まれた時から眺め暮らしていたもう一人のイロニカーに花田清輝（一

九〇九～一九七四）がいる。福岡に育ち鹿児島、京都に学生生活を送るも学費の送金が途絶え退学。郷里福岡に戻ってみても埒があかず、結局東京にでた清輝は同郷中野正剛率いる東方会の機関紙『東大陸』に投稿するようになり、昭和一四年（一九三九）同誌の事実上の編集長になる。しかしながら東方会の会員にはならなかった。[1]東方会の創設者中野正剛は憲政会・民政党に属した政治家であり、後に政党政治に見切りをつけ、国民同盟・東方会を組織。戦争拡大の時期にあって強権政治を主張する。しかし東条英機に睨まれ昭和一八年（一九四三）に自殺。ナチスを模倣した東方会は軍部にも政権にも伸長することなく、民間団体としてありつづけるしかなかった。清輝と正剛との関係はわからないが『東大陸』を皮切りに清輝は、次々と雑誌を作っては放置し、次の雑誌を立ち上げにかかる。昭和一五年には「文化再出発の会」を創設、『文化組織』を刊行。昭和一七年にはサラリーマン社（現・自由国民社）には入り、『時局月報』の編集にかかわり、昭和二一年『東大陸』を解題した『我観』を再度改称した『真善美』編集に参画とめまぐるしく新しい場所をもとめた清輝の行動はその風貌からどうしても二〇世紀の変貌の画家F・ピカビア（一八七九～一九五三）を思い出さずに入られない。

この清輝よりも三〇年前に生まれたスペインの血を半分受け継ぐフランス人は評価が益々高まるものの一冊としてその研究書が彼のためだけに費やされないというのはまた目くるめくスタイルの変更と画業というより書くことの自由さに生涯を送った軌跡のせいだろう。[2]ダダの時代から怪物，透明に具象へついに晩年の抽象の時代へと突き進む。「ただ一つの変化があるだけだ。永久に続く変化が。」この言葉どおりピカビアのスタイルは変化していき、その変化はP・ピカソをしのぐものである。S・ダリやM・デュシャンの居並ぶ二〇世紀美術史の中で最も評価の定まらない人物ということは確かなようだ。口数も少なく人生を演出したきらいのないピカビアは以前に描きあがったキャンバスに新たな絵を描き始めることもしばしばであったというからたまらない。[3]彼には連続が一つとしてないのだ。車も女性も住居も変り絵も変る。風景あるいは情景としての人生をここまで感じさせない芸術家も珍しい。そんなピカビアのもう一つの関心事が雑誌『391』に見るメモや詩片とデッサンとの融合である。[4]

雑誌を作っては捨て創っては捨て去る清輝の人生行路ににかよったものではあるがそればかりなのではない。

　ピカビアにしても清輝にしてもその不動の底《てい》というところがどこからでも立ち昇ってくるのである。変化に身を捧げたのではなく、変化すらもが虚心に眺め尽くそうというのだ。キャンバスに向かうのも原稿用紙に向かうのもこの無という変幻の宙を繰り返し繰り返しあらゆる角度・素材から描くことでこの両者は一致している。そう彼らには風景や叙情といった記憶の固執がまるっきり見当たらない。清輝が何気なくかつて自らが書いた文章をひるがえって無味乾燥に現在の感想をつけ加えたり、多士済済の中央人士をこともなげに引用のダシに使い切って一ひねりや矢庭の突っ込みは評論といえば評論なのだが、今まで見せていたものを取り上げて一気に裁断の手管に評論の距離感をいつも突きつけている。つまり見者の位置を絶対にずらそうとはしないのである。

　清輝の文章で回顧的なるものを探せばわずかばかりのものが浮かんでくる。小説「七」「赤坂溜池三〇番地」「旗」などである。「赤坂…」で彼は吐露している。

　ひるがえって考えるならば、わたしは、あまりにもシーンをつくることにおそれをいだ　いているわたし自身に、いくらかアイソがつきてきたのかもしれないのだ[5]。

　シーンの拒絶、なんと反映画的志向であることか。縁というものを全くすっぽりとかいくぐっては無表情でけろっとしている乾燥性気質がどこまで地なのか知る由もないが粘着性の知識人に取り囲まれていた彼には幸いしたに違いない。戦前戦後を無頼と韜晦によってさっさと切り抜けインターナショナリストの美名にほだされるポレミックな視点は西洋を知り尽くしているというのではなく，日本を知り尽くしているためであり、日本と世界を天秤にかけるどころかどちらも輪切りにしてしまう同等の眼識を当てはめてしまうというだけのことにすぎないのだ。では清輝のポレミックな真髄とはなにか。

　「公家的なものと武家的なもの」が試みに清輝の日本文化理解の基層をなしていることは妥当であろう。勿論概念規定を本人がしているわけではないが，所々この二つの間の振幅をもって日本の精神史を解説する姿が見受けられるし、武家的なもの＝暴力的な権力と公家的なるもの＝非暴力的権威をもって世間に構えている様々な人物を描いているのには室町時代を日本のルネッサンスとして評価した清輝独自の視座ということができようか。おもえば美術史にも多く言及している彼にとって文化表象の裏書こそ最も有効素材であったに違いないのだが。ともかく武力と権威という対立項はいわば精神と肉体とも置き換え可能なものであり、文化と武化の習いにとどまれば東アジアの伝統的な展開にすぎないだろう。しかし思うところ清輝はこのどちらにも属さない一つの方途を絶えず実践していたのである。それが「草子の精神」「ものぐさ太郎の哲学」に明言されている理想像としての《ものぐさ太郎》である。「日本の時間―わたしの修験道……」とサブタイトルがつけられた「ものぐさ太郎の哲学」冒頭からこう始まる。

　行往坐臥という言葉がある。ゆくことと、とどまることと、すわることと、ねること――そのなかで、いちばん、わたしの嫌いなのが最初の行為であり、いちばん、好きなのが最後の行為であるということは、『御伽草子』のなかの、「ものぐさ太郎」が、わたしの年来の理想的人間像であることによっても、ほぼ、あきらかであろう。[6]

　さらには俊寛にかこつけている。

……論理に共鳴するからではない。行往坐臥のなかの臥が大好きで、ごろりとねころんでいたいためにむつかしい理屈をならべたてて、自分の態度を合理化しようとする俊寛が、いかにもわたしに似ているような気がしてならないからである。[7]

いずれにしてもこの臥の人は乗りも反りもしないのだ。ただ自らに安んじて古今東西の世界を瞥見し、そこに脈打つ筋書きを解説してみせる。確かに官職や肩書きから無縁の孤独人生をものぐさとしておくっていた清輝にとって武家だろうが公家だろうが袂を同じくすることはできない。歌舞伎や演劇のネタで攻めてくる清輝は河原者や農民のどちらにもつけない心映えを端的に描くのを得意としていた。情感というトリックを徹底的に排斥した上での人間行動を立場と背景によって現代によみがえらせるすべは小説よりも真実を伝え、書き手の感想を挟むことによってモノローグ的な世界を断ち切ろうしたとしえもおかしくはない。確かに小説向きではない清輝の執筆は「鳥獣戯画」よろしく人間観察に全てが集約されている。論理に共鳴しない臥人清輝の評論が紀伝体を模しているのは当然なのであり、人生の節々の決断とそこに内在する論理こそが彼の求めたものであったのだろう。そこにはものぐさという非行動者の徹底した実践が要求されたのだ。対して構えず。これが武家的なるものと公家的なるものとを分かちこれに加えてものぐさの精神のトライアングルは完成しているも逆三角形であることはいうを待たない。

またこのものぐさは決してたじろぐことはないようだ。「鍋かむり」では、転向問題にひきつけられて日親坊のことが日親によって日蓮宗に改心した本阿弥清信の視点から語られている。時の室町足利義教将軍を諌暁せんとして早々に捕らえられあらゆる責め苦をスペクタクルのように見せつけられて、同じく牢に捉えられていた本阿弥はいわば清輝自身の投影であり、眺め尽くす人清輝は日親の決して念仏を称えるどころかあらゆる拷問にたじろぐことなく題目を唱えるその姿にやはり寝そべりながら見物し、見ほれてしまうこともしばしばなのである。しかしながら彼は本阿弥同様自らの刀剣・美術品の目利きへと還っていく。日親はまた布教の旅へと出て行く。ともに自ら頼むところに根拠のあるはずもないが、その節をいやでも曲げない精神を看破させる。小心と尊大の間にあるかたくなさはものぐさ太郎のオブラートに包まれてはいるが、強固な精神に裏打ちされているわけだ。目利きという行動に賭けた清輝ならではの不動者の論理は必然イロニーによってからめとろうとしているのであり、それ故に清輝の文章自体から何がしかのエートスを導くのに困難なのは仕方のないことではある。

「愚管抄」から神秘のヴェールをはぎとってみるならば、そこで慈円の取組んでいるような問題は北畠親房の「神皇正統記」にも、新井白石の「読史余論」にも、ひとしくみいだされるような気がしてならない。僧侶、公家、武家と、それぞれ、異なった境遇にあったとはいえ、かれらは、いずれも日本の歴史に即して、公家的なものと武家的なものとの闘争をアウフヘーベンしようとして頭をひねっていたようにみえる。…そのなかで、もっとも非暴力主義にてっし、一筆平天下の志をいだいていたのは慈円ではなかったかとわたしはおもう。(8)

いうまでもなく清輝は武家にも公家にも僧侶にも属さず、ましてや農民町民のような集団性を好まない。やや公家的なるものの方、非暴力的モメントに惹かれながらもものぐささの契機をやはり文字を通して表明するのみである。かつて海音寺潮五郎（一九〇一〜七七）が誰かに仕えるくらいなら田畑でも耕していた方がいいというようなことをどこかでかいていたが、この鹿児島出身の歴史作家も歴史と文学の襞に立ち入っても徒党を組むことを嫌い、西郷隆盛の人間像に理想を見ていた。なにやらものぐさとは至近にある西郷の朴訥とした人柄には英雄主義の装飾が施されているものの聖人とものぐさ太郎とはメダルの表裏にほかならない。ものぐさたちを動かす時こそ歴史の非情な幕が上がるというものだろう。

［注］

(1) 花田清輝『ザ・清輝―花田清輝全一冊―』「年譜」　七九五頁　一九八六年　第三書館
(2) ベヴァリー・カルテ「ピカビアとその時代」アルノー・ピエール「ピカビア―ダダ」『ピカビア展』　一九九九年　アプトインターナショナル
(3) 「対談『フランシス・ピカビア：自由の精神』」前傾カタログ所収
(4) 雑誌『三九一』縮刷版　一九九九年　アプトインターナショナル
(5) 花田前掲書　四二六頁
(6) 同　四四二頁
(7) 同　四四六頁
(8) 同　四三七頁「歴史と文学」から

むすびに

昨年逝去した中村元『東西文化の交流』なる一書には「浄土宗とキリシタンとの対決」という一文があり、これをオカルト学の権威荒俣宏が面白おかしく紹介している。(1) 慶長一八年（一六一三）家康に九州に勢力を伸ばすバテレンを宗教によって制しようと幡随意上人白道という浄土宗の名高い僧侶を送り込む。弥陀の救いという脅迫をもって対した白道はキリスト教の地獄につけこんで説法をし、信者を増やし、今度は宗論である。伴夢という外国人伝道師との論争は鏡を使う幻術に対して白道はレトリックをもって論破する。さすがに伊勢神宮に参拝し、阿弥陀像を授けられただけのことはあるが、幕府の権力を背景に宗教の自由をもぎとる家康側の勝利は目にみえていたものではなかろうか。キリシタン大名をはじめ多くのキリシタン布教を果たしていた九州の地は秀吉の検地をもってしても人心を掌握できなかったのだろう。同年には東北の雄伊達政宗が慶長遣欧使節団を送り出している。いまだ戦国の余波を残し政権も安定していなかった。結局は寛永一四年（一六三七）島原の乱は起こってしまう。弾圧が最終的に待ち構えていたというわけだ。

この白道の話を知って思い出した僧侶がいる。朝山日乗である。戦国時代出雲出身の日蓮宗の僧侶である。織田信長の奉行として聞こえ、朝廷幕府とのたりまとめに功があり、毛利や大友氏を上洛させんと奔走。キリシタン排斥を試み信長お宣教師ルイス・フロイスの前で宗論をするも破れて、官職・領地とも召し上げられ、後に浄土宗に変ったという人物である。(2) 変節と失敗の人生であるためか、日蓮宗関係の書物で見かけることのない名である。キリシタンびいきで仏教勢力をことごとく嫌い、弾圧した信長は日乗が敗れた一〇年後に安土宗論させ、日蓮宗を今度は浄土宗に再度敗北させたのである。宗論の筋書きはできていたのである。この当時浄土宗という宗派がなかなかにお抱えの宗教としてその素地をつくっていったことがわかろう。浄土真宗は一向一揆の乱の勢いをすでにして信長にそがれていたし、もう一方のうるさい日蓮宗を潰しにかかったというわけである。キリシタンの弾圧は秀吉・家康と引き継がれる課題になった。奇しくも日蓮宗寺院本能寺が信長最期の場所となった因縁はさることながら、脅迫と弾圧が相即に重なり合っていたことであろう。キリシタンや日蓮宗の不受不施派という強硬派は地下へともぐることとなった。九州のキリシタン伝説と中国地方に根強い固法華の一群は戦国時代を通して形成されたものであろう。

宗論と転向の問題は同化と異化の問題に繫留されている。近代と古典にねがえるものも科学や宗教に身をささげるものもともに脅迫された証なのである。九州博多から踊り出た三つの軌跡からは持ち出すべき原理などないように思われる。イロニーにはイロニーをもって返すよりほかないのではなかろうか。宗論のように論理ではなく……。

［注］

（1）荒俣宏『本朝幻想文学縁起』三一三頁「四（英雄）」

（2）野高広「朝山日乗」の項目『万有百科事典5 日本歴史』一九七三年　小学館

鯨岡勝成（くじらおか・かつなり）一九七一年生まれ。東京電機大学教員。『―極辺精神史―一督的視光』（竹禅庵文庫）

【論争の思想史】

好太王碑改竄論争

藤田友治

一

好太王碑文をめぐって日本、朝鮮・韓国、中国の学者の間で激しい〝論争〞がうず巻いてました。一つは、碑文そのものが改ざんされているのか否か。二つ目は、碑文にある「辛卯年」（三九一年）に倭は百済、新羅を「臣民」としたのか否か。この二つがポイントです。

まず、好太王碑とはどのような史料であり、研究史上どう扱われてきたのかを考えてみましょう（詳細は拙著『好太王碑論争の解明』新泉社を参照されたい）。

高句麗は紀元前一世紀に中国東北地方に夫余族が建てた国であり、三一三年に楽浪郡を中国から解放して朝鮮北部を領土とし、好太王（広開土王、三七四～四一二年）の頃に最盛期をむかえますが、六六八年に唐・新羅連合軍によって滅亡しました。「好太王」とは略称であり、正式には碑文によると、「国岡上広開土境平安好太王」であり、「永楽太王」と号し、『三国史記』によれば、諱《いみな》を「談徳」と称しました。

好太王の在位は、三九一～四一二年で、碑は好太王の死後、二年して彼の子・長寿王（在位四一三～四九一年）が父の功績をたたえて建立したものです。現在の中国吉林省集安県太王郷太王村にあり、碑は長い年月の風雪に耐えて立っています。碑建立の目的は好太王の功績と守墓人制度（墓を守る制度で国烟三十家、看烟三百家を置くと碑文にあるもの）を明確にするためでした。ところが、日本では従来からこの碑文をあたかも〝我国の第一級の金石文史料〞として扱ってきました。

二

好太王碑は東アジアの古代史を解明する際の第一級の金石文史料であるのは疑いを入れません。だが、研究史をひもとけば明らかなように、「古代史」の研究に名を借りた近代日本の海外侵略のためのイデオロギー的「正当性」を古代に投影していたのです。例えば、白鳥庫吉は次のようにいいます。（「満州地名談附好太王の碑文に就て」『白鳥庫吉全集』第五巻）。

「此碑文の有名であるのは、朝鮮の南部に偏った新羅、百済、任那の三国が日本の臣民であったことを明らかに書いてあるからである。これは歴史上非常に価値のあるものである。（中略）これによって日本が朝鮮の南部を支配したことを確実に知ることが出来る。これは我国の歴史に重要なる材料を供したものである。」（傍点は引用者）

好太王碑に対するこのような考え方は、高句麗の好太王碑を正しく全面的に研究する立場を妨げ、教科書や学術書においてさえ、恣意《しい》的に碑文を抜き、図1のように「百残新羅《くだらしらぎ》旧是属民由来朝貢」と「而倭以辛卯年来渡海破」をつなげ、あたかも日本の碑文であり、

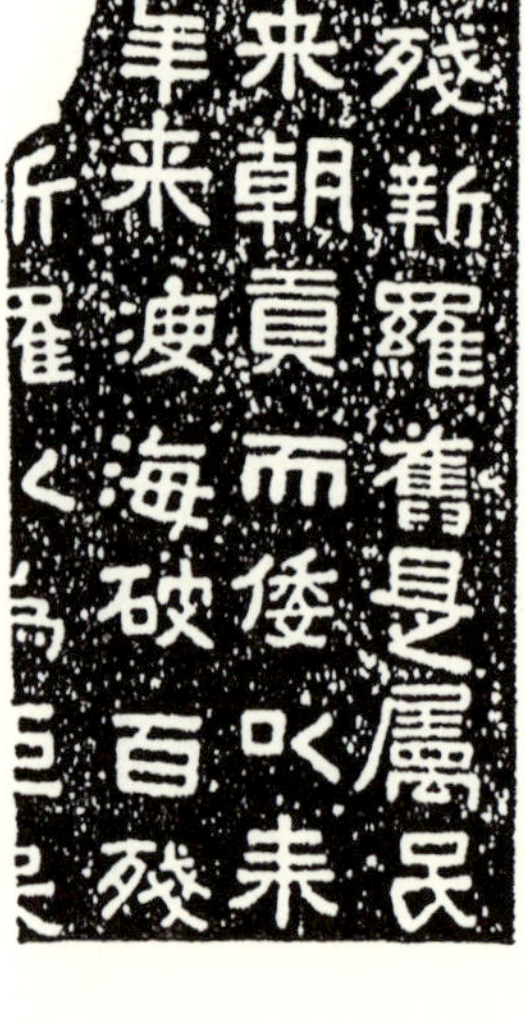

図1　貼り合わされた「拓本」

百済、新羅を古くから「属民《ぞくみん》」としたかのような誤解を生み出させる基となっていました。この碑文の主語はあくまで高句麗であり、あまりにもそれは明確であるから省略しているのですがそれを都合よく利用し、雙鉤加墨本《そうこうかぼくぼん》（従来、「拓本」と呼ばれていたのですが、墨《すみ》を加えて作成したもの）でさえ任意に並べかえ、貼り合わせて「拓本」らしく作成していたのです。そして、何の疑いもなく五世紀において「大和朝廷」が全国統一をしたとする通説の「根拠」の一つとしていたのです。

従来の日本の解釈と全く異なる読解を提出した最初の人は、一九五五年大韓民国の鄭寅普《チョンインポ》氏です。彼は

「広開土境平安好太王陵碑文釈略」において、辛卯年倭の問題を次のような意味に解しました。

　百残・新羅は、太王《（ママ）》にとってはともに属民である。そして倭はかつて高句麗に来侵し、高句麗もまた海を渡って（倭に）往復し、たがいに攻撃し合った。そして百残が倭と通じたので、新羅は不利な情勢になった。太王は、百済も新羅も自分の臣民であるのに、どうしてこのようなことをするのかと思った。かくして太王は、みずから水軍を率いて出陣した。

この鄭氏の読解は、①「百残新羅、旧是属民、由来朝貢」の主語を「百残新羅」とし、②「倭以辛卯年来」の主語を「倭」とし、目的語「高句麗」は省略されていると考え、③「渡海破」の主語は「高句麗」だが、主語も目的語「倭」もともに省略されており、④「以為臣民」の主語は「好太王」、そして⑥「以六年丙申、王躬《みずから》率水軍、討利」の主語は「好太王」で、「討利」は「二重述語」とし、目的語は「百済と新羅」ととらえました。この分析は従来の解釈にない全く独特な地平を切り開きました。

　確かにユニークですが、主語を幾度（六回）も変えたり、主語も目的語もない「渡海破」の句など恣意的な読解法にすぎましょう。

　好太王碑文はまれに見る名文であり、簡潔にして文脈には筋が通っており、道理にかなっていますが、鄭氏の解釈はこれをバラバラに切断してしまうものとなりはしないでしょうか。もし高句麗が海を渡って倭を打ち破ったことが事実なら、どうしてその戦果を記載しなかったのでしょうか。又、守墓人に倭人を入れなかったのでしょうか。碑文には、対外戦争の年代、相手、大義名文、誰が出征したのでしょうか、戦闘の場所、そして戦果が基本的に記されていますが、鄭氏の解釈ではこれら全てを省略と見なすこととなり、好太王碑文の名文をこわしてしまうでしょう。

　しかし、このように問題の多い読解法ですが、従来の日本の読解はそれより矛盾に満ちたものですから、貴重なる一石を投じたものとなったのでした。

三

　好太王碑文の研究史上、画期をなしたのは李進熙《リジンヒ》氏の「広開土王陵碑文の謎—初期朝日関係研究史上の問題点」（一九七二年、『思想』第五七五号）や『広開土王陵碑の研究』（同年、吉川弘文館）で提起された碑文〝改ざん〟説であるのは広く一般に知られています。李氏の〝改ざん〟説は〝異色の光彩〟を放って登場しました。

「こんにち日本軍国主義に反対するたたかいのなかで、歴史家にかせられた重要な課題の一つは、皇国史観の侵略的本質を徹底的にうち砕くことであろう。」

この李氏の〝改ざん〟説は学界、教育界に大きな衝撃を与え、高校の教科書においても「碑文が明治時代に日本人の手で改変されたとする問題提起」がなされたと扱われるようになりました。最近になって判明したことですが、実は李氏の〝改ざん〟説以前に、すでに朝鮮の学界で一九五〇年代の後半に〝改ざん〟論争はなされていたのです。全浩天《チョンホチョン》氏が訳された朴時亨《パクシヒョン》『広開土王陵碑』（一九八五年、そしえて）の「訳者あとがき」は次のようにいいます。

「それは、広開土王陵碑とその碑文が日本軍国主義によって偽造され、改ざんされて帝国主義的侵略に利用されたのではないかという問題であった。この碑文改ざん、偽造説に反論して、古代史学者の李址麟氏たちは酒匂のいわゆる『拓本』が日本に将来される以前、つまり中国における陵碑再発見の経緯とその時期を論じながら、『改ざん』説に反対したのであった。このような論争もあって、陵碑の実地調査が、共和国の学者たちによる共同調査として行われたのである。」

一九六三年に中国・朝鮮の連合考古隊として、朝鮮民主主義人民共和国社会科学院の調査団、朴時亨《パクシヒョン》、金錫亨《キムソクヒョン》、蔡熙国《チェヒグク》各氏らと中国科学院考古研究所とが合同で好太王碑を調査しています。この現地調査を踏まえて、朴時亨氏は『広開土王陵碑』（社会科学院出版社刊、全訳は全浩天訳『広開土王陵碑』、そしえて）において、「わが高句麗は海を渡っていき、それを撃破した。しかるに百済は（倭を引き入れて）新羅を侵略し、それを自分の臣民となした。こうした大王は六年丙申に、親しく水軍を率いていって百済を討って勝利した」と釈読しました。この解釈は従来の日本側の釈読である。主語を倭とするのではなくて高句麗とする点で明確に異なっています。しかし、朴氏の釈文（原文を読んだ文）は、「亲卯年来渡海破」となっていて、〝改ざん〟を否定していたのです。

さらに、一九六三年に金錫亨氏は「三韓三国の日本列島内分国について」(『歴史科学』一号、翻訳は『古代日本と朝鮮の基本問題』所収)において、「しかし、これをそのように読むのは不当であるという意見を提出した韓国の学者(鄭寅普氏をさす—藤田註)がいた。これについての言及はここで保留し、かりに日本人のよみかたが正確であるとしよう。しかし、この文章によって、一時的にもせよ、新羅、百済の王たちが倭王の〈臣民〉となったことが論証されるとしても、任那に日本府をおいて二世紀以上も南朝鮮を〈経営〉したことにはならないのである。」といいます。

金氏は慎重な表現ながらも好太王碑文の解読について、従来の日本側の解読に対して再検討を迫り、さらに日本列島内に朝鮮の「分国」が存在したのだとする問題提起を大胆におこないました。さらに金氏は、一九六六年に『初期朝日関係研究』(社会科学院出版社刊、翻訳『古代朝日関係史——大和政権と任那』朝鮮史研究会訳、勁草書房、一九六九年)において日本側の従来説に対して全面的な批判を展開しました。金氏の主張をまとめてみましょう。

好太王統治以前から「百残」と新羅は高句麗の「属民」でした。しかるに、百済は辛卯年(三九一年)になって、「倭」まで動員して高句麗、敵対しました。この「倭」は、「北九州の百済系の倭で、故国のために動員されたものであろう」とし、碑文の論理から言えば、「属民」の位置から離脱したため、高句麗は水軍を率いて海を越えて渡り、百済を撃破したのでした。

金氏の解読は「渡海破百残」の主語を高句麗とする学説の提起です(この点は朴氏と同じ)。この解釈は好太王碑文建立の目的にかなっており、正しいものです。さらに、〝改ざん〟論争のポイントである「倭以辛卯年来渡海破」の文面は「倭…来渡海破」となっていて、「海」字はやや不明確ではありますが、他字は現存する碑文としています。この調査報告を的確に尊重せず李氏は〝改ざん〟説を提起したこととなるのです。この問題点は、既に古田武彦氏が一九七三年に「好太王碑文「改削」説の批判——李進熙氏『広開土王陵碑の研究』について」(『史学雑誌』第八二—八号、『よみがえる卑弥呼』駸々堂所収)において指摘していたところです。次の通りです。

李氏は戦前の日本の研究調査者に対し、あるいは「観察は粗雑」(鳥居龍蔵)、あるいは「気づかなかった」「作為のあったことを看破できず」(今西龍)、あるいは「口をつぐんだ」（黒板勝美）といった形で、つぎつぎと処理されたが、金・朴両氏等の朝鮮民主主義人民共和国社会科学院の調査団に対してもまた、これらの言葉を浴びせられるのであろうか。

　思うに、この両氏等が日本軍国主義のために「口をつぐむ」必要があるとは思われぬから、この両氏等の場合、「観察の粗雑さ」という点に、純粋に原因が求められることとなろう。

　しかしながら、わたしは、みずからの立てた仮説が調査結果とくいちがうとき、仮説樹立者に必要な一事、それは仮説自身の廃棄である、と信ずる。

今日、好太王碑文〝改ざん〟論争はほぼ決着がついています。当初からいわれていたように拓工による仮面字（石灰等で作成した文字）はありますが、日本軍部による「石灰全面塗布作戦」や碑文の「改ざん」はなかったのです。つまり、李氏の提起した〝改ざん〟説は否定されました。しかし、その真の総括は学界においてなされたとは今日なお私には思われません。

　李氏が〝改ざん〟説を提起する以前に、既に朝鮮民主主義人民共和国の学者間で〝改ざん〟論争がおこり、現地調査の結果、既に否定されていたという事実は正しく、日本の学界で尊重されてはいなかったのです（古田武彦氏を除く）。

　さらに、好太王碑文建立の目的にかなう、「高句麗を主語として読む」という当然の立場は黙殺されて、「倭」を「大和朝廷」とするだけで何ら疑わない日本の従来説のあり方が問われていたのです。

　そもそも好太王碑文の雙鉤《そうこう》加墨本を日本へ持ち帰ったのは学者ではなくて陸軍砲兵大尉（当時中尉）の酒《さ》匂《こう》景明（実は景信）であり、一八八三年（明治一六）年に集安で入手し、陸軍参謀本部に提出したのです。好太王碑文を日本にもたらした酒匂がスパイであることを指摘したのは朴時亨氏でした。その後、佐伯有清氏によって一層詳細に酒匂の経歴や本名が明らかにされ（景明が景信であること）、スパイであることが確認されました（『広開土王碑と参謀本部』吉川弘文館）。そして、日本の通説に対して「朝鮮の学者によって提出されていることにたいして日本の古代史研究者は、過去いな現在における日本での研究姿勢を反省して、あらためて碑文を検討しなおすことが必要である」（『高句麗広開土王碑文の再検討——とくに『辛卯年』の倭関係記事をめぐって——』『続日本古代史論集』

上巻、一九七二年）と問題提起をおこなったのです。

金錫亨氏の『初期朝日関係研究』は、日本帝国主義下の庇護のもとで日本考古学が築いた日本史に対する「定説」なるものが、どれほど日本帝国主義と深くかかわり、影響されていたかを鋭く指摘していました。これに対し、日本の学界はほとんど応答せず、黙殺しようとしていたのです。

李進熙氏の問題提起はこのような状況を切り開こうとするものでした。李氏は、「わたしがこの問題をとりあげたのは、共和国の歴史家の提起した一連の問題が日本の学界に容易にうけいれられない理由の一つが、広開土王陵碑をはじめとする初期朝日関係史にかかわる金石資料についての従来の定説には全く疑問をはさむ余地がないとされていることにあると思われ、これを問題にすることなくしては、従来の研究成果にたいする批判的再検討はおこらないと考えたからである」（『広開土王陵碑の研究』吉川弘文館、一九七二年）とのべています。研究動機は今日においてもなお正しいものです。だが、研究動機の正しさは、研究対象を徹底的にリアルにとらえるかどうか、研究成果の正しさと直ちに結びつくとは限らないのです。イデオロギーと虚偽意識との関係の問題があります（拙論「イデオロギーと実事求是」『クリティーク　1』青弓社）。

次に、李進熙氏の〝改ざん〟説の「根拠」と激しい論争となった論点を整理してみましょう。

四

李進熙氏は一九七二年に「広開土王陵碑の謎――初期朝日関係研究史上の問題点」（『思想』第五七一号）、「広開土王陵碑研究史上の問題点――一九一〇年代までの中国での研究をめぐって」（『考古学雑誌』第五十八巻、第一号）の二つの論文で歴史学界、教育現場、思想界に衝撃を与えることとなった好太王碑文〝改ざん〟説を提起し、さらに同年『広開土王陵碑の研究――付資料編（釈文・拓本）』（吉川弘文館）において前の論文をまとめ、かつ厖大な資料（釈文・拓本類）を公表しました。

李進熙氏の〝改ざん〟説に対し、マスコミは素早く注目し、「広開土王陵碑文に〝疑惑〟――李進熙氏らが研究論文」（『読売新聞』、一九七二年四月二三日）と題して、李氏の研究の骨子を五点にわたってまとめ、「碑文のすりかえが事実とすれば従来の研究にかなり

好太王碑〝改ざん〟論争の争点

	論争点	李進熙	古田武彦	王健群
(1)	好太王碑はいつ知られるようになったか。	「再発見」は一八八〇年（光緒六、明治一三）である。	「発現」は、一八七四～七五年（同治末年～光緒初年、明治七～八年）ごろである。	清の光緒初年（一八七五）に発見された。
(2)	（研究史・編年の基礎）栄禧本をどう見るか。	讕言の記述は全くの嘘である。	酒匂改削以前の拓本にもとづく栄禧を「嘘」とするわけにはいかない。	栄禧は真実を語っていないという者もいるが、なぜそのようなことをする必要があるのだろうか。石碑がはっきりみえないから、誤りもある。
(3)	酒匂雙鉤加墨本の入手は。	一八八三年（明治一六）に碑を改ざんした上で、持ち帰る。	酒匂本人が言うように、「故に(我)強迫シテ漸ク手ニ入レタリ」とある通り、現地で入手。	酒匂は現地で石摺りを業とするものから手に入れた。彼自身が写しとったものではない。
(4)	参謀本部・酒匂が〝改ざん〟したのかどうか。	酒匂は、意識的に朝日関係史に直接かかわる個所をすり替えた。	酒匂による改削はない。文字の異同は、清朝の拓工によるもので、〝イデオロギーの改ざん〟ではない。	酒匂による改ざんはない。文字の異同は拓工による。初天富、初均徳親子が石灰を塗って、文字をつくった。
(5)	参謀本部からきびしい緘口令がでていたか。	参謀本部での解読作業を世に知らせないし、きびしい緘口令がでていた。	李の論理は〝永久自転〟であり、「碑文之由来記」は酒匂の自筆文書であり、ひたかくしにされたということはない。	日本軍国主義を、実事求是にもとづいて批判する。意図的な改ざんはないのである。
(6)	酒匂本の資料性格についてどう見るか。〝改ざん〟箇所の文字をどう見るか。	酒匂によってすり替えられた碑文の雙鉤加墨本である。犯罪行為をおおいかくすために「石灰塗付作戦」が必要だった。	現地拓工により作成された雙鉤加墨本であり、最末字の「之」の誤りなどを見ると日本側の雙鉤者はいない。	雙鉤本は、拓本をつくるよりも手間がかかり、熟練した職人ですら半月以上かかる。酒匂はスパイなら、長期間この仕事は続けられない。最末字の「之」の誤りなどから、酒匂は自ら改ざんしていない。
(7)	〝論争〟にはならなかったが、根本の問題「倭」とは何か。	「来渡海」は酒匂が石灰を塗って「碑文」を雙鉤したもの。碑面そのものの再検討をしなければならない。	「海」だけを疑っても、肝心の一点「倭」があれば〝論理貫徹〟できない。全写真・拓本・釈本とも「倭」字は厳存する。倭は九州王朝を意味する。	「来渡海」は現在も石碑に存在しており、確実であり、李氏の憶測である。碑面、一字一字実施に再検討した。倭は十一回出現する。この倭は北九州一帯の海賊である。

の影響を与えることになろう」（同上）と予測しました。当時、どのような状況の下で〝改ざん〞論争がおこなわれたかふり返ってみましょう。

一九七二年は古代史研究において一つの画期をなす年でした。飛鳥の高松塚古墳の見事な壁画の国際調査が幅広い国民的関心を集めていました。しかも〝国交〞のない朝鮮民主主義人民共和国の学者も入り、日本、韓国の学者たちと学術交流が花開いたのした。高度経済成長をとげつつある日本人は、物質的には「豊か」になりつつありましたが、混沌《カオス》としている「日本人とは何か」「民族の起源《ルーツ》は」を探り自己同一性《アイデンティティ》を確立しようとする古代史ブームをつくりだしました。このような時期に好太王碑〝改ざん〞説が衝撃的に提起されたのです。李進熙氏の仮説が正しければ、当然従来の日本歴史学界にとって「戦前戦後を通じる大ニュースの一つで、古代史は完全に書き換えられなければならない」（『朝日新聞』、一九七二年一一月一一日）と受けとめられたのです。

この年の一一月一二日は、東大を会場にして史学会第七十回大会東洋史部会が開催され、在野の歴史学者で厳密なる史料批判をおこなうことで知られる古田武彦氏は「高句麗好太王碑文の新事実――李進熙説への批判を中心として」（「史学会第七十回大会プログラム」研究発表要旨、『史学雑誌』第八一―十二号）を発表し白熱した〝論戦〞が展開されました。

李、古田各氏の主な主張は次のようです（『朝日新聞』、一九七二年一一月一一日）。

「李説は全くの虚構」古田氏の話

李さんの広開土王陵碑の研究は、これまでの資料を整理した点では、すぐれたものだと思う。しかし、酒匂大尉が碑文を書換えていたとなれば、資料として使えなくなるので李さんの説を綿密に再検討した。李説は全くの虚構であり、、酒匂大尉に関する新資料も李説を否定している。

「直接証拠ではない」李氏の話

古田さんの反証は、酒匂大尉が書換えなかったという直接証拠ではない。酒匂大尉は確かに碑文双鉤にタッチしており、「碑文之由来記」が横井氏の書いたものという証拠もある。碑文の解釈が公にされる前に横井氏と酒匂大尉が同席していたという資料も出てきた。十二日には、その後出てきたデータを元に徹底的に反論し、古田説が成立しないことを立証する。

両者の厳しい語調に驚かれる人もいるだろうが、史学会当日はもっと激しい〝論戦〟がおこなわれたのです。学問研究の発展はこのような厳しい真摯な論争から生まれたのです。学界が相互批判もなく何事もしないために群れているとすれば「仲良しサロン」へと堕するでしょう。その点で素晴らしい〝論争〟であったといえます。当日、会場は満席となり東洋史・日本史・考古学等々の専門学者ばかりでなく、ジャーナリズムや市民の強い関心を生んでいました。

「ニセ？　本物？　広開土王碑文史学会大会、日朝の学者間で論争（古田武彦氏、李進熙氏）」（『朝日新聞』、一九七二年一一月一三日）、「好太王碑文の論争白熱、すりかえ説否定――古田氏筆跡違うと主張」（『読売新聞』、同年一一月一四日）、「広開土王陵碑論争をめぐり再検討始った古代日朝関係史」（『朝日新聞』大阪版、同年一一月一五日）と各新聞は報道しています。

又、新聞の社説においても、好太王碑の学術調査を求めて「文字改ざん問題もさることながら、元の碑文はどうなっているのか、解読できるのか――これらの点を解明するためには、各国学者が現地調査をし、共同研究をする以外にないとする韓国歴史学者の提唱は、論争が活発化している折りだけに、時宜をえたものであろう」（『毎日新聞』「社説」一九七三年二月二〇日）と訴えています。この時期においては日本と碑文のある中国との間で国交もなく、碑文は集安という地にあるため国境（中国と朝鮮民主主義人民共和国との）であり、好太王の現地調査は厚い〝体制〟の壁の前で立ち阻まれていました。

好太王碑〝改ざん〟論争の主要な争点を次に示しましょう（詳細は拙著『好太王碑論争の解明』新泉社を参照して下さい）。

(1)酒匂の雙鉤《そうこう》加墨本について
a〈李説〉一八八三（明治一六）年に酒匂が碑を改ざんした上で持ち帰ったものである。

b〈古田説〉酒匂本人が「故ニ（我）強迫シテ漸ク手ニ入レタリ」と言う通り、現地で入手したものである。

c酒匂は現地（集落）で石摺りを業とする者から手に

入れた。彼自身が写しとったものではなく、〝改ざん〟もしていない。

(2)参謀本部・酒匂が〝改ざん〟したのかどうか。

a〈李説〉酒匂は「渡海破」等を意識的に朝日関係史に直接かかわる個所をすり替えたのであり、〝改ざん〟したのである。

b〈古田説〉酒匂による碑文の改ざんはない。文字の異同は清朝の拓工によるもので、〝イデオロギーによる改ざん〟ではない。

c酒匂による改ざんはなかった。文字の異同は拓工の初天富・均徳親子が碑に石灰を塗って文字をつくったことによる。

(3)酒匂本の資料性格について

a〈李説〉酒匂によってすり替えられた碑文の雙鉤加墨本が酒匂本である。〝改ざん〟という犯罪行動をおおいかくすため「石灰塗付作戦」が必要となった。

b〈古田説〉酒匂本とは現地拓工によって作成された雙鉤加墨本であり、最末字の「之」の字の誤りなどを見ると、日本側の雙鉤者はいない。石灰は拓工が塗ったものである。

c雙鉤本は拓本をつくるよりも手間がかかり、熟練した職人ですら半月以上かかる。酒匂がスパイなら、長期間この仕事は続けられない。最末字の「之」の誤りなどから、酒匂は自ら改ざんをしていない。

以上です。aは〝改ざん〟説に立つ李進熙氏、bは〝改ざん〟を否定する古田武彦氏、cは中国吉林省文物研究所所長の王健群氏の見解で、今日、日本の学界でほぼ認められているものです。この王氏の見解の基本は古田説を追認しているものですが、現地調査を経た見解であるだけに説得力をもっているのが特徴です。

好太王碑は戦後、日本と中国との間に国交がなく、又国境付近であるために久しく日本人研究者には開放されていなかったのです。王氏の見解が発表される(一九八四年)まで、日本の学界では未解決の論争となっていたのです。そこで私達は碑文を実際に調べればこの論争に決着をつけることができるだろうと随分苦労を重ね、論争の当事者である古田氏と一緒に好太王碑の現地調査を要求するために中国へ旅立ったのです(一九八一年八月下旬。詳細は拙稿「好太王碑の開放を求めて」『市民の古代』第四集参照)。北京の国家文物管理局や吉林省の文物管理所との交渉を重ね、ようやくにして「集安の好太王碑については、必ず開放する」という言質を得たのです。そして、久しく待望していた現地入りが一九八五年三月下旬に実現することができました。私達にとっては終生忘れることができない旅となりました。

五

好太王碑を現地調査する目的で学者、市民の間から東方史学会という団体を一九八〇年に結成していました。東方史学会は古田武彦氏を団長とし、山田宗睦氏を副団長、そして秘書長（事務局長）に私というメンバーで総勢二十名を集安の好太王碑へ送ることにようやく成功しました。又、今日まで日本人訪中団の中では最長の四泊五日間の滞在期間を好太王碑に向けることの許可も得ました。

さて碑文は長年の風化により、また発見後苔を焼く時に生じた傷等人工によるものも含め判読不能の文字も少なくありません。そこで、今回の調査にあたって古田武彦氏、山田宗睦氏と私の三者で討論の結果、主観を排するため一つ一つの文字について三者以上で一致した判定を行なおうと決め、文字の判読について次のように五段階に分けました。

A…完全に鮮明である。B…若干不鮮明であるが、ほぼ字形を確認できる。C…不鮮明で、残存した字形が二通り以上に解読できる。D…不鮮明で、字形を確認しがたい。E…完全に不鮮明であり判読不能。

観察は肉眼を基本とし、望遠鏡、双眼鏡、8ミリズーム・レンズ、赤外線写真等も使用した。さらに、同一の文字についても、朝、昼、夜と光線によって変化するので、観察時間帯を変えて調査をくり返しました。このようにして判明したポイントを次に示します。

倭《A》以《A》辛《A》卯《A》年《A》来《A》渡《C》海《D》破《B》百《A》残《A》□《A》□《A》𣂺《D》羅《B》（一画九行）

「辛」の文字は碑文では「亲」となっています。「辛」の古字体ですが、拓工にはこれが解らず、「耒」「来」の様に読みとられたため、誤りの原因となったが改ざんではありません。「氵」は現状では風化と傷が激しく、「海」となっており、碑面保存のため中国側が入れた樹脂加工が、入っています。最近発表された周雲台拓本では、かなり明確に「海」と判読できます。過去に「海」と読めた文字であることは疑いを入れません。

李進熙氏が〝改ざん〟説を提起する際の最大の根拠となった「来渡海破」の文字が不鮮明であることと「海」字のズレがあることの問題は、現碑面を肉眼で観察すると一目瞭然に解ることですが、碑面の凹凸の最も著しいところです。

李氏は拓本上の差異を丁寧に調べることによって、「東洋文庫拓本では、『渡海』の位置が著しく下方にずれていて、とくに『海』の字は前行の『平』字（八行一三字）より約半字分もずれている。そして『海』字はくずれてしまい（石灰）、明らかに別の字画になっている」（『広開土王陵碑の研究』）と指摘したのでした。

凹凸のひどさは図2のように二〇cmもあるところに「渡海」があたっており、字のズレはそれが原因です。又、不鮮明な文字は拓工が石灰を塗って仮面字を作成しました。しかし、イデオロギーに基づくものではなくて、原碑面の補強、文字をハッキリさせるという目的のためでした。机上の拓本等の比較から李氏は〝改ざん〟説を主張されたものです。現地調査が許可されていない段階では疑問の提出そのものはやむを得ないことでしょうが、従来まで現地調査をした学者たち

図2　四面から一面の側面を見る

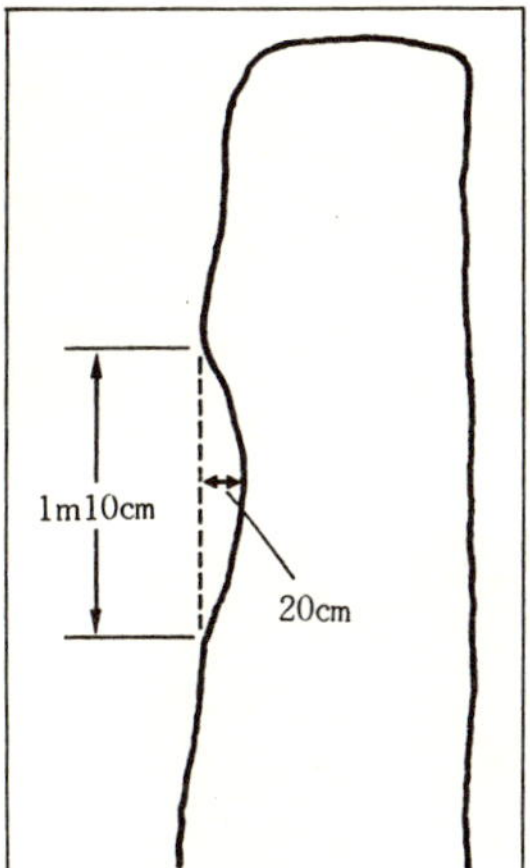

（藤田作図）

（鳥居龍蔵、関野貞、今西龍、黒板勝美、浜田耕作、池内宏、末松保和、金錫亨各氏ら）の貴重な成果と報告を尊重せず、それらと矛盾する仮説を立てたものでした。

この仮説が成立しないことを現地調査によって東方史学会のメンバー全員で確認しましたが、さらに李説のいう一九〇〇年前後の「石灰塗付作戦」や「第三次加工」等の〝改ざん〟の正体も現地調査によって解明することができたので次に簡明に報告します。

六

李氏は「亲」が「耒」等となっていることや、「海」がくずれているということを問題とされましたが、一

つの文字が全く別字になっており、しかも年代によって変化するという驚くべき〝改変〟については指摘されていません。

好太王碑建立の目的の一つである守墓人の制度を明確にするということにかかわる大切な問題ですが、従来の研究ではほとんど焦点を与えられてはいません。

碑文では守墓人として国烟という単位で「三十家」、看烟という単位で「三百家」とすると書かれてあり、好太王軍が百済各地の城を攻め、略奪してきた民をそれぞれ守墓人としていたのです。このことを明記するために好太王碑の三面から四面を費やし、全体の約半分近くがそのことのために使われていたのです。

碑文では守墓人の国烟の合計数は「三十家」になるとハッキリ書かれているのに、釈文ではさまざまな数にわかれていました。例えば、酒匂雙鉤加墨本（三四）、栄禧《えいき》本「三二」、羅振玉本「三五」、劉承幹本「三六」、末松保和本「三一」等々となっています。

国烟の合計数が合わない最大の原因は、碑文の第三面一四行三九字目の文字をどう読みとるかということにある。この文字は図3のように写真においても、内藤旧蔵写真においては「六」、一九一三年撮影の写真では「七」と異なっていたのです。これは一体なぜなのでしょうか。

李氏は指摘されたかったのですが、〝隠された「改ざん」〟文字の追求に私としては全力を注ぎました。

過去百年間にわたる好太王碑研究史を調べ直し、この文字を追跡すると、次のように異なった文字となって研究者に判読されていたのです（発表年代順に前後を置きます）。

①「七」と判読…横井忠直、三宅米吉、今西龍。

②「四」と判読…栄禧。

内藤旧蔵写真「六」

1913年撮影「七」

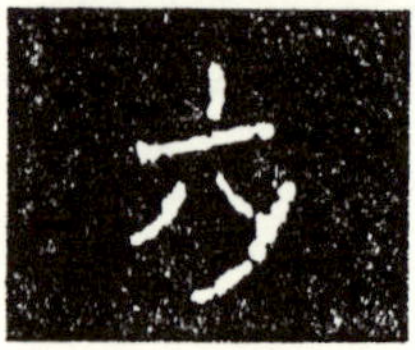

中国吉林省博物館拓本の模写

図3　第3面14行39字

③「六」と判読…羅振玉、楊守敬、劉承幹、金毓黻。
④「一」と判読…前間恭作、水谷悌二郎、末松保和、
藤田友治、王健群、耿鉄華、武田幸男。
⑤「不明」と判読…朴時亨、集安県博物館釈文。

一つの文字がどうして「七」「六」「四」「一」等に分れるのでしょうか。私は拓本や写真等をくり返し比較しながら考え込まざるを得なかったのですが、中国吉林省に好太王碑の開放を交渉に行った際（一九八一年）、そこの博物館にある拓本の文字を見てようやくこの謎を解明することができたのです。

この文字第三面一四行三九字目は拓工によって石灰が塗られ、仮面字となっているもので、字の上下の部分は碑面のキズであり、そこに石灰を埋めて文字を作れば「七」「六」「一」等になることに気づいたのです。この文字は国烟の他の数も合計することにより算出すると「一」以外にはないのです。私は現地調査に行く前にこう結論づけ発表していました（拙論「好太王碑論争の決着——中国側現地調査・王論文の意義と古田説について」『市民の古代』第四集、一九八四年）。

そして現地調査をむかえましたが、従来から論争されてきた文字（「来渡海」等）の確定の他に、私にとってはこの文字の確定が一つの大きなポイントでした。「一」以外の文字であれば、私の仮説は誤っていることとなるからです。碑文をくり返し精密に観察した結果、この問題の文字は「一」がやはり正しいことを私だけでなく古田武彦や山田宗睦氏らの確認も得てハッキリさせることができました。

この問題は一見ささいな問題に見えるかも知れませんが、実は李氏が疑った「海」字のズレ以上の問題でした。つまり、李氏が主張されていた「石灰塗付作戦」なるものの時期とその本質を見事に説明づけることができる問題であったのです。この文字の変化を分析すると、一八九八年まで「七」であった文字が、一

発表年代	資料	字
1883年	酒匂雙鉤加墨本	七
1889年	横井忠直の釈文	七
1898年	三宅米吉	七
1905年	内藤旧蔵写真	六
1909年	楊守敬の雙鉤本	六
同年	羅振玉の釈文	六
1913年	写真	七
1915年	今西龍の釈文	七
1918年	写真	七
1919年	朝鮮金石総覧	一
1922年	劉承幹の釈文	六
1934年	金毓黻　〃	六
1959年	水谷悌二郎の〃	一
1966年	朴時亨の　　〃	曰
1983年	藤田友治の解読	一
1984年	王健群の釈文	一
1988年	武田幸男の試釈	一
1993年	白崎昭一郎の釈文	一

第３面第14行39字の変化

九〇五年以降は「一六」となっており（一九〇九年まで）、第一回目の石灰塗付は一九〇〇年前後であったことが鮮明にわかるのです。これが、李氏が主張されていた「石灰塗付作戦」の正体です。だが、李氏がいわれる酒匂の〝改ざん〟ではなく、イデオロギーに基づくものでもないのです。これは拓工による仮面字であったのです。

七

なお最近碑文研究上進展を得たことをのべましょう。守墓人の術語《ターム》に国烟、看烟の他に「都烟」があるかのように扱かう学者や不明とする学者がいました。例えば朝鮮金石文の研究で知られる井上秀雄氏は「都烟は、前後の書き方に従えば、『看烟』とすべきであるが、都烟としたのはたんなる衍字か、あるいは特殊な烟戸であったのか、未だ明らかになっていない」（『古代朝鮮金石文としての好太王碑」『書道研究』一九八七年創刊号）といわれています。この問題は好太王碑建立の目的の一つである守墓人に関することであるだけに未解決にしておくわけにはいかないでしょう。この文字（四面二行三五字）について約百年間の釈読は次の通りです。

①「都」と判読…横井忠直、栄禧、羅振玉、楊守敬、今西龍、前間恭作、劉承間、金毓黻、末松保和氏ら。

②「看」と判読…三宅米吉、水谷悌二郎、朴時亨、藤田友治、王健群、耿鉄華、福宿南嶋、武田幸男、白崎昭一郎各氏ら。

一つの文字をめぐって研究者間で二分されている困難な問題ですが、好太王碑文の論理、拓本等の研究、現地調査によって確定しうるのです。

㈠碑文の論理

碑文には各地域の看烟を合計して「三百」と明記しています。問題の閏奴城の広開土王陵碑戸は「二十二」であり、この数を看広開土王陵碑に含めるとピッタリ「三百」となり、碑文と合致します。さらに碑文は第四面の烟戸をまとめたところで「国烟三十、看烟三百、都合三百三十家」と総括しており、ここに「都烟」なるものは一切入っていないのです。さらに国烟と看烟の比率が一対十となっており高句麗の社会制度の整然とした確立をうかがわせます。「都烟」という単位やその数「二十二」は混乱を持ち込むものとなりましょう。

㈡拓本等の研究

「都烟」とつくるのは酒匂雙鉤加墨本、シャバンヌ拓本、内藤虎次郎旧蔵本、大東急記念文庫本等である。雙鉤加墨本は厳密な「拓本」ではなく、墨をぬる際に人為的になりやすく、又、シャバンヌが碑を調査し拓本を購入した時期（一九〇七年四月）は石灰が塗られ仮面字が多くありました。その証拠となるのは王健群氏が明らかにした拓工・初均徳の抄本であり、これは「都」とつくっています。つまり、拓工がつくった文字です。一方、石灰塗付の影響が少ない水谷悌二郎氏所蔵拓本では「看」とかろうじて判読できますが、右半分にキズが入っています。又、傅斯年氏旧蔵（甲）本も「看」も読めますが、右半分にキズが入っています。

㈢現地調査

現地で碑面に接し幾度も確認しましたが、風化にあった文字であり、キズを石灰で補なって「都」とつくったと思われました。つまり、正しくは「看」であるとの確証を得たのです。

さて、この問題もささいなようで実はそうではなく、重要な問題を提出していました。〝改ざん〟説を真に徹底させるならば、高句麗の守墓人の制度にかかわる「都烟」なるものの実体があれば、真にイデオロギー、制度にかかわるものであり、李氏はこの文字こそ真に問題提起をされるべきではなかったでしょうか。この文字こそ守墓人制度に深くかかわるからです。だが、李氏は先にのべた国烟の数を合わなくさせている最大の文字（七―六―四―一）（三面十四行三九字）を〝改ざん〟とすることなく、しかも直接的に制度にかかわる「都烟」問題を問うことなく、「海」の字のズレという拓本上の疑惑にとどまったのです。つまり、自己のイデオロギーを優先させ、実証的かつ現地調査に基づいた碑文研究から出発したものではなかったのです。以上によって明白なように、李氏の提起された〝改ざん〟説は成立しません。

だが、李氏の示された真摯な研究動機や日本軍国主義批判は今日においても正しいものであり（李仮説の否定と同時に李氏の軍国主義批判そのものも消し去ろうとする試みに反対です）、李仮説の提起によって古田武彦氏や王健群氏らのような詳細な好太王碑研究が一層進展し得たわけであり、小生の貧しき研究もどれほどの恩恵を受けたか計り知れないと感謝しています。

八

好太王碑〝改ざん〟論争は決着がついたのですが、実は残された課題は多いのです。好太王碑文中にある「倭」とは何かをめぐってシンポジウム等で論争が始まっています（詳細は拙論「好太王碑に現われる倭とは何か」『シンポジウム・邪馬壹国から九州王朝へ』新泉社を参照して下さい）。

詳細な現地調査で〝改ざん〟説を否定した王健群氏は大著『好太王碑の研究』によって倭を一一カ所としていますが、私たちの現地調査では現段階で確認できる倭の文字は八カ所であり、これに研究史上かつて読めた文字一カ所を入れ、九カ所出現すると認められますが、一一カ所も認めることはできません。又、王氏は倭を「倭寇」として北九州一帯の海賊ととらえています。自説を展開する際、先行説に考慮しなければならないが、王氏はしばしばこれを無視されます。倭を海賊ととらえる説でしょうが、王氏はしばしばこれを無視されます。倭を海賊ととらえる説は既に金錫亨や旗田巍氏によって主張されていたのです。

「倭」は海賊か国家かという議論のポイントは、「日本列島がまだ統一されていなかった四、五世紀では、国家関係が成立していたとは思えない」という王氏の主張にも見られるように、「国家」という概念と実体の把握にあります。四世紀末の東アジアは、高句麗と新羅、倭と百済とがそれぞれの利害が複雑に交わる中で同盟と対立があり、対立は抜きさしならない状況となって、結局好太王碑文にあるように戦争となっていたものです。

好太王碑文と『三国史記』は成立年代が異なっていても、基本的にはこの歴史的事実を反映しており、内容的に一致しているのです。しかし、倭を国家でなく海賊とみなして解読すると、当時の国家間の矛盾を処理できないばかりか、それぞれの国の歴史を見誤ることとなるでしょう。

もとより、「倭」を大和政権ととらえたり、朝鮮を「植民地」ととらえる従来の日本の通説は誤まりです。この限りで、大和中心主義や日本帝国主義の歴史観の歪みを問い質そうとされた金錫亨、李進熙、王健群ら各氏の研究動機、姿勢は今日においても重要です。彼らに対する日本の学界での応答は本質的には脆弱ですが、唯一、九州王朝説の古田武彦氏の立論がこれに答えています。「倭」を九州を中心として高句麗と交戦したととらえる一点において、立場の違いを越えて共通しているのは歴史的真実であるからです。

今日、改ざん説の否定の後において、どの文字が正しいかという地道な研究が必要です。白崎昭一郎著『広開土王碑文の研究』（吉川弘文館）はこれをなそうとしています。

好太王碑の前で、中国、朝鮮民主主義人民共和国、韓国、日本の学者達が一字一字を確認しながら、高句麗、百済、新羅、倭について徹底したシンポジウムが行なわれることを期待しないわけにはいきません。そして、このことは古代史の真実を追い求めるだけでなくて、今日、明日において東アジアの学術交流、友好にかかわることであるからです。好太王碑文の真実を求めるということはそういうことでなければならないでしょう。

藤田友治（ふじた・ともじ）大阪府立富田林高等学校教諭。
著書に、『好太王碑論争の解明』（新泉社）、『三角縁神獣鏡――その謎を解明する』（ミネルヴァ書房）、『前方後円墳――その起源を解明する』（ミネルヴァ書房）などがある。

【民俗の森散策】

憑依する神々の姿

——ケーララ・クルチェラ・トライブの仮面と憑霊儀礼

川野美砂子

一　ケーララと「神の踊り」テイヤム

インドの南西のはじ、アラビア海と西ガーツ山脈に挟まれた地はケーララ、ココヤシの国と呼ばれ、山々によってインドの他の地域から隔てられて、ヒンドゥー化の波に呑み込まれることを免れた、独特の文化が息づいている。

このケーララの北部に、カンヌール地方を中心として、テイヤムという儀礼がある。テイヤムという言葉は神を意味するサンスクリット語デーヴァが変化したものであり、同時に「神の踊り」をも意味する。この儀礼では神々が人間に憑依して、恐ろしく、しかもまたユーモラスであるが、超越的にして美しい姿を人々の前に現すのである。

1　神の表象としての仮面

神の姿は、凝りに凝ったメーキャップと衣装と道具、そして仮面で表現される。テイヤムは目の回りに黒いくま取りをし、オレンジ色に塗りつぶした顔の上に細い赤の線で細かい模様を描いたり、まっ黒の顔をしていたりする。さらに口の両側からS字型にうねる銀色の牙を生やしたり、大きなくちばしをつけていたり、あるいはうちわのような丸い大きな耳をしていたり、銀色のピンポン玉のような目をはめたりしている。

体もオレンジ色に塗り、赤い天然痘の斑点をつけて、丸い乳房をつけていたり、真っ黒だったり、白く塗ったりして現れる。赤い大きなスカートをはいて、揺りかごを逆さにしたような赤い大きな頭飾りをかぶったり、あるいは緑のヤシの葉の腰蓑をつけて、ヤシの葉

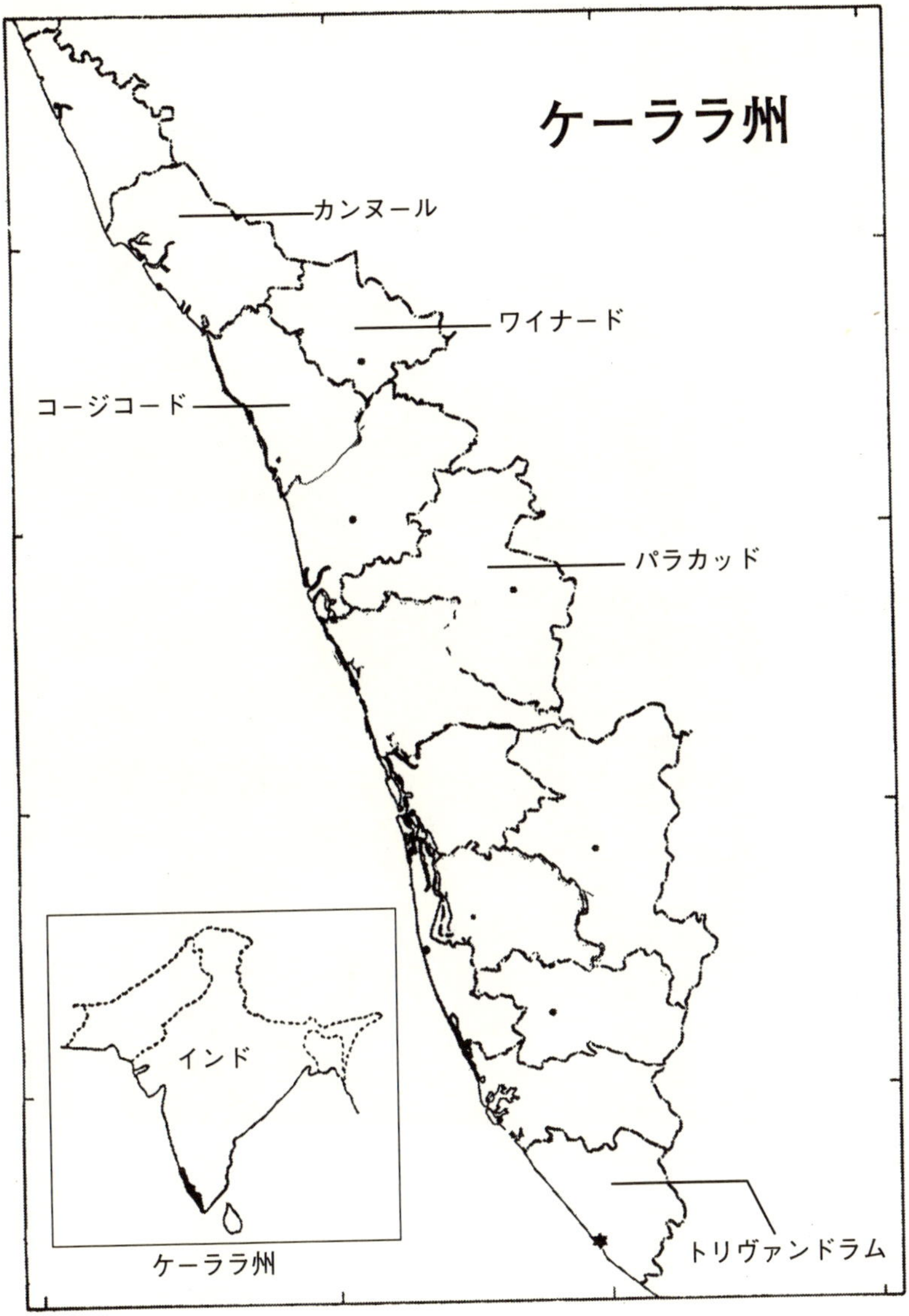
ケーララ州
カンヌール
ワイナード
コージコード
パラカッド
トリヴァンドラム
インド
ケーララ州

でできた六メートル以上もの高さの飾りを頭の上につけたり、羽を広げたクジャクのような頭飾りをつけていたりする（写真1）。黒く縮れた長い髪をたらした

写真1　バダガラのテイヤム

り、ライオンのしっぽを下げているテイヤムもある。
カンヌール地方で初めてテイヤムに出会った晩には、一面に無数の星がきらめく漆黒の夜空のもとで、たい

まつを持って走り寄り、ハーと息を強く吐きながら迫ってきた「神」に思わず後ずさりして、ただ息をつめて見つめるばかりだった。そこにはカメラを向けることさえはばかられるような何かがあった。それはケーララの神々をめぐる意味も感情も共有しない異邦人の心にすら、畏れを呼び起こすのに充分な効果をもつものだった。

そして仮面は神の身体の一部であるとともに、神そのものを表象している。ヴェラート（準備のテイヤム）に始まって、幾体もの異なる風貌の神々が現れては踊り、長老たちに話しかけ、若者たちと交歓し、一族の者一人一人に祝福を与えることを繰り返しながら、会場全体が大きなうねりに包まれていくとき、観衆が息をのんで見守る中で見事に変身を遂げる神々は、仮面のうちにその姿を現すのである。

2 憑霊装置としての仮面

しかし仮面やメーキャップや衣装や小道具は、神々の姿を表現し、人々に畏怖の念を抱かせるためのものであるだけでなく、むしろ神々が憑依してくるための装置である。テイヤムを演出する人々は、初めはヤシの葉の小屋の中で、テイヤムになる人（テイヤッカーラン）を寝かせて顔に色を塗り、丁寧に模様を描く（写真2）。それはメーキャップというよりは、むしろ顔をキャンバスに神の面を描いていると言った方がいいほどのものである。

それから小屋の前のピーダム（神の座る椅子）に座ったテイヤッカーランに、牙や首飾りなど顔の部品や装飾品を、歌を歌いながら時間をかけてゆっくりつけていく。それをずっと見ていると、一見恐ろしげでおかしなものを、ここまでいくつもいくつも重ねてつけなくてもいいじゃないのと笑い出したくなるくらいの、手の込んだ過剰さである。

周りでは三、四人のドラマーたちが太鼓をたたきながら歌を歌う。この歌はトータムと呼ばれ、テイヤムの始まりと、祖先がそれを自分たちのものとした由来を歌うものである。トータムが歌われている間、まだ部分的にしか装束を着けていないヴェラータム（準備）の状態のテイヤッカーランは、それに耳を傾け、次第に自分自身をテイヤムに同一化していく。トータムはテイヤッカーランの中に入って、テイヤムへの同一化を助けるのである。

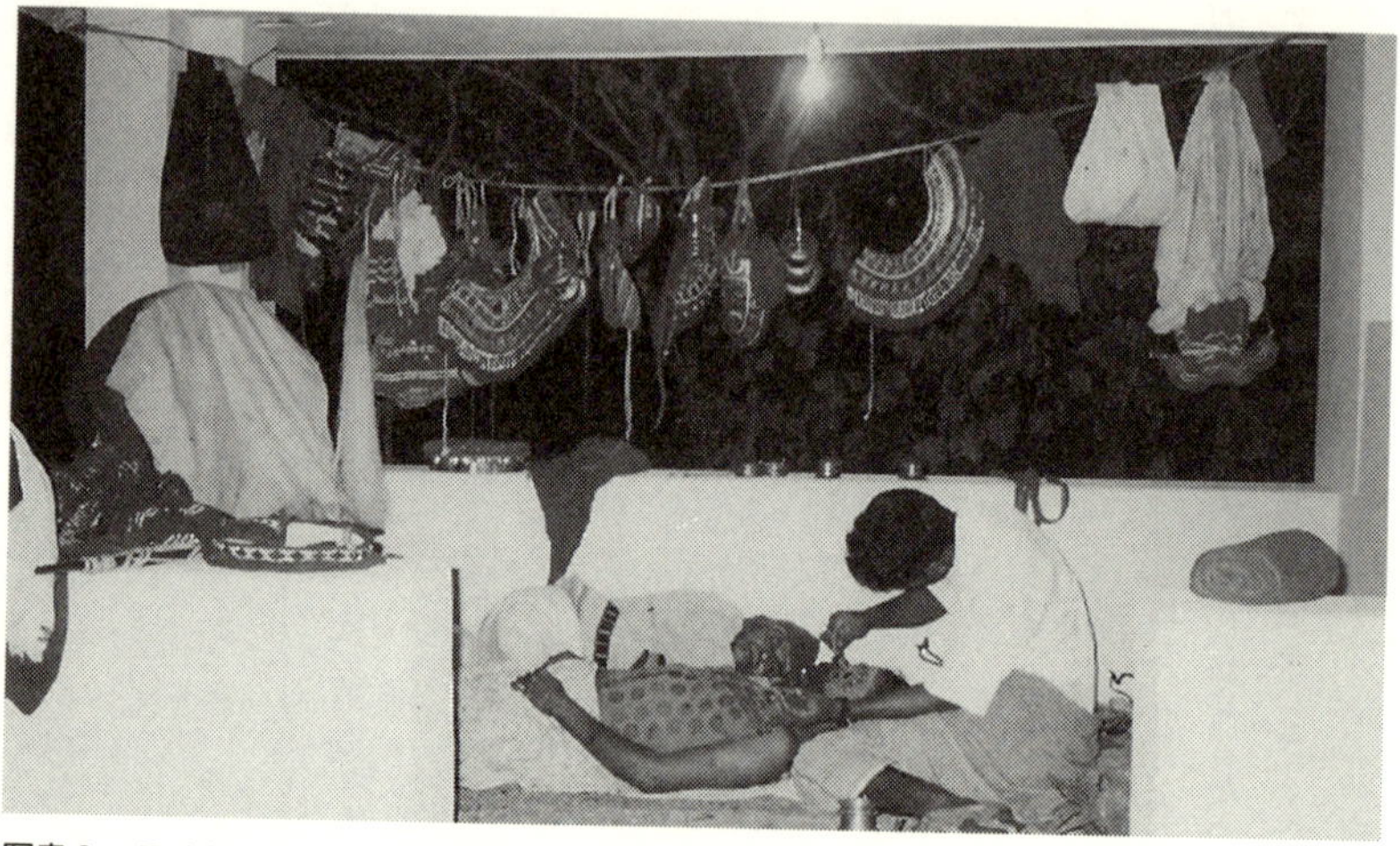

写真２　テイヤムのメーキャップ

単調なリズムの太鼓と歌が何度も繰り返される中で、人間だった青年は、人々が畏れ、頼る神に姿を変えていき、体を震わせて憑依される。そして同一化が完成したとき、その頭に頭飾りが置かれ、テイヤムは力強く踊り出すのである。トータムが歌われるのは、時に何時間にも及ぶという。クライマックスで仮面にいたるメーキャップや衣装、小道具などは、トータムと共に、神が人間に憑依し、それから人間が完全に神に同一化していくまでの、長く入念なプロセスを構成するのである。

3　神のスピリットを担う仮面

さらに仮面は単なる道具ではなく、それ自体が神のスピリットを担うものである。儀礼の最終段階に入り、ピーダムに座って人々の広げた布の陰に隠れたテイヤムは、再び姿を現して踊り出すとき、人目を驚かすような仮面をつけてすっかり様変わりしている。この主神バガヴァティが一族の長の持つ炎に導かれて暗くなった会場を回るとき、テイヤムは最高潮に達し、会場に集まったわたしたちも、はるかな昔、祖先の人々が神を迎え入れた喜びを共にしているような一体感に包まれる。

この仮面はふだんは寺院の奥深く安置されているものだが、テイヤムが始まる日の朝、寺院から儀礼の広場に移され、会場の入り口にあるテイヤムの準備小屋の一角に置かれて、用心深く覆いをかけられていたものである。それはヴェラート・テイヤムが終わって本番のテイヤムが始まる前の休憩時間、準備小屋に立ち寄ったわたしに、テイヤムを受けもっているマラヤンの人々が、「バガヴァティを見せてあげる」と言って見せてくれた、真っ黒の顔に長く赤い舌と白い牙をもつ、あの丸い仮面だった。

彼らは小屋に入って、入り口からおそるおそるのぞき込んでいるわたしに向かって、「写真を撮ってはだめだよ」と言いながら、少しだけ覆いの布をまくって見せてくれたのである。初めて寺院を訪れた一週間前、「中はのぞいてはだめ、そこからなら見せてあげる」と言ってクルチェラの人々が寺院の扉をそっと開けてくれたときには、真っ暗で見えなかったバガヴァティの仮面である。

儀礼は寺院から神のスピリットを担った面を出して儀礼の会場まで行進することによって始まり、会場から再び寺院に帰すことによって終わるのである。

仮面が神のスピリットを担う端的な例に出会ったのは、トリヴァンドラム地方だった。そこではテイヤムは行われないが、守護神バガヴァティに対する年に一度の儀礼は、寺院の中にあるバガヴァティの仮面からそのスピリットを仮の仮面に移し、その仮面をナンブーディリ（僧侶）が抱えて象に乗って、家々を回り米の奉納を受ける形で行われていたのである。

ここでは、今年二月初めから三月末までインドのケーララ州で行った調査に基づいて、ワイナード地方の山あいに住むクルチェラの人々が、祖先の神を迎える儀礼として年に一度行うテイヤムを紹介しよう。

二　クルチェラ

クルチェラは外部の社会との接触を用心深く避けながら人里離れて住む人々で、ケーララの指定トライブの一つとされている。この人々は、イギリス支配に抗して戦ったことでケーララの歴史の中で高く評価されているパラシ・ラジャの戦士として、王の戦いを支えたことで有名である。彼らはまた、ケーララの他の人々の間では廃止されて久しいと言われるマルマッカータヤム、つまり母系制を今でもとる最後の人々としても知られる。

1　タラワードと「祖先の部屋」

クルチェラの人々の住むという村に向かって、ワイナードの山道をジープに揺られていたときは、村に着いてジープから降り立つやいなや、たくさんの子どもたちの生き生きしたまなざしに取り囲まれることになろうとは、予想しなかった。そこにはわたしが探し回っていた「タラワード」、人類学の報告の中で長い間親しんできた母系大家族の住居があったのだ。

「タラワード」という言葉は母系大家族を意味すると同時に、大家族が住む伝統的家屋を指している。本来それは正方形の吹き抜けをもつロの字型の建物、あるいはその一部とみなされる一定の様式を備えている。わたしがここで出会ったのは、L字型と他の二辺からなるタラワードであったが、その一辺は来客用のパディ・プラという建物である。彼らはつい最近まで、外から来た者を家の中に入れることを拒み、パディ・プラをそのために当てていた。正方形の中庭には、ござにこしょうの実を広げて干してある。また月経中の女性のための建物と池も別にあった。

このタラワードに、七十歳のカーラナヴァンを長としてマルマッカターヤムに従い、三十一家族一二五人が住んでいる、長の次にあたる明るいきびきびした感じの男性が説明してくれた。「カーラナヴァン」とはタラワードの最長老の男性のことである。彼らはタラワード全体で五十エーカーの耕作地をもち、共同で働いて、コーヒー、米、こしょう、ココナツなどを栽培して暮らしていた。

クルチェラのタラワードには、扉に彫刻と彩色が施された「祖先の部屋」があって、中に祖先の武器だった弓と刀が置かれ、灯明が灯されていた。毎朝、ここで祖先に対して祈りが捧げられる。説明にあたった男性が中から祖先の弓を出して、それからにぎやかに集まったタラワードの人々の前で弓を引き、矢を放って見せてくれた。

祖先の部屋の中に入ることができるのは、タラワードの中でもカーラナヴァンとその家族だけで、ましてよそから来たわたしは、中を見ることも写真を撮ることも許されなかったが、部屋の外側はいいと言って、カーラナヴァンが祖先の部屋の中から顔をのぞかせ、カメラに向かって立ってくれた（写真3）。そうやって同時に、部外者の目やカメラから祖先の神を注意深く守っているのである。

写真3　クルチェラの先祖の部屋と長老たち

2　クルキラル・バガヴァティ寺院

クルチェラのこのタラワードには、さらに、道を上って行ったところに美しく立派なクルキラル・バガヴァティ寺院が、そこから別方向に少し下ったところに

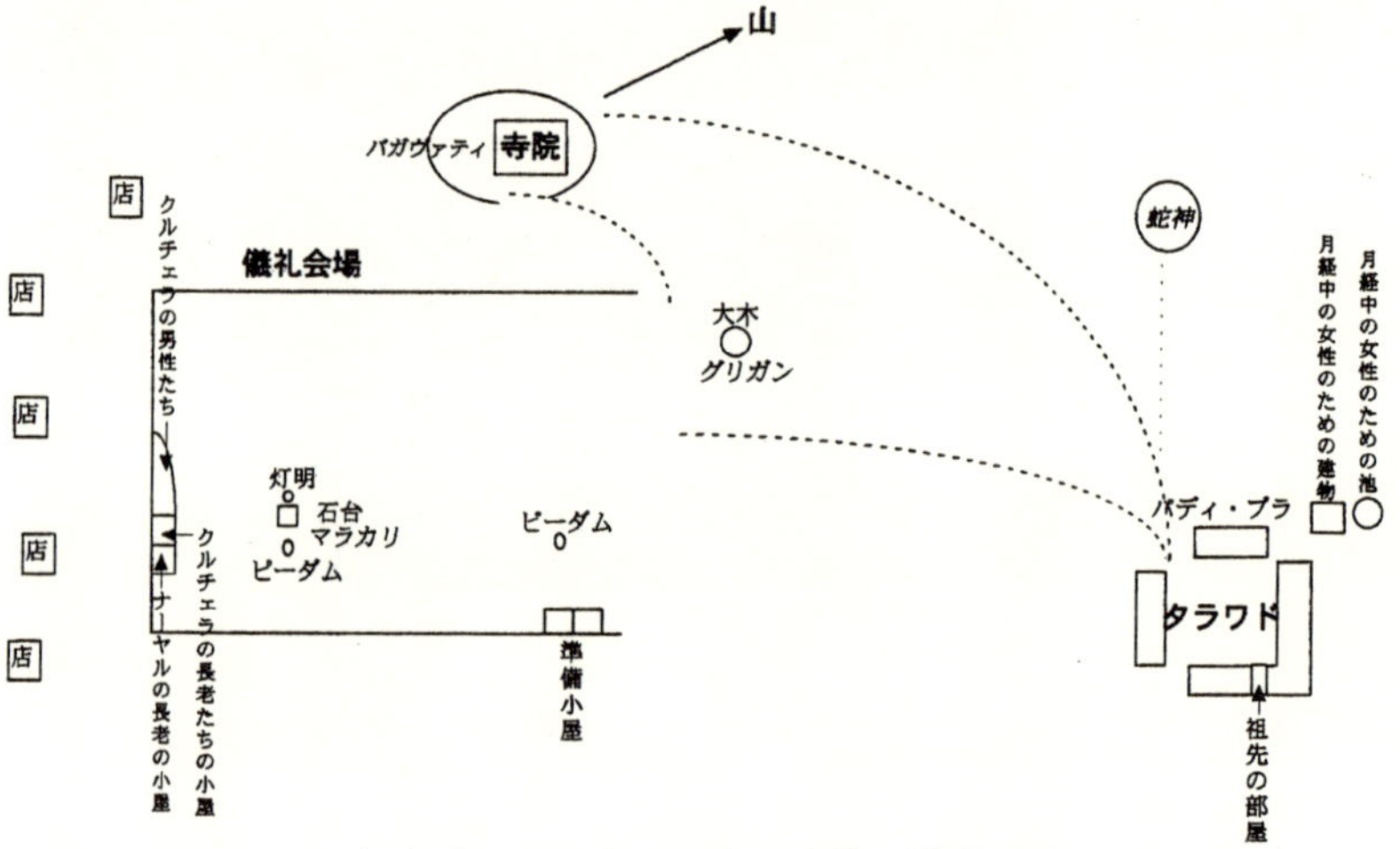

クルチェラのタラワド・寺院・儀礼会場

祭りの広場があった。寺院に行く途中には、この先の方は蛇の神のいる森だという、うっすら踏み跡のついた道があったが、そちらの方には行ってはいけなかった。

寺院の屋根には、まっ黒の顔に白い牙を生やし、赤い舌を長く出したバガヴァティの面がかかっている。祭りの広場には、中央に四角の石の台と灯明を灯す台があった。寺院の前でクルチェラの男性は、昔、タラワードのカーラナヴァンが神々に出会い、祀るようになった物語を話した。

昔、ムニと呼ばれるカーラナヴァンがいた。ムニは神々がここにいると思った。その神々とはマラカリ、そしてグリガンであった。カーラナヴァンはある朝、再びその場所に来て、バガヴァティのシンボルを見た。そこにはだれもいなかったが、彼は大きなジャックフルーツの木の一部が切り取られているのを見た。このシンボルは大工が作ったものだった。地主とタントリ（宗教的職能者）が来てマラカリとグリガンそれぞれの土地の間をバガヴァティの場所と認め、そこにバガヴァティのシンボルを置いた。地主は祭り（ティラ）を行うことを許可し、祝福した。

マラカリのシンボルは祭りの広場中央の石、グリガンのシンボルは広場の前にある大木である。そしてバガヴァティのシンボルは寺院の中にある。この寺院の中は入ることものぞくこともいけないけれど、遠くからなら写真を撮ってもいいと言って、扉を開けてくれた。

クルチェラの人々はこの寺院に入ることを許されず、昔地主だったナーヤル・カーストとタントリの許可を得なければ、扉を開けることもできない。寺院の外側で灯を灯すことしか許されない、そう言ってから男性は、祖先の神々を祭る年に一度の儀礼について、教えてくれたのである。

毎年マラヤラム（ケーララで話される言語）暦クンバム月の十四日から十六日の三日間、祭りを行う。タラワードの者は皆集まり、カーラナヴァンがその費用をまかなう。祭りの日、タラワードの人々は祭りが行われる場所に向かってバガヴァティとともに行進をする。祭りの翌日、再びバガヴァティを寺院に置くのだ、と。

祭りの日はちょうど一週間後だった。

三　クルチェラのテイヤム（導入）

1　山の神マラカリと始祖ムニが憑依する

一週間後の正午、再びクルチェラのタラワードに来てみると、タラワードの人が大急ぎでクルキアル・バガヴァティ寺院に連れていってくれた。寺院の前には灯が灯され、年配の男性たちが集まって、寺院を背にし山の方を向いて立っていた。いましも神が来るのを待っているところだと言う。

突然目の前の男性の体が後ろに倒れ、それから山に向かって道を走りだした。彼はフーフーと強く息を吹きながら戻ってきてコインを投げ、こちらに立っていた男たちのうち二人が拾って彼に渡す。彼はその男たち二人に米を投げつける。それを繰り返すうちに二人の男性も同じ状態になり、竹の葉の束を持って息を吹きながら言葉を唱えだした。

最初の男には山から下りてきた戦士の神マラカリが、後の二人には始祖のムニが憑依してきたのである。マラカリは矢を、ムニは手に杖を持っている。さらに若者がトランス状態に陥り、ポランカーレン（助手）になる。順にトランスに入っていった年配の男性三人と若者は、道を行ったり来たりした後、寺院を回って儀礼会場に移り、他の男性たちもその後についていった。

彼らはそのあとも儀礼の間じゅうずっと憑依状態のまま、長老たちのための小屋の前を行ったり来たりしていた。

2 テイヤムの準備小屋

クルチェラの男性たちの後について儀礼会場への道を降りて行ったわたしは、スカート形の真っ赤な衣装とおどろおどろしく長い黒髪で、遠くからでもすぐそれとわかるテイヤム（正確にはテイヤッカーランと言うべきだけれど）が立っているのを見て、思わず歓声をあげた。その瞬間まで、クルチェラの人々の言うティラ、祭りがテイヤムという形で行われるとは知らなかったのだ。

それればかりでなく、そこは一週間前に見た同じ場所とは思えないほど活気に満ちていた。まだ神が憑依してくる前の、生身の人間の青年であるテイヤッカーランが仲間の青年たちと話していたのは、広場の入口左側に新しく建てられていた、ヤシの葉でできた四角の小屋の前だった。

それはテイヤムの準備小屋とでも呼んだらいいようなもので、ここにテイヤムの衣装や様々の小道具が置かれている。そこでテイヤッカーランは横になって、メーキャップをされるのである。小屋の前にいたのはクルチェラの儀礼でテイヤムを演じ、テイヤムを演出し、太鼓をたたいてトータムを歌う人々で、マラヤンというクルチェラよりさらに低いカーストの人々だった。

二部屋ある小屋のうちのもう一方の部屋の隅には、寺院から運ばれてきたバガヴァティの仮面が、布に覆われてひっそりと置かれている。祭りの最終ステージのクルキラル・バガヴァティ・テイヤムでは、この小屋の前にメーキャップを終えて衣装を半分だけ着けたテイヤッカーランが座り、長い時間をかけてテイヤムの準備が行われるのである。

この小屋はまた、クルチェラの青年たちがトランス状態に入るとき、正気に戻るときに走っていく、グリガンのシンボルである大木のすぐ近くに建てられている。小屋の前で、トータムを歌い続けるドラマーたちに囲まれて、様々な装束をつけられながら座っているテイヤッカーランは、木から戻ってきたトランス状態の人々に誘導されて、テイヤムになるのである。

3 祭りの広場

広場の奥にも、同じヤシの葉の四角の小屋が二つ並べて、新しく建てられていた。向かって左側にはナーヤルのカーラナヴァン、右側にはクルチェラのカーラナヴァン他数人の長老たちが立っている。さらにその右には日除けが造られ、クルチェラの男性たちが集まっていた。

一週間前に寺院の前でクルチェラの男性が説明したように、クルチェラのカーラナヴァンは、昔地主だったナーヤルのカーラナヴァンを招かなければ、自分たちの寺院を開け、儀礼を行うことはできないのである。儀礼の中でも、神はまずナーヤルに降りてきて祝福し、それからクルチェラの人々を祝福する。

長老たちの小屋の後方、儀礼会場の外側には、寺院の祭りには必ず出る、おもちゃを売る店、ヒンドゥーの神々の絵を売る店、腕輪やポトゥ（女性たちが額につける小さな飾り。丸型や、涙型や、蛇の形などがあり、色も赤、黒、青などがあって、服の色と合わせて付ける）のシールを売る店、スイカを切り売りする店、ポップ・ライスを売る店などが並ぶ。

テイヤムにはクルチェラだけでなく、近隣のナーヤルなど上位カーストの人々もやってきて、神々の祝福を受けるのである。ヴェラート（準備のテイヤム）が終わって本番のテイヤムが始まる二時半頃から、美しいサリーやチュリダール姿の若い女性たちの姿が目だち始め、八時すぎ、最後のバガヴァティ・テイヤムの準備が始まる頃には、広い会場が観衆で埋め尽くされる。

広場中央の石台は白く塗られ、えんじ色の模様が描かれて、刀、弓矢、盾などの祖先の武器が並べられている。灯明が灯され、その横に置かれた低い木の台（ピーダム）の上には、ヤシの葉にもみ米と線香、水の入った金属の壺が、ピーダムの前にはヤシの実が八個、それぞれヤシの葉を敷いてもみ米の上に置かれている。

クルチェラの若い陽気な男性三人が太鼓をたたき始め、テイヤッカーランが登場した。

四　テイヤムの神格と構成

ステージに入る前に、ここでテイヤムの説明をしておこう。

1　テイヤムの神々とケーララの母神バガヴァティ

テイヤムの姿になって降りてくる神々は、クルチェラのテイヤムでは、死者の魂を運んでいくと考えられている精霊グリガン、クルチェラの寺院の神であるパナパムタシ・デーヴィ、山から降りてきた戦士の神マラカリ、そして最後に夜九時になって現れるもっとも重要な神クルキラル・バガヴァティである。バガヴァティとは美、力、徳、愛などを意味するバガをもつものという意味で、ケーララで広く信仰される至高の女神である。（注二）

バガヴァティは、ヒンドゥーの最高神シヴァの妃パールヴァティの恐ろしい側面である、怒れる女神ドゥルガやカーリーと同一視される。そしてバガヴァティは牙のある口から長い舌をだらりとたらした黒い顔の仮面で表象されるが、それは図像化されたカーリーの顔と同じである。しかしドゥルガやカーリーだけでなくパールヴァティも、吉祥・幸運と美の女神でヴシュヌ神の妃ラクシュミーも、学問と芸術の女神サラスヴァティも、皆バガヴァティなのだという。

人々の言うところによれば、バガヴァティとは特定の姿や性格、役割をもった神を意味する言葉ではなく、女神の総体である。あるいは抽象的な力の概念シャクティと結びつけ、本来は姿をもたず目に見えないが、それが状況に応じて様々な女神の姿をとるのだ、という説明をする人もいる。

バガヴァティは母親なのだ、とケーララの人々は言う。子どもが頼めばどんなことでもしてくれる母親のように、わたしたちの願いを何でも聞いてくれる。けれど子どもが言うことを聞かないときには激しく怒って罰する母親のように、わたしたちが敬わないとバガヴァティは恐ろしい姿になる。この怒ったときのバガヴァティが、バッドラカーリーである。

2　地域の女神バガヴァティ、タラワードの女神バガヴァティ

バガヴァティは一般にケーララの村の神としてとても人気があって、バガヴァティ信仰をまったくもたな

い村はほとんどないと言っていいくらいである。(注二)村の寺院や儀礼会場は、村に繁栄がもたらされるようにという目的で、カーストの委員会か村の長たちによって維持される。そのような所では、特定の土地にちなんで名づけられた村の女神バガヴァティが、昔からの慣習として祀られている。(注三)

例えばコーリコード地方のバダガラという町の寺院、カラリ・ユラティル寺院の主神はカラリ・バガヴァティである。カラリとはケーララの人々が誇る伝統的な武芸で、カラリ・バガヴァティはこの武芸を学ぶ人々の信仰する、カラリの女神である。この寺院で祭られている他の神々のうち天然痘の神バスリマラ・タムボラティアもまた、シヴァ神の妻ドゥルガでありバガヴァティである。この寺院にもテイヤムという形でバガヴァティやグリガンなどの神々が降りてきて、人々に祝福を与え災厄を除いていく。

バガヴァティはまた、このクルチェラの場合のように、タラワードの神としても信仰されている。ケーララのヒンドゥー人口の三分の一を占める上位カーストのナーヤルも、かつてその母系大家族タラワードはそれぞれ寺院をもち、守護神としてバガヴァティを祀っていたという。ナーヤルがバガヴァティを祀るのは、それがカラリの女神とされるように、戦いの女神であるからだとも言われる。

ナーヤルのバガヴァティを主神とする神々を祭る年に一度の儀礼もまた、カンヌール地方ではテイヤムという形で行われる。ケーララで行われる四百あまりものテイヤムのうちほとんどはバガヴァティの現れであり、どのカーストのテイヤムも一般にバガヴァティを信仰する儀礼である。そうしたバガヴァティ・テイヤムは聖なる森の名前で呼ばれる。また逆に、バガヴァティ信仰はテイヤムを起源とすると考えられるのである。(注四)

3 テイヤムの構成と目的

クルチェラのテイヤムは、それぞれの神格のステージ、Ⅰグリガン・テイヤム、Ⅱパナパムタシ・デーヴィ・テイヤム、Ⅲマラカリ・テイヤム、Ⅳクルキラル・バガヴァティ・テイヤムからなる。テイヤムではこうした本番のステージが始まる前に、準備あるいは予行のステージのテイヤム、ヴェラートが行われる。クルチェラではⅰグリガン・ヴェラートとⅱマラカリ・ヴェラートが行われた。
テイヤムの各ステージは同じ構成―①序、②憑依、③長老たちに対する祝福、④会衆の祝福―をもち、その中にそれぞれの神によって異なるトピックを盛り込む。

テイヤッカーランはまず、神に対する祈りと長老たちに対する挨拶、そして水による浄めを行ってから(①)、トータムとドラムと回転によってトランス状態に入る。

一の2で述べた本格的な憑依は、最終ステージのテイヤムの始まりに行われるもので、それまでのステージでは、長老たちの控えの小屋の前で、ピーダムに座ったりその上に立ったりし、自ら手を合わせて回転したり、マラヤン二人に助けられて回転したりして、ドラマーたちが太鼓をたたきながらトータムを歌い続ける中で憑依されていく(②)。

神が憑依してきてテイヤムになると、テイヤムによって様々なパフォーマンスが行われる。(a)会場を踊りながら一周する、(b)焚き火のおきを拾い上げて長老たちに持たせる、残り火を蹴散らす、など火をめぐるパフォーマンス、(c)祖先の武器を水で浄める、弓を引く、弓を持って走り回る、刀を持って踊る、など祖先の武器をめぐるパフォーマンス、(d)ヤシの実を割る、ヤシの実をポランカーレン(助手)たちに転がしながら一周する、などヤシの実をめぐるパフォーマンス、(e)神の回りをポランカーレンが手をつないで回る、神がヤシの実をポランカーレンたちに転がしながら一周する、神がカーラナヴァンの灯に導かれ、ポランカーレンたちに囲まれて一周する、など神と一族の関係を物語るパフォーマンス、である。

これらのトピックと前後して、テイヤムは初めにナーヤルの長、次に隣のクルチェラの長老たちの小屋に行って祝福を与える(③)。それから会場をめぐり、一族の者からも外からやってきたものからもお金を集め、祝福の印としてターメリックの粉を配っていく。ターメリックの粉は医学的にも天然痘などに対して高い効果をもつとされ、人々は神の祝福の印として額と首につけるのである(④)。

テイヤムの目的は神々による祝福③④と神と一族の物語を再現すること(e)である。

五　テイヤムによる祝福

1　テイヤム、長老に問いかける

テイヤムの第一の目的は、神々による人間たちに対する祝福である。クルチェラのテイヤムでは、各ステージで、神々は憑依してくると長老たちの小屋に行き、まずナーヤルのカーラナヴァンを、それからクルチェラのカーラナヴァンを始め長老たちを小屋から引っぱり出して、その額に手を当てたり、腕に手をかけたり手を握ったりしながら、大声で強引な調子で話しかけていた。

「何か問題はないか?」長老たちはたいてい、あの相手の目をじっと見つめながら首を左右にグラグラと傾ける、わたしたちには否定の返事に見える肯定の身振りをして答える。「いつも私を祀っていなさい、そうすればうまく行く」。それぞれのカーラナヴァンたちは従順な姿勢で耳を傾け、ふたたび肯定の身振りをする。それからテイヤムは次々にクルチェラの男たちをつかまえては、「何か問題はないか?」と問いかけて歩くのである。

グリガン・テイヤム（I）では特に、グリガンが会場からタラワードまで走っていき、「祖先の部屋」の前でカーラナヴァンたちに話しかけ、ヤシの実を持っていって石台に投げつけて割った。それから生米をその場にいたクルチェラの一人一人に配って祝福を与えた。もらった人はその場でそれを食べることで幸福を得るという。ここでも神は従順な人間たちに強引に話しかけ、幸いを配って回る。カメラをもってウロウロしている異邦人の掌にも生米を置いて、再び儀礼会場へ駆け戻っていったのである。

2　テイヤム、重病人を見舞う

強引な調子で問いかけるテイヤムと従順に耳を傾ける人間の様子は、初めてテイヤムを見たカンヌール地方のナーヤルのタラワードでも、すでに強く印象に残っていた。そこでは夜の八時から朝の七時まで、四ステージのテイヤムが寺院で行われた後、最後のテイヤムが引き続きタラワードの家々を訪ねて回った。ドラムやラッパを演奏する人々に導かれて歩くテイヤムの赤い大きな頭飾りとスカート姿が、強烈な日光を浴びながらヤシの木々の間を見え隠れする光景は、星空の下で一晩中行われたテイヤムの光景と鮮やかな対照をなして、寝不足のわたしの網膜に焼きついた。

それぞれの家々では灯明を灯し、ヤシの果肉を乾燥して砕いたものと押し米を混ぜた供物を用意して、テイヤムを待つ。紙幣の束を持った家の主人は、家を訪れ、ポーチの椅子に座って足をガタガタ震わせているテイヤムに、「誰々に」と周りのティヤー・カースト(ここではテイヤムを受けもつのはティヤーの人々であった)の人々を一人一人指しながら、十ルピー紙幣を一枚ずつ渡していく。テイヤムはそれを指定された人に渡していくのである。

それからテイヤムは主人に「困ったことはないか」と尋ねる。主人はそれを聞いて短く答えたり、承諾の身ぶりをしたりしている。このタラワードでは、九八歳で食事をとることも排泄もできなくなった最長老の女性のために、特別にテイヤムが家に入って来てベッドの脇に立ち、大声で言葉を発しながらその体に触れた。顔にビニールの管を張り付けられ、もはや外界を認識する能力を失っているのではないかと思われる無表情な顔でベッドに横たわっていた女性も、一時意識がはっきりしたように何か言った。医者が見放した病気でもテイヤムが治したことが何度もあるのだと、学校の校長だった家の主人は言った。

その後、今度は家の人々が一人二回ずつ、テイヤムにお金を渡す。そのたびごとにテイヤムは、初めのお金は周りのティヤーの人に渡し、次のお金はそばに置いた集金箱に入れていく。そしてその一人一人に同じように「何か困ったことはないか」と尋ね、「大丈夫だ」と保証していくのである。

わたしの番が回ってきたときには、テイヤムは「写真をたくさん撮って満足したか」と尋ね、隣にいた家の女性がわたしの代わりに「満足した」と答えてくれていた。テイヤムは、義務を負っている一族の人々に対してだけでなく、あまねくすべての人間それぞれの欲するものを満たし、不幸を取り除いていく、まことに大らかで気前のいい神である。

わたしたちが再びバスに乗ってその土地を去る一時半頃、テイヤムはまだ家々を回っていたのだから、何とも大変な仕事である。夜通し行われた四ステージのテイヤムも、降りてくる神格はそれぞれ異なっても、すべて同じ人々がテイヤムになり、ドラムをたたいていたのだから。

3　テイヤム、人々の悩みを聞く

クルチェラのテイヤムでは、ステージごとにテイヤムは会場を回り、一族の人々だけでなくそこに来ている人々はだれでもお金を渡して、祝福のターメリックをもらうことができる。カンヌール地方のナーヤルのテイヤムでも、ステージごとに人々はお金を渡し、祝福を受けた。そこではテイヤムは、その手首につけた花から花びらをむしりとっては手に持ったたいまつにかざし、人々に渡していく。人々はその花びらを髪の間に差し、落ちないように髪を束ねる。めがねと耳の間にはさんでいる男性もいる。

コーリコード地方のバダガラの町の寺院では、テイヤムに向かって特に若い女性が大勢群がり、次々にお金を渡してはその大きな丸い耳に口をつけて、それぞれ自分の悩みを話していた。テイヤムはそれに対して大きな声で「大丈夫」と答えて祝福していくのである。テイヤムの周りは文字どおり押し合いへし合いの人だかりで、その中を必死になってテイヤムに近づこうとする人があれば、周りの人々もその人のために道をあけてやる。ここではまさに怒り狂ったときの恐ろしい母親の姿のバガヴァティが、子どもの訴えを何でも聞いてくれる母親のような神として信仰されているありさまを見ることができる。

人々に幸いをもたらし災厄を除く力をもつ神々は、ここケーララでは、非の打ち所のない美しさですっくと立ち、人間をその前にひれ伏させるような神ではなく、ユーモラスで強引な様子で人間たちに働きかけ、大声で問いかけてくれる神なのである。

六　クルチェラのテイヤム

1　グリガン・ヴェラート

ドラマーたちの太鼓の音に導かれて登場した最初のテイヤッカーランは、白い体が特徴のグリガンのヴェラート（予行）である。体と足に白い線模様をつけ、顔にも白い線模様が少し描かれているが、まだほとんど素顔である。長く縮れた黒い髪を下げ、首飾りと赤い頭飾りをつけ、腕輪をはめている。後半に降りてくる本番のグリガンの着けるヤシの葉の腰蓑はまだ着けず、赤いスカートをはいている。

テイヤッカーランはまずナーヤルの、次にクルチェラのカーラナヴァンの足に軽く手を触れるようにしてひざまずき、ピーダムの前で祈ってから壺の水を顔と胸につける。ヤシの葉からもみ米をとってまき、線香をとって煙を自分の体の周りに回す。それからピーダムの前に立ったテイヤッカーランは、トータムを歌うドラマーたちの間でトランス状態に入り、踊りながら広場を一周した。

ピーダムの前に戻ってくるとテイヤムは白布を持ってきて頭に巻きつけ、足輪をはずした。それから石台の上にあった武器を手渡され、順に壺の水につけて再び台の上に置いていく。焚き火のおきを手に持って長老たちに渡していき、残り火を裸足の足で蹴散らす。そして長老たちを小屋から引っぱり出してその額に手を当てたり、手を握ったりしながら大きな声で話しかけた。

最後にヤシの実を石台に投げつけて割っていき、ピーダムの前で手を合わせると、武器をカーラナヴァンに渡し、その足に手を軽く触れて挨拶し、退場した。

2　マラカリ・ヴェラート

次に現れたマラカリのヴェラートは、全身を赤い衣装に包み、赤い顔をして目の周りを黒くくま取り、銀色のS字にうねる牙を口の両端から出している。銀色の円盤のような耳輪をし、赤地に金色の胸飾りをつけている。

壺の水を足に注ぎ、水で顔をぬぐうと、長老たちの小屋に向かって言葉を唱える。そして手を合わせて少しずつ回転し始め、憑依状態に入った。まず長老の小屋に行って布を受け取り、頭に巻きつける。壺の水をかぶり、小屋に行って長老から壺を受け取り、壺の水を飲む。それから武器を受け取り、弓を引き、弓を持って走り回った。そしてドラマーたちのところに突っ込んで止まり、長老たちの手を取って話しかけた。

再びヤシの実を投げつけて割り、さらにヤシの実を投げてころがし、クルチェラの青年たちが受け取る。それを繰り返しながら広場を一周し、ヤシの実をぶつけて割った。

テイヤムは二人のマラヤンと手をつないで回り、ピーダムに座ると、体が傾いてグルグル回転し始める。ピーダムの足に足をつけて体を傾け、グルグル回っていつのまにか白い髪になる。刀を渡され、長老の体や頭に触れてから、刀を持って踊り、一族の前を踊りな

写真４　テイヤムとクルチェラの青年たち

がら歩いていく。ドラマーに水を飲ませられると刀を置いて会場を回り、人々からお金を集めて、ターメリックをあげていく。人々はもらったターメリックを額や体につける。

十人くらいのクルチェラの若い男たちがトランス状態になり、木まで走って行って再び会場に走って戻る（ポランカーレン）。ポランカーレン（助手）の一人が、上にヤシの葉のついた正方形の赤い頭飾りを持ち、テイヤムの周りを踊りながら回っていってテイヤムにつける。子どもたちも出てきて手をつなぎ、テイヤムの回りを囲んで、広場を回る（写真４）。テイヤムはお金を集め、ターメリックを配る。ポランカーレンたちは木まで走っていき、ナイフを出して水を飲み、持っていた葉を木に返してトランス状態から醒める。

3　ヤシの実とポランカーレンたち

四の３に述べた基本的な構成の繰り返しとその枠組みの中に盛り込まれるトピックは、本番のテイヤムに入ってさらにステージを重ね、最後のクライマックスを作り上げていく。クルチェラのテイヤムで特に美しく幻想的なシーンを現出させるのは、テイヤムとともに広い会場を輪になって駆け巡る、総勢三〇人もの青年と子どもたちからなるポランカーレンたちである。

マラカリ・ヴェラートでは、ポランカーレンたちはテイヤムが転がすヤシの実を受け取り、それを繰り返しながら会場を回った。

ヤシの実はここケーララでは第一の食料で、朝の台所は、半分に割ったヤシの実の内側の果肉を削り取る作業で始まる。ケーララの人々は「ココヤシの土地」ケーララを誇りにしていて、インド中のヤシの木はもともとケーララからもたらされたものなのだと言うのである。ヤシの実を石台にたたきつけて割る行為は、ステージごとに何度も繰り返される、供物を捧げる象徴的行為である。神がクルチェラの人々に与えたこの豊かな恵みを、テイヤムとポランカーレンたちは年ごとに確認していく。

あるいはまた頭飾りをもってテイヤムを追いかけ、その頭にとりつけ、周りを手をつないで取り囲み、会場を一周するポランカーレンたち。さらに本番のテイヤムでは、トータムで歌われる内容、祖先が神々と出会い、自分たちの神として祀るようになった物語が、クルチェラのカーラヴァンとポランカーレンたち、そしてテイヤムによって繰り返し演じられるのである。

4　神々の変身とバガヴァティの憑依

ヴェラートが終わって二時半頃、いよいよ本番のテイヤムに入ると、神々は仮面と頭飾りによってめまぐるしく変身を遂げていく。それは次第に暗くなっていく野外で、見ている者を幻惑し、広い会場を駆け巡るたくさんのポランカーレンたちとともに、異世界へ誘うような見事な演劇的効果を生み出す。

初めに現れた真っ白の顔に真っ白の体、黒い目と口をして、ヤシの葉の腰蓑をつけたグリガン（写真5）は、タラワードまで駆け下り駆け戻ってくると、ヤシの葉でできた六メートル以上もある頭飾りをつけ、大きな灰色の顔に大きな丸い目、白い牙に赤い舌のバガヴァティの仮面をつけてパナパムタシ・デーヴィとなった（写真6）。それはさらに頭飾りを赤い大きな三角のものに変えて後ろに倒れ、立ち上がっては再び倒れた。

マラカリが現れた頃にはすでにもう七時、日のすっかり落ちた会場を、オレンジ色の顔に三角に飛び出した口と銀色の目をもち、真っ赤なスカートに赤と金の

写真5　グリガンとマラヤンのドラマーたち

大きな頭飾りと金の胸当てを着けた山の神は、クルチェラの長老のもつ灯に導かれ、ポランカーレンの若者たちに囲まれて会場を踊り回った。

最終のクルキラル・バガヴァティ・テイヤムでは、テイヤムが会場に登場する一時間あまり前から準備小屋の前で行われたバガヴァティの憑依を、大勢の観客がにぎやかに見守った。ピーダムに座ったテイヤッカーランに、二人のマラヤンがトータムを歌いながらメーキャップをしたり衣装を着けたりし、その周りをドラマーのマラヤンたちが太鼓をたたきトータムを歌いながら囲む。

黒地に黄色模様の「ヒョウタンツギ（!・）」のような顔に銀の大きな耳輪をつけ、空色に赤と白の線模様の入った箱形のスカートをはいて、赤と金の胸当てをしたテイヤッカーランの近くを、ポランカーレンたちが駆け抜け、グリガンのシンボルの白い木から再び駆け戻ってくる。テイヤムは震え始め、五メートルほどもある赤いのぼりに楕円形の大きな葉を二つつけた頭飾りをつけた。それから赤い布がさっとその顔を隠したかと思うと、バガヴァティの黒い仮面をつけたテイヤムが、昼からずっと憑依している始祖ムニとマラカリに導かれ、会場に躍り出た。

クルチェラのカーラナヴァンがテイヤムに向かって葉を振る。それからランプをかざして後ろ向きに歩いていくのに導かれて、テイヤムは会場を回る。その周りには子どもたちまで含めてたくさんのポランカーレンが叫び踊り、飛び跳ねている。それは神を自分の一族に導き入れるカーラナヴァンと、そのことによって一族にもたらされた喜びを表現していると同時に、ま

写真６　パナパムタシ・デーヴァと仮面

た、神々と人間の関係をも、物語っている。

たとえばパラカッド地方の寺院では、「アイアイオー、アイアイオー、だれかが私をたたいている。私を殺そうとしている。助けて」と叫びながら逃げてきた女神を自分たちの神にしたとされ、毎年、寺院の儀礼の間の十日間、町の人々はその女神の叫びを再現する。またカンヌール地方のナーヤルのあるタラワードの祖先は、酒を飲み狩りをして動物の肉を食らい、森から森に歩き回ってすっかり歳をとり、盲目になった神を自分たちの神にしたのだといい、テイヤムの中でその物語が演じられる。

ケーララでは、どこか他の土地から惨めな姿で逃れてきたり漂流してきた神が祖先たちに受け入れられ、導き入れられて彼らの神として祀られたという話が実に多いのである。

七　テイヤムを演じる人々

1　テイヤムとヒンドゥー以前の神々

テイヤムはケーララ北部で広くたくさんの人々の根源的な信仰を集めている。

コーリコード地方のバダガラの町では、テイヤムが特に若い女性たちの真摯な悩みに応えていた。カンヌール地方では重病人の枕元に立ち、一瞬ではあるけれどその意識をよみがえらせた。そしてケーララ社会の知識階層を形成しているナーヤルの人々が、テイヤムの言葉に慎ましく耳を傾けていた。ワイナード地方でも、クルチェラの一族のテイヤムを楽しみ、その祝福を受けるために、近隣のナーヤルを始めたくさんの人々が集まっていた。
それはインド全体をおおっているヒンドゥーの神々に対する信仰ではなく、それ以前の民俗信仰に根ざしたものである。例えば母神信仰はテイヤムの中で重要な位置を占めているが、このほかに精霊信仰、英雄信仰、樹木信仰、動物信仰、蛇信仰、疫病の女神の信仰などが、テイヤムの流れの中に含まれる。
しかしテイヤムはヒンドゥーの神話と伝説の影響を受けて、その神や女神たちを取り込み、大きく変化してきた。そしてヒンドゥー以前の無数の神々のうち女神たちは、サンスクリット化によってバガヴァティとして信仰されるようになった。(注五)
ケーララの人々はバガヴァティをヒンドゥーの神だ

と言い、ヒンドゥーの観念シャクティで説明するが、それでも、ほとんどの家庭にもあるヒンドゥーの神々を祀る部屋の神々の絵の中に、バガヴァティの絵はない。バガヴァティは明らかにヒンドゥーの神々の中に入れられてはいないのである。

むしろ反対にヒンドゥー以前の女神たちをすべて取り込んだバガヴァティは、ヒンドゥーの女神たちまでもすべてのその中に取り込んでしまった。ここケーララでは、インドの大伝統であるヒンドゥーがケーララの民俗的な信仰を吸収し、あるいはその下位に置くのではなく、ケーララの民俗的な女神がヒンドゥーの女神たちすべてをその中に包摂しているのである。テイヤムの中にヒンドゥーの神ヴィシュヌやシヴァが現れるものがあるのも、やはりこれと同じものとしてとらえられるだろう。

2 階層社会の維持装置としてのテイヤム

クルプはテイヤムを、ブラーマンなど高位カーストによる土地労働者層の搾取の強力な道具であったのだと主張している。ブラーマンや高位カーストの寺院は低カーストの寺院に対する支配力をもっていて、年ごとの祭りのための吉兆の灯は、地域のブラーマンの寺院から持ってこなければならず、またナーヤルその他の特権階級の寺院でテイヤムが行われるときには、その地域の低カーストのテイヤムの神々は供物を捧げなければならない。

貧しい階層の人々の神々は、このように土地所有者や上層階級の神々の前に屈服し、敬意を払う。もしこうした神々の階層性が特権階級によって忠誠を強めるために利用されることがなければ、たぶん権力に対する反乱が起こっていただろう。テイヤムは幾世紀もの間、封建制を確立する助けとなり、特権階級による労働者階級の搾取を保証してきたのである、と。(注六)またインド独立前、合同家族制と地主制が一般的だった頃、テイヤムの費用は地主が出したという。(注七)

クルチェラの人々は、自分たちの神バガヴァティを、ただ寺院の外側から灯明を灯して祀るだけで、寺院の扉を開けることはできず、ナーヤルのカーラナヴァンを招かなければテイヤムを行うことができなかった。テイヤムはたしかにケーララの階層社会の維持に貢献してきたということができるだろう。

3　テイヤムを演じる人々

テイヤムはさらに、テイヤムの儀礼を主催する人々と、テイヤムを演じ演出する人々の間の階層関係によって成り立ち、またそれを維持する働きをしてきたということもできるだろう。

カンヌール地方のナーヤルのあるタラワードでテイヤムを行うのはティヤーの人々だった。「彼らは顔に顔料を塗り、テイヤムの衣装を着けることで神に憑依されることができる。私たちナーヤルの人間にはできないけれど。ふだんは私たちの家に仕事をしにきている人が、このときはナーヤルの神になって私たちに祝福を与え、私たちがそれを敬うというのは考えてみれば変だけれど、そのとき彼は人間ではなくて神なのだ」。タラワードの長に当たる人は言った。

テイヤムを演じる人々には、マラヤンの他にヴェーラン、ワンナン、マイラン、ヴェトゥーヴァル、プラヤンなどの人々がいる。ブラーマンやナーヤルのためにテイヤムを行うティヤーとワンナンを除けば、テイヤムの専門家はすべて、インドの憲法で定められているケーララの指定カーストか指定トライブのリストに載っている人々である。

テイヤムは雨期にはできないので臨時の仕事にしかならず、それによって得られる収入は家族を養うには不十分である。この人々は生活の糧として伝統的なささやかな仕事を行い、何世紀にもわたって惨めな貧困の中にあった。

しかし例えばマイランは、現在は「原始的なトライブ」とみなされているのであるが、昔はこの地域の支配者クラスに属する人々であった。ヴェトゥーヴァルとプラヤンも土地の支配者であった。このトライブの人々は祖先たちをしのんでテイヤムを行った。それはヴェーラン、ワンナン、マラヤンの人々のテイヤムに比べるとそれほど色彩豊かでも芸術的でもなく、トライブの人々の精霊信仰の形をよく示している。（注八）

ケーララを創造したとされるパラスラーマは、ケーララの人々がテイヤム儀礼を開くことを認め、人々のためにテイヤムを行う仕事をパナン、ヴェーラン、ワンナンなど先住の人々に課したのだという。（注九）また十六、七世紀には、地方の支配者の奨励の下にテイヤムの様式化に貢献したアーティストが現れた。この伝統に従って首長たちは、傑出したテイヤムのアーティストにマナッカタン、ペルマラヤン、ペルーワナンなどの称

号を与えた。（注十）

テイヤムで太鼓をたたく人々は、どこでも、筋肉質の浅黒くひきしまった美しい体をしている。寺院の祭りで、美しい飾りをつけた象の前で太鼓をたたき、ラッパを吹いていた人々もそうだった。それから蛇神の憑霊儀礼で、音楽と憑依の誘導の踊りを受け持っていた人々も。それ以上に忘れがたいのは、わたしが出会ったテイヤムを受け持つ人々には、その快活さで強い印象を残した青年たちが多かったことである。マラヤン、クルチェラの人々に感謝をこめつつ、このささやかな報告を閉じることにしよう。

注一 Nambiar, Sita K., 1996, ***THE RITUAL ART OF TEYYAM AND BHUTARADHANE***, Indira Gandhi National Centre for the Arts, p. 67.

注二 Pallath, J. J., 1995, *THEYYAM–An Analytical Study of the Folk Culture, Wisdom and Personality*, Indian Social Institute, New Delhi, p. 136.

注三 Kurup, K. K. N., 1986, *Teyyam–a reitual dance of Kerala*, Department of Public Relations, Government of Kerala, p.27.

注四 Pallath, op. cit., p. 136.

注五 Kurup, 1986, op. cit., p. 12.

注六 Kurup, K. K. N., 1973, *THE CULT OF TEYYAM AND HERO WORSHIP IN KERALA*, Indian Publications, Calcutta, p. 32.

注七 Pallath, op. cit., p. 61.

注八 Kurup, 1973, op. cit., pp. 31-32. ibid., p. 61.

注九 Kurup, 1986, op. cit., p. 12.

注十 ibid., p. 39.

［川野美砂子］一九五三年生。法政大学非常勤講師。小野沢正喜編『アジア読本タイ』河出書房新社、一九九四年（共著）、脇本平也・田丸徳善編『アジアの宗教と精神文化』新曜社、一九九七年（共著）、「精霊・自己・ジェンダー――北タイにおけるジェンダーと女性たちの自己――」専修大学現代文化研究会、一九九八年

編集後記

西暦二〇〇〇年になりました。これを二〇世紀最後の年とみる場合と、二〇〇〇年代最初の年とみる場合とで、なるほどニュアンスの違いが感じられます。けれども、どちらも歴史は体制や世紀の転換を契機として変化し始める、あるいはそうした変化が予測できるという発想、いわゆる断絶説（catastrophy-theory）に立つ点では同類です。仏教の予言である末法思想やキリスト教の終末論、一九世紀末フランスに流行した世紀末思想などはその代表でしょう。ブルジョワ革命やプロレタリア革命によって社会や政治、文化、価値観などが質的ないし劇的に転換すると見る俗流マルクス主義の歴史観も同類です。それに対して、ある事件や現象がたとえ劇的・断絶的に見えても、それにはちゃんと前後にしかるべき原因と結果が連なっていて、長い目で観察すれば事態の行き過ぎは穏当な揺り戻しによって相殺されるものだという発想、いわゆる連続説（continuity-theory）も、それはそれで着実に生き続けています。マルクス本人の革命理論にはその要素が濃厚です。しかし理屈はどうであれ、切れのいい数字が持てはやされるのは古今東西、何事をなすにも共通しています。私もまた、本誌が一〇〇号を達成したときにはうれしくてたまりませんでしたし、「よっしゃ、今度は一五〇号を目指すぞ！」などと、気合いを入れ直しました。

さて今回の特集テーマは「悪党列伝」でした。その落穂拾いのような小話を二つ三つ。例えば、第二次世界大戦中ヒトラーの命令でフォルクスワーゲンを設計させられたポルシェは、前以てその能力をソ連のスターリンに認められモスクワへ誘われましたし、敗戦後は戦犯としてフランスに連行され、やはりその能力のゆえにルノーの設計に協力させられました。また、同じ時期に指揮者のヘルベルト・カラヤンは、アーヘン等ドイツ諸都市の歌劇場や楽団から ユダヤ人や反戦的な指揮者が追放されたり海外亡命したりすると、その後任ポストを確保するべく各地で率先してナチス党員になりました。また、同じ時期にアニメ作家のウォルト・ディズニーは、アメリカでFBIのスパイとなり、反共的・反ユダヤ的・親ナチ的な扇動に参加し、ゲルマン魂の遺産とも見られるグリム童話に題材をえて「白雪姫（Snow White）」を制作しました。

現在ポルシェをナチス・ドイツの

戦犯と知る人はいませんし、カラヤンが幾つかの都市でナチス党員になった事実を問題にする人もいません。いわんや、世界中の子どもたちに夢を与え続けてきたディズニーをナチス礼賛者と罵る人はおりません。でも彼らは、悪党そのものでないとしても、悪党の片棒を担がされたことは認めていいかも知れませんね。では、悪の権化と目されるヒトラーはどうでしょうか。アウシュビッツほかでの大罪の免罪符をわたすつもりは毛頭ないですが、地獄の血の池でお釈迦さまが垂らす蜘の糸にすがるカンダタ程度には、彼も善行を為しているかも知れません。いや、善とか悪とかの問題でなく、ドイツの近代化という点でナチスは実績をあげたと見る学説（村瀬興雄）があります。また、ナチス時代（第三帝国）はビスマルク時代・ヴィルヘルム時代（第二帝国）と断絶せずに連続しているとする見解（フリッツ・フィッシャー）があります。そのような諸説のどれも全面的に否定することはできませんし、そうする必要もないでしょう。上記の人々や今回の特集に登場した人々を「悪党」と仮定するにせよしないにせよ、読者諸氏には、自己の内面にも悪党的要因が潜んでいると仮定することを、どうか忘れないで戴きたい。

　さて、小誌は一九八四年五月の創刊以来、今年で満一六年を経過し、本号でもって通算で一二三号に至りました。つい最近まで単独で編集を担当してきた私は、この雑誌にはさまざまな思い出があります。楽しい思い出もあれば辛い思い出もあります。辛い思い出として、特別企画第一『アソシアシオンの想像力』を刊行した際に、出版元の平凡社がこの本の編集主体を表紙や背文字から抹殺したことが挙げられます。刊行直前に削ったものだから、背文字の部分など出版社名が右にずれたまま印刷されました。まだ社会思想史の窓刊行会が信用を確立していない頃だったためなのかとも推測しますが、たいへん辛い思いをした記憶が脳裏にいまだに刻印されています。

　いまではこの雑誌は、社会思想史学会を始め幾つかの研究団体に十分認知され、そうした評価に見合う目標を着実に達成してきました。西暦では来年二一世紀です。いろいろな意味で、この雑誌も今年は節目の年を迎えたようです。これまで小誌を愛読してくださった皆様に心より御礼申し上げます。（石塚正英）

20世紀の悪党列伝［社会思想史の窓・第123号］

2000年８月31日　初版第１刷発行

編　集——石塚正英（「社会思想史の窓」刊行会）
装　幀——津田貴司
発行人——松田健二
発行所——株式会社社会評論社
東京都文京区本郷２-３-10
☎03(3814)3861　FAX.03(3818)2808
印　刷——一ツ橋電植＋PアンドPサービス
製　本——東和製本

Printed in Japan　ISBN4-7845-0328-5

異文化を旅する

沖縄・琉球弧への旅

［シリーズ旅の本］①

●高沢皓司

B６判★1300円

風土と生活、離島の光と影、開発の夢と現実、軍事基地の状況、自然、民俗、文化と歴史――沖縄への旅のガイドブック。観光コースではない沖縄の素顔と歴史を知ることは、アジアのなかの日本を発見することだ。（1987·11）

スペイン・ロマネスク巡礼

［シリーズ旅の本］②

●村田栄一

★品切

バルセロナ、カタルーニャ、ピレネー、カンタブリア、サンチャゴ――。いま注目をあびるスペインの歴史・文化の発見と出会いをもとめる旅の案内書。著者の豊富な体験にもとづくロマネスク紀行。（1989·7）

フランス・国境の地アルザス

［シリーズ旅の本］③

●蔵持不三也編

四六判★1500円

フランス・ドイツ両大国のはざまで、歴史に弄ばれた国境の地・アルザス。芳醇な白ワイン、こうのとりとともに訪れる春。トーク、エッセイ、ミニガイドでつづる、アルザスへの誘い。（1990·3）

タイ・燦爛たる仏教の都

［シリーズ旅の本］④

●羽田令子

四六判★1650円

敬虔な仏教の国・タイ。バンコク、アユタヤ、スコタイと、歴史をさかのぼりながら、パコダを訪ね、熱帯の風を感じる。ドライブルート、日タイ交流秘話など、新たな旅へといざなう。カラーグラビア付き。（1991·5）

熱帯のるつぼ

●羽田令子

四六判★1800円

故国を離れ、異郷に身をおく日本人たち。現地の人々とのふれあい、カルチャーショック、ブラジル、タイ、カンボジアなど第三世界での暮らしをつぶさに描く小説４篇を収録。（1990·7）

［増補改訂版］日本と中国・楽しい民俗学

●賈蕙萱・春日嘉一

A５判★2000円

似ているようで似ていない二つの国の習慣のちがい。中国からやってきた日本研究者が日々発見した、巷のささいなことごとからお国柄や歴史・文化・習俗を透かした楽しい民俗学の本。（1996·2）

北米インディアン生活誌

●C·ハミルトン／和巻耿介訳／横須賀孝弘監修

四六判★3200円

チーフ・スタンディング・ベア、ブラック・エルク、オヒエサ、ジェロニモ、カーゲガガーボー……。北米インディアンの戦士たちが自ら語ったアンソロジー。その豊かな自然と暮らし、儀礼と信仰、狩猟と戦闘など。（1998·1）

聞き書き 中国朝鮮族生活誌

●中国朝鮮族青年学会編

四六判★2500円

日本の植民地支配によって、国境を越えて生きざるをえなかった朝鮮の人びと。北京の若手朝鮮族研究者による移民一世の故老への聞き書き。［舘野晢・武村みやこ・中西晴代・蜂須賀光彦訳］（1998·1）

アメリカ・コリアタウン
マイノリティの中の在米コリアン
●高賛侑・李秀
四六判★2233円

ロス暴動の原因は「韓・黒葛藤」だと伝えるマスコミ。在日朝鮮人のジャーナリストと写真家が見た、マイノリティの中の在米コリアンの現状。(1994・5)

新サハリン探検記
間宮林蔵の道を行く
●相原秀起
四六判★2000円

日本人とロシア人、先住民たちが交易した歴史の舞台。190年前、未知のカラフトをすさまじい意志の力で探検したひとりの日本人の軌跡を追い、国境地帯にたくましく生きる人びとの歴史と現在を生々しく記録。(1997・5)

カンボジア・村の子どもと開発僧
住民参加による学校再建
●清水和樹
四六判★2200円

今なお内戦の危機が去らないカンボジア。破壊された学校の再建が住民参加のもとに始まった。仏教が深く浸透した村々で、僧侶を中心として復興と規律をめざす。NGOとして現地支援に関わる著者による報告。(1997・8)

クレオル文化
社会思想史の窓
●石塚正英編集
A 5 判★2200円

21世紀はホモ・モビリスタ（移動する人）の新紀元となる。異文化接触は文化のクレオル化をもたらし、さまざまなアイデンティティが歴史を動かす。いま注目されつつある〈クレオル文化〉の総合研究。(1997・5)

世界史の十字路・離島
社会思想史の窓
●石塚正英編集
A 5 判★2200円

シチリア、ハワイ、キプロス、チモール……。民族や言語、宗教などが交錯する世界史の十字路＝離島に焦点をあてる。ボーダーレス時代の離島の社会史的解明。(1998・4)

ハワイ　太平洋の自然と文化の交差点
●津田道夫
四六判★2000円

島々の自然と生物、先住民の生活と文化、多民族が共生する歴史。ハワイ旅行が楽しくなる情報満載。写真多数。(1998・7)

アフリカの街角から
ジンバブエの首都・ハラレに暮らす
●佐野通夫
四六判★2200円

アフリカ南部の中央東側にあるジンバブエ。イギリスから独立したこの国に暮らした植民地教育の研究者が目にしたこと。写真多数。(1998・5)

子連れで留学 to オーストラリア
●佐藤麻岐
四六判★1600円

子どもがいても自分の可能性は捨てられない。壁を破って現状から抜け出したい……と、4歳の娘を連れて留学を決意。数々の難関を越えて体得した準備と手続きのノウハウ、留学生活体験とエピソードを満載。(1996・12)

空の民《チヤオフアー》の子どもたち
[ちいさなところから世界をみつめる本]①
●安井清子
四六判★2000円

ラオスを追われた抵抗の民＝モンの子どもたちと、日本人ボランティア女性とのタイ国境難民キャンプでの豊かな出会いの日々。吉田ルイ子さんすいせん。(1993・3)